신라인은
삼국 통일을
말하지 않았다

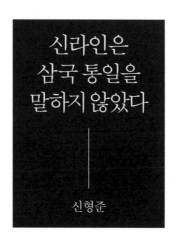

신라인은
삼국 통일을
말하지 않았다

신형준

학고재

돌아가시는 날까지 못난 아들을 믿었던 아버지와
어느덧 내 삶의 동료로 성장한 아들 중휘에게

일러두기

이 책에 실린 판독문과 번역문은 인터넷 포털사이트인 '국립문화재연구소 문화유산연구지식포털'이나 '한국고전종합DB'에 오른 글, 네이버에 실린 '원문과 함께 읽는 삼국사기', '원문과 함께 읽는 삼국유사' 등을 인용했다. 다만 일부 고구려나 백제 유민의 사료는 관련 논문에 실린 글을 인용했다. 원래 번역문을 인용할 때는 번역문을 그대로 옮기는 것이 원칙이나, 필요한 경우 원래 번역문의 뜻을 본질적으로 바꾸지 않는 한도에서 이해하기 쉽도록 손보았음을 밝힌다. 그 과정에서 오류가 생겼다면 전적으로 필자의 책임이다. 번역문 제공처와 번역자 들에게 감사를 표하며, 또한 양해를 구한다.

자료 수집 방법을 공개하며

이 책은 신라와 고구려, 백제 사람들이 직접 남긴 각종 기록을 전수 조사해서 대부분의 신라인들은 자신들이 삼국을 통일했다고 생각하지 않았음을 논증한 책이다. 이 책에서 인용한 각종 기록의 원문(혹은 판독문)과 해석문을 어떻게 수집했고 확보했는지를 독자들에게 밝히고자 한다. 밝히는 이유는 간단하다. 인터넷의 발달과 학술 정보의 광범위한 공개, 그리고 번역 작업의 활성화로 인해 이제 역사학은 특정 주제에 대한 검증 과정에 만인이 직접 참여할 수 있는 학문이 됐다. 최소한 삼국시대나 통일 전쟁 이후 신라의 모든 문헌 자료는 인터넷 곳곳에 번역문까지 실려 있다. 예전처럼 일부 학자만 논쟁이나 검증 과정에 참여하던 시절은 지났다.

자연과학에서 그렇게 하듯이, 필자 역시 '실험 조건'을 명백히 밝히고 그 결과를 내도록 하겠다. 필자의 주장에 의심이 가는 독자도 있을 것이다. 그렇다면 필자가 제시한 인터넷 주소 등에 들어가서 자료를 직접 살피시라. 무엇이 맞는지 직접 확인할 수 있다. 필자의 주장은 물론 다른 어떤 전문가의 이야기도 무조건 믿지 말고, 독자 자신이 직접 확인하고 검증하라는 것이다.

민주화는 정치의 영역에서만 이뤄져야 하는 것이 아니다. 학술 영역에서도 민주화는 이뤄져야 한다. '신라인들이 삼국을 통일했다고 생각했느냐'의 여부에 대한 판단을 학계에만 맡길 필요가 없는 까닭도 여기에 있다. 모든 자료를 조사해본 사람이라면 이 논쟁에 참여할 자격이 생기는 것이다.

글자가 적힌 토기 조각까지 포함한다면 수천 건에 달하는 신라와 고구려, 백제인들이 직접 남긴 기록 관련 유물 중 토기나 금속, 혹은 바위 등에 새긴 문장 즉 금석문의 판독문과 해석문은 '국립문화재연구소 문화유산연구지식포털'(http://portal.nrich.go.kr/kor/index.do)에 대부분 의존했음을 밝힌다. 최치원의 글 등 문집 형태로 남아 있는 판독문과 번역문은 '한국고전종합DB'(http://db.itkc.or.kr/itkcdb/mainIndexIframe.jsp)를 인용했음을 밝힌다. '동국대학교 전자 불전 문화콘텐츠연구소'(http://ebtc.dongguk.ac.kr)의 '한국 불교 전서 검색 시스템'(http://ebti.dongguk.ac.kr/ebti/main.html) 역시 승려들이 남긴 글을 모은 사이트인데, 여기서는 신라인들의 통일과 국경에 대한 인식을 담은 글을 찾지 못했다. 그래도 모르니, 독자들은 이 사이트 역시 살펴보기를 바란다. 최근에 발굴 혹은 발견돼 앞에서 언급한 사이트에 실리지 않은 고구려나 백제 유민의 기록은 국내 학계의 논문을 참조했다. 인용처는 해당 자료를 소개할 때마다 하나씩 밝히겠다.

『삼국사기』와 『삼국유사』도 검토 대상으로 삼았다. 두 책 모두 고려시대 저작으로, 신라나 고구려, 백제인들이 직접 남긴 기록은 아니다. 그러나 두 책에는 신라나 고구려, 백제인이 직접 남긴 기록을 인용한 대목이 많다. 그래서 검토 대상으로 삼았다. 두 책 모두 포털 사이트 네이버에서 각각 '원문과 함께 읽는 삼국사기'(http://terms.naver.

com/list.nhn?cid=49615&categoryId=49615)와 '원문과 함께 읽는 삼국유사'(http://terms.naver.com/list.nhn?cid=49616&categoryId=49616)로 들어가면 원문과 해석문 등을 살필 수 있다. 이 책에 실린『삼국사기』와『삼국유사』의 번역문은 모두 이 자료에서 인용했다.

　비록 전수 조사를 한 것은 아니지만,『수서』나『당서』등 중국의 기록은 중화민국(속칭 대만)의 '중앙연구원(中央研究院)'에서 운영하는 홈페이지(www.sinica.edu.tw)와 경인문화사에서 1977년에 간행한 영인본을 통해서 살폈다. 한문에 밝은 독자라면 중화민국의 중앙연구원 사이트에 접속해서 전문을 보실 것을 권한다.

신라인들은 삼국을 통일했다고
생각했을까?

'신라의 삼국 통일'은 현대 한국인들에게 의심할 바 없는 역사적 사실이다. 초등학교 사회과 교과서부터 고등학교 한국사 교과서에 이르기까지 신라의 삼국 통일은 역사적 사실로 기술돼 있다.

이는 한국사학계의 '합의'에 기초한 것이다. 서기[1] 660년 백제의 멸망과 668년 고구려의 멸망으로 신라가 삼국을 통일한 이후 당과 한반도의 패권을 놓고 다툰 '통일 전쟁'[2]의 결과로 신라가 대동강~원산만 라인 이남을 차지함으로써 우리 역사 최초의 통일 국가가 성립됐다는 것이 학계의 정설이다.

---

1   이 책에서 다루는 시기는 대부분 '서기 이후'이다. 앞으로 '서기 660년' 혹은 '서기 7세기'는 '660년' 혹은 '7세기'라고 적기로 한다. 그러나 '서기 이전'의 것은 '서기전 몇 년' 식으로 표기할 것이다.

2   앞으로 660년~676년까지 신라가 백제와 고구려, 그리고 당과 차례로 싸운 것을 '통일 전쟁'이라고 부를 것이다.

물론 이 같은 견해에 반론이 없는 것은 아니다. 소수이지만 일부 연구자들은 고구려의 영토 대부분을 신라가 잃었으므로 신라의 삼국 통일은 사실이 아니라고 주장한다. 신라가 차지한 영토는 고구려 남 일부 지역에 국한된 것이므로 신라의 백제 통합이 옳다는 주장이 그것이다. 또 통일을 달성한 시점인 676년에 신라가 차지한 영토는 서북쪽 경계로 볼 때 대동강 이남이 아니라 그보다 남쪽인 임진강 정도까지라는 주장도 제기되고 있다.[3]

신라가 통합한 영토가 서북쪽으로 대동강 이남이었든 임진강 주변 지역이었든, 신라의 삼국 통일을 부정하는 주장은 소수에 그치고 있다. 교과서에도 '삼국 통일 부정설'은 반영되지 않고 있다. 다만 고구려 영토의 대부분을 잃었다는 것만큼은 반박할 수 없기에 "신라의 통일에는 아쉬움이 남는다"는 식으로 교과서에 적혀 있다. 어찌 됐든 고구려나 백제의 유민들이 대거 신라로 건너왔기에 불완전하고 아쉬움이 남지만 '민족(사) 통합의 기틀'이 이뤄졌다고 한국사 교과서는 평하고 있다.

이 장면에서 '통일'이 어떤 의미인지 살펴보자. 토론이나 논쟁에서, 대립되는 두 사람이 '같은 단어'를 쓰더라도 말 속에 담긴 뜻을 다르게 쓴다면 두 사람은 '다른 말'을 하고 있는 셈이다. 논쟁에 앞서서 용어의 명칭은 물론 뜻까지 일치시키는 것은 중요한 일이다.

국립국어원의 『표준국어대사전』은 통일(統一)의 첫 번째 뜻으로

---

3 이 같은 주장을 제기하는 대표적인 학자로는 성균관대 김영하 교수를 들 수 있다. 그의 책 『한국 고대사의 인식과 논리』(성균관대학교 출판부, 2011년)에 이 같은 주장이 집약돼 있다.

다음과 같이 규정하고 있다.

나누어진 것들을 합쳐서 하나의 조직·체계 아래로 모이게 함.

『표준국어대사전』은 비슷한 말로 일통(一統)을 들고 있다. 신라인들이나 현대 한국인에게나 '통일'이나 '일통'이라는 한자어의 뜻이 변한 것은 아닐 것이다. 신라인들이 생각한 통일(혹은 일통)이나 현대 한국인이 생각하는 통일이나 의미는 같다는 이야기이다. 이 지점에서 논의를 다시 출발시켜보자. 신라가 삼국을 통일했다는 것이 사실이 되려면 고구려와 백제의 '국민'[4]과 '영토'가 신라에 속해야 한다. 이 중 국민은 얼마나 통합됐는지부터 살펴보자.

『삼국사기』는 고구려와 백제가 멸망한 뒤 왕과 귀족 등 지배층을 포함한 다수의 사람들이 당나라로 끌려갔다고 기록하고 있다.『삼국사기』의자왕 20년(660년) 기록에는 백제 멸망 당시 의자왕 등 백제의 최고위 지배층 88인과 주민 1만 2,807명이 당나라에 끌려갔다고 되어 있다. 이에 반해 백제 주민들이 신라에 얼마나 왔는지는 기록돼 있지 않다. 그러나 백제의 영토는 명백하게 신라의 영토가 됐고, 당나라에 끌려가지 않은 백제인들은 자신들이 살던 땅에서 계속 살았을 것이기에 백제 최고 지배층이 당으로 끌려갔더라도 신라의 '백제통합'은 부정할 수 없는 사실이 된다.

4　이 장면에서 '국민'이라는 용어를 7세기에 쓸 수 있느냐 하는 논쟁은 하지 말자. 그러면 '국가'가 무엇인가에 대한 논쟁을 다시 해야 한다. '특정 지역에서 특정 정치 세력의 지배 아래 함께 살던 사람'을 국민이라고 생각하자.

그러나 고구려는 사정이 다르다. 고구려 멸망 때 보장왕 등 최고위 지배층 등 20여만 명이 당나라로 끌려갔다고 『삼국사기』에는 적혀 있다. 반면 신라에 온 고구려인들은 『삼국사기』에 따르면, 668년(문무왕 8년) 고구려 멸망 당시 문무왕이 고구려 포로 7천 명을 경주로 데리고 온 것, 고구려 멸망 1년 뒤인 669년(문무왕 9년) 보장왕의 외손자인 안승이 4천여 가구를 이끌고 신라에 투항한 것, 여기에 고구려 멸망 직전인 666년(문무왕 6년)에 고구려 대신 연정토가 3,543명을 이끌고 투항한 것까지 포함하더라도 5만 명을 넘지 않을 것으로 보인다. 안승이 이끌고 온 4천여 가구의 가구당 사람 수가 10인 이상이 되지 않는 한 말이다. 당으로 끌려간 고구려 유민 20여만 명과 비교한다면 신라에 온 고구려 주민은 소수였다. 게다가 고구려 영토에 살던 고구려 주민 상당수가 그 땅에 남았을 것이라는 점을 고려하면, 고구려 주민이 신라에 통합된 것으로 보기는 힘들다.

더욱이 '영토'까지 생각한다면 '신라의 고구려 통합'은 설 자리를 잃게 된다. 신라가 676년 확보한 영토는 넓게 쳐도 '대동강~원산만 라인 이남'이었다. 서기 7세기 중후반 고구려의 영토를 현대의 국경선처럼 명확하게 규정할 수는 없겠지만, 이 정도라면 고구려 영토의 대부분은 당나라에 일단 귀속됐음을 부정할 수 없다. 국민과 영토의 통합이라는 측면에서 신라의 삼국 통일은 정당화되기 힘든 것이 사실이다.

신라의 삼국 통일을 인정하든 부정하든, 한국사학계가 공통으로 인정하는 것이 있다. '신라인들이 삼국을 통일했다고 자부했다'는 것이다. 이에 반론을 제기한 연구자는 지금까지 없었다. '신라의 삼국 통일'을 부정하는 소수의 학자들도 '신라인들이 삼국을 통일했다고 자부했다'는 것은 인정한다.

이 주장이 사실이라면, 즉 신라인들이 정말로 '삼국을 통일했다'고 생각했다면, 신라가 실제로 확보한 영토가 고구려 영토를 포함했느냐 여부는 신라인들에게는 문제가 되지 않는다. 신라 사람들이 '삼국을 통일했다'고 생각했다면 '신라의 삼국 통일'은 역사적 사실 여부와는 별개로 최소한 신라인들의 인식에서는 실체로 존재했을 것이기 때문이다.

이 지점에서 의문이 생긴다. 과연 신라인들이 그리 생각했느냐는 점이다. 그들은 집단으로 과대망상에 빠졌던 것일까? 아니면 지적으로 미숙하여 고구려 영토 대부분을 당나라가 차지했는데도 신라가 삼국을 통일했다고 오인한 것일까? 그렇다면 고구려 멸망 한 세대 뒤인 698년 발해가 건국해 고구려의 옛 땅 대부분을 차지하게 됐을 때 신라인들은 당연히 발해의 건국을 막으려 했을 것이다. 선조들이 피를 흘려 이룩한 통일인데 발해가 건국됨으로써 신라의 통일이 깨진 것이니, 신라인들로서는 눈뜨고 볼 수 없었을 것이다.

한국사학계의 주장처럼, 그리고 이를 바탕으로 기술된 한국사 교과서의 기록처럼 신라가 삼국을 통일했을 뿐 아니라 신라인들이 삼국을 통일했다고 자부했다면, 신라인들은 '삼국 통일'이라는 표현을 각종 기록에서 숱하게 사용했을 것이다. 삼국 통일을 이룩한 왕도 문무왕이라고 생각했을 것이다. 백제가 멸망(660년)한 것은 태종 무열왕(재위 654~661년) 때였지만, 고구려가 멸망함으로써 한반도에 '단일 왕조'가 들어선 것은 문무왕 집권기(661~681년)에 벌어진 일이니 말이다. 발해의 건국 때도 신라인들은 전쟁을 불사하며 막으려 했을 것이다. 발해가 결국 고구려의 옛 땅 대부분을 차지하고 건국됐을 때, 신라인들은 '신라가 이룩한 통일은 깨졌고, 우리나라는 다시 분열됐다'고 탄식했을 것이다.

신라인들은 과연 그렇게 생각하고 행동했을까? 그렇지 않았다면, 신라인들은 왜 그리 생각하고 행동했을지 답을 찾아야 한다.

이 책은 그런 의문에 대해 독자와 함께 생각해보기 위해 쓴 것이다. 더 정확히 표현하자면, '백제가 멸망한 660년 이후 한반도와 만주에서 벌어진 정치·군사적 상황과, 이를 바탕으로 신라인들이 자신들의 국경을 어디로 생각했는가'를 살펴서 역사적 진실에 다가가려 한다.

방법은 간단하다. 신라인들이 직접 적어서 현재까지 전해지는 기록은 물론, 고구려나 백제인들 혹은 그 유민들이 남긴 기록을 전수 조사하면 된다. 여기에는 비에 새긴 문장이나, 탑을 세우거나 고치는 과정을 기록해 탑 안에 넣은 글, 혹은 죽은 이의 삶을 기록해 무덤 안에 넣은 묘지명(墓誌銘)부터 토기 조각에 새긴 글은 물론, 문집 등에 남긴 글이 모두 포함된다. 수천 건에 이르는 관련 기록을 전수 조사한 결과, '신라인들의 통일과 국경에 대한 인식과 관련해서 신라인들이 직접 남긴 기록'[5]은 모두 19점이었다. 신라인들의 통일과 국경에 대한 인식을 이해하는 데 참고가 되는 고구려나 백제 유민들의 기록은 18점이었다.

---

5   앞으로는 이를 '신라인들의 기록'이라고 줄여 부르기로 하겠다.

여기에 덧붙여 삼국시대를 기술한 우리나라 최고의 역사서인『삼국사기』(고려시대인 1145년 편찬)와『삼국유사』(고려시대인 1281년 편찬)에 남아 있는 관련 기록도 샅샅이 살폈다. 비록『삼국사기』나『삼국유사』가 신라인들이 직접 기록한 것, 즉 '신라인들의 기록'은 아닐지라도, 이 책들은 삼국시대에 편찬된 역사서를 그대로 인용한 경우가 많기 때문에 '신라인들의 내면, 혹은 통일과 국경에 대한 인식'을 읽는데 빠질 수 없는 사료이다. 그러나『삼국사기』나『삼국유사』에 인용된 신라인들의 말이나 글은 앞서 밝힌 '신라인들의 기록'에 포함시키지는 않았다. 어찌 됐든 여기에 적힌 것은 고려시대에 기록한 것이기 때문이다. 신라인들이 직접 기록해 현재까지 전해진 '신라인들의 기록'과는 차등을 두는 것이 온당하다고 생각했다. 그래서 이 책 본문에서도 '신라인들의 기록'과『삼국사기』나『삼국유사』의 관련 기록은 따로 검토했다.

또 중국 측 사료 역시 일부나마 살폈다. '남(중국)이 나(신라)를 어떻게 바라보고 있는가'는 '나'를 이해하는 데 빠질 수 없는 부분이기 때문이다. 뒤에 자세히 밝히겠지만, 한국사학계가 삼국 통일을 주장하는 데 근거가 되는 배경이 중국 측 기록에서 비롯됐기 때문이기도 했다. 필자 능력의 한계로 중국 측 사료를 전수 조사하지는 못했다. 하지만 필자의 논리를 뒷받침하기에는 충분했다.

앞에서 이야기했지만, '신라의 삼국 통일'을 부정하는 시각은 비록 소수이기는 하지만 한국사학계에 존재했던 것이 사실이다. 그러나 '신라인들이 삼국을 통일했다고 자부했다'는 것을 반박한 주장은 없었다. 신라가 고구려의 땅을 차지하지 못했다는 것에 주목해서 '신라의 삼국 통일'을 반박한 한국사학자들조차 '신라인들이 삼국을 통일했다고 생각했다'는 사실은 인정했던 것이다.

결론부터 이야기한다면, 이 책은 신라인과 고구려 · 백제인들(정확히 말하면 '고구려와 백제의 유민들'이다)이 직접 남긴 기록 수천 건을 전수 조사한 뒤 『삼국사기』와 『삼국유사』의 관련 기록까지 모두 살펴 '대부분의 신라인은 자신들이 삼국을 통일했다고 생각하지 않았음'을 주장한 것이다. 즉 현재 한국사학계의 소수설로 자리한 '신라의 삼국 통일 부정'에서 한 걸음 더 나아가, 신라인들이 남긴 기록을 통해서 신라인들의 내면을 농밀하게 살폈을 때 '거의 대부분의 신라인은 자신들이 삼국 통일을 이뤘다고 생각하지 않았음'을 입증하려는 책이다. 신라인들은 물론, 고구려나 백제 유민들이 직접 남긴 모든 기록까지 조사해서 '신라인들의 통일과 국경에 대한 인식'의 실체를 해부한 것은 이 책이 처음이라고 자부한다.

사료를 낱낱이 정밀하게 살펴서 필자의 주장을 밝히기에 앞서, '신라인들이 삼국을 통일했다고 자부했다'는 주장이 갖는 몇 가지 문제점을 먼저 짚고 넘어가자. 이 문제점에 대한 답을 찾다 보면 독자들 또한 '신라인들이 삼국을 통일했다고 생각했는지 아닌지'에 대해 판단할 수 있을 것이다. 그 뒤 필자가 언급한 사료를 살피면서 신라인들이 정말로 자신들이 삼국을 통일했다고 생각했는지 검증해보기로 하자. 신라인들이나 고구려, 백제 유민들이 남긴 기록을 개별적으로 살피는 것이 부담스러운 독자라면 이 책 본론의 첫 장, 즉 「'신라인들이 삼국을 통일했다고 자부했다'는 정설에 대한 다섯 가지 의문」을 읽은 뒤에 바로 결론으로 넘어가도 된다.

1

'신라인들이 삼국을 통일했다고 자부했다'는 정설에 대한 다섯 가지 의문

신라인들이 통일을 이룩한 왕으로
태종 무열왕을 꼽은 까닭은?

대한민국 사람이라면 교과서에서 내내 배웠을 것이다. 삼국 통일을
이룬 왕은 문무왕이라고! 한국사 교과서에 그리 기술돼 있고, 논리
적으로도 당연해 보인다. '삼국' 하면 고구려, 백제, 신라를 말한다.
그러니 '삼국 통일'이라면 당연히 고구려와 백제가 망한 이후여야 한
다. 고구려의 영토와 국민이 신라에 통합됐느냐 아니냐를 따진다면
논의는 달라지지만, 어찌 됐든 신라인들이 과대망상일망정 세 나라
를 통일했다고 생각했다면, 신라인들은 통일을 이룬 왕으로 문무왕
을 꼽을 수밖에 없었을 것이다.

태종 무열왕의 장자였던 문무왕의 치세는 661~681년이다. 백제
멸망은 660년, 고구려 멸망은 668년이다. 물론 백제 멸망 이후 백제
부흥 운동이 있었고, 고구려 멸망 뒤에도 고구려 부흥 운동이 있었
다. 그 모든 부흥 운동은 신라가 당과의 8년 전쟁을 끝낸 676년쯤이

면 종식된다.[6] 최소한 현재 남아 있는 역사 기록에는 그렇게 적혀 있다. 그렇다면 통일을 완성시킨 왕은 당연히 문무왕이다. 661년에 사망한 태종 무열왕에게 고구려를 멸망시킨 신라왕이라는 칭호를 줄수는 없는 노릇이다. 현재 한국사학계 역시 통일을 이룬 왕은 문무왕이라는 것에 동의한다. 한데 신라인들이 이와 다르게 생각했다면?

결론부터 말하면 현재 남아 있는 '신라인들의 기록'은 통일을 이룬왕으로 태종 무열왕을 압도적으로 많이 꼽았다. 『삼국사기』나 『삼국유사』 역시 통일의 위업을 달성한 왕으로 태종 무열왕을 꼽은 경우가훨씬 많다. 통일을 이룬 왕을 문무왕이라고 꼽은 것은 문무왕의 사후그의 공을 기려 세운 문무대왕릉비문이나, 문무왕이 신하들 앞에서한 말을 인용해 적은 경우 외에는 한 차례도 없었다. 요즘 말로 하면'자백'이나 과장이 들어갈 수밖에 없는 상황에서 나온 것이었다. 이를하나씩 살펴보자.

'신라인들의 기록' 중 통일을 이룩한 왕을 언급한 것은 모두 4점이다. 이 중 신라 말기의 유명한 승려였던 원랑선사(816~883년)를 기려

---

6   『삼국사기』「신라본기」와 「백제본기」, 「고구려본기」를 종합하면 적어도 신라가 당나라와 통일 전쟁을 마친 676년 이전에 고구려와 백제의 부흥 운동은 종식되는 것으로 기술돼 있다. 참고로 「신라본기」, 「백제본기」라고 할 때의 '본기(本紀)'가 무슨 뜻인지 설명하자. 『삼국사기』를 기전체(紀傳體) 방식으로 썼다고 얘기하는데, 이는 기(紀)와 전(傳)을 합쳐서 책을 냈다는 의미이다. 기(紀)는 '어느 왕 때 어떤 일이 벌어졌는가'를 시대 순으로 적은 것이고, 전(傳)은 '김유신 전', '을지문덕 전'처럼 위인의 전기를 적은 것을 말한다. 『삼국사기』는 결국 신라와 고구려, 백제 삼국의 '본기'와 위인들의 '전기'를 합친 책이다. 「신라본기」는 신라의 역대 어느 왕 때 어떤 일이 벌어졌는가를 시대 순으로 모은 것을 말한다.

태종 무열왕릉 ⓒ 이한상 대전대 교수 제공

태종 무열왕릉비 귀부와 이수 ⓒ 오세윤 사진작가 제공

문무왕 수중릉(추정) ⓒ 오세윤 사진작가 제공

건립한 〈월광사 원랑선사탑비〉[7]와 낭혜화상 무염(無染, 801~888년)을 기려 만든 〈성주사 낭혜화상탑비〉, 최치원이 「(당나라) 태사시중에게 올린 글」[8](태사시중은 재상을 말한다)에서는 통일 군주로 태종 무열왕을 명확하게 꼽았다. 이에 반해 〈문무대왕릉비〉(682년 건립)에는 '통일'이라는 표현이 단 한 차례도 등장하지 않지만, "(문무왕이) 아홉 개 주를 하나로 바로잡고 동쪽과 서쪽을 정벌하여(直九合一匡東征西○)"[9]라고 적고 있다. 비록 '통일 군주'라고 언급한 것은 아니지만, 이 정도라면 '통일 군주'로 봐도 크게 무리는 없지 않느냐고 이야기할 수 있을 것이다. 결국 4점의 '신라인들의 기록' 중 3점은 무열왕을, 1점은 문무왕을 꼽았다.

신라인들의 기록을 인용해 작성한 『삼국사기』나 『삼국유사』에는 통일을 이룩한 왕에 대해 어떻게 적혀 있을까? 시대 순으로 살펴보자.

---

7 탑은 원래 부처의 사리나 유골을 모신 무덤이었다. 시간이 흘러 탑에 이름난 승려의 사리나 유골을 모시기도 했는데 이를 부도라고도 부른다. 탑비는 탑에 모신 승려의 삶을 기리기 위해 문장을 새긴 비를 말한다. 그 때문에 탑비는 탑 주변에 있게 마련이다.

8 「최치원이 태사 시중에게 올린 글」을 포함해 이 책에는 최치원의 글이 총 여섯 편 인용됐다. 이 글들은 모두 한국고전종합DB에 실린 최치원의 『고운집(孤雲集)』의 번역문을 인용한 것이다. 앞으로 최치원의 글에 대한 인용처를 밝힐 때는 편의상 '한국고전종합DB 인용'이라고만 적기로 한다.

9 ○자는 마멸돼 보이지 않지만, 문맥상 '벌(伐)'로 보는 것이 합리적일 것이다. 문장 판독문과 번역문은 '국립문화재연구소 문화유산연구지식포털'에 실린 것을 인용했다. 인터넷에서 무료로 검색할 수 있다. http://portal.nrich.go.kr/kor/index.do

① 『삼국유사』 '태종 춘추공'[10]에는 태종이 김유신과 함께 신비스런 지략과 온 힘을 다해서 삼한을 통일하고(一統三韓, 일통삼한) 사직에 큰 공을 세웠기에 묘호[11]를 태종이라 했다'고 적혀 있다.[12]

② 『삼국사기』 문무왕 9년 2월 21일 기록(669년)에는 문무왕이 신하들에게 다음과 같은 요지의 교서를 내렸다고 적혀 있다.

선왕(태종 무열왕)께서는 백성들의 참혹함을 불쌍히 여겨 귀한 신분임에도 바다를 건너 당나라로 건너가 병사를 요청했다. 선왕께서 비록 백제를 평정하였으나 고구려는 미처 멸망시키지 못했는데, 과인이 평정을 이루는 유업을 이어받아 마침내 선왕의 뜻을 이루게 됐다. 지금 두 적국은 이미 평정돼 사방이 안정되고 편안해졌다.[13]

③ 문무왕이 681년 사망했을 때 내린 유언에 대해 『삼국사기』 문

---

10 학계에서는 『삼국유사』의 특정 대목을 인용할 때 일반적으로 『삼국유사』 권1 기이(紀異) 태종 춘추공'이라고 적는다. 이 책에서는 이해하기 쉽게 『삼국유사』 '태종 춘추공'이라고 표기할 것이다.

11 황제나 왕이 죽은 뒤 공덕을 기려 붙인 이름.

12 『삼국유사』의 원문과 해석문은 인터넷 포털 사이트 네이버에 실린 '원문과 함께 읽는 삼국유사'를 인용했다. http://terms.naver.com/list.nhn?cid=49616&categoryId=49616

13 앞서 『삼국유사』를 인용할 때와 마찬가지로, 『삼국사기』를 인용할 때도 학계에서 표기하는 것처럼 『삼국사기』 「신라본기」 문무왕 9년 조(條)' 식으로 표현하지 않고 『삼국사기』 문무왕 몇 년'으로 적기로 한다. 『삼국사기』의 원문과 해석문은 인터넷 포털 사이트 네이버에 실린 '원문과 함께 읽는 삼국사기'를 인용했다. http://terms.naver.com/list.nhn?cid=49615&categoryId=49615

무왕 21년 기록은 이렇게 전하고 있다.

> 과인은 어지러운 운을 타고 태어나 전쟁의 시대를 만났다. 서쪽을 정벌하고 북쪽을 토벌하여 영토를 평정했다.[14]

④『삼국사기』 신문왕 12년(692년) 기록에는 다음과 같이 적혀 있다.

> 당나라 중종이 사신을 보내 "당 태종과 신라 태종 무열왕의 묘호가 같으니 이는 너희들 분수에 넘치는 일이다. 빨리 칭호를 고치라"고 지시했다. 이에 대해 신문왕은 신하들과 의논한 뒤 다음과 같이 답변한다. "선왕 춘추의 시호가 우연히 당나라 태종의 묘호와 같다. 그러니 황제의 명령을 따르지 않을 수 없다. 그러나 선왕 춘추는 삼한을 통일(一統三韓)한 공적이 매우 크다. 우리의 이런 점을 황제께 잘 말씀해달라."[15]

⑤ 태종 무열왕의 묘호 고침은『삼국유사』에도 기록돼 있다.『삼국유사』'태종 춘추공'에 따르면 그 정황은 이렇다.

> 신라 신문왕 때 당 고종이 신라에 사신을 보내 무열왕에게 올린 태종이라는 호칭을 고치도록 하라고 명령했다. 이에 신라왕은 "신라

---

14 네이버 '원문과 함께 읽는 삼국사기' 인용.
15 네이버 '원문과 함께 읽는 삼국사기' 요약 인용.

는 비록 작은 나라이지만 (무열왕이) 거룩한 신하 김유신을 얻어 삼국을 통일(一統三國)했기에 (무열왕의 묘호를) 태종이라 한 것입니다"라고 답변한다.[16]

⑥『삼국유사』'무장사 미타전(鍪藏寺 彌陀殿)'에는 경주 동북쪽 20리쯤에 있는 무장사를 소개하면서 문장 마지막에 "세상 사람들이 말하기를, 태종(김춘추)이 세 지역(三)을 통일한 후에 병기와 투구를 이 골짜기 속에 묻었기 때문에 무장사(鍪藏寺)라 이름 지었다고 한다"[17]라고 기록했다(무장사의 鍪는 투구를 뜻하고, 藏은 '감추다'라는 의미이다).

⑦『삼국사기』「잡지」(雜志) '제사(祭祀)'에는 "(혜공왕[재위 765~780년] 때에) 태종대왕(무열왕)과 문무대왕은 백제와 고구려를 평정한 큰 공적이 있었다 하여 모두 대대로 제사를 지내는 조상으로 삼았다"[18]고 기록했다.

『삼국사기』와『삼국유사』에는 '통일 군주'에 대해 이처럼 7건의 기

---

16 네이버 '원문과 함께 읽는 삼국유사' 요약 인용. 『삼국사기』는 태종 무열왕의 묘호를 고치라고 명령한 황제가 당 중종으로 돼 있고, 『삼국유사』에는 당 고종으로 돼 있다. 만약 『삼국유사』가 옳다면 묘호를 고치라고 한 시기는 『삼국사기』의 기록처럼 692년이 아니라 681~683년 사이로 정정돼야 한다. 왜냐하면 신라 신문왕의 재위는 681~692년이며, 당 고종의 재위는 649~683년이므로, 두 지배자의 치세가 겹치는 때는 681~683년뿐이기 때문이다. 두 기록 중 무엇이 옳은지 현재로서는 확실하지 않다.

17 네이버 '원문과 함께 읽는 삼국유사' 인용.

18 네이버 '원문과 함께 읽는 삼국사기' 인용.

록을 남겼는데, 이 중 태종 무열왕을 꼽은 것은 네 차례, 문무왕을 꼽은 것은 두 차례였다(① ④ ⑤ ⑥은 태종 무열왕을, ② ③은 문무왕을 꼽음). 반면 『삼국사기』 '제사'에서는 무열왕과 문무왕이 '통일을 공동으로 이룩한 것'으로 묘사하고 있다.

결국 '신라인들의 기록'에서는 3 대 1로 태종 무열왕이 문무왕을 앞섰고, 『삼국사기』나 『삼국유사』에서는 4 대 2로 태종 무열왕이 우세였다. 여기에 두 왕을 '공동의 통일 군주'로 삼아 무승부를 준 『삼국사기』 '제사'까지 합친다면, '통일 군주'에 대한 호칭에서 무열왕이 문무왕에게 '7승 1무 3패'라는 압도적인 승리를 거둔 셈이다.

하지만 신라인들이 통일 군주를 누구로 생각했느냐를 따질 때는 기록의 빈도 못지않게 그 말을 쓴 맥락을 살펴야 한다. 당과의 전쟁이 끝난 뒤 벌어진 태종 무열왕의 묘호 개칭 문제에서도 명확히 드러나듯, 신라 왕실과 지배 세력은 통일을 달성한 왕으로 무열왕을 꼽았다. 백성들의 생각도 다르지 않았다. 『삼국유사』 '무장사 미타전'에서 드러나듯, 백성들도 태종 무열왕을 통일을 이룩한 왕으로 생각했다. 왕이고 백성이고 가릴 것 없이, 통일 군주로 꼽은 것은 태종 무열왕이었다. 이에 반해 문무왕을 통일 군주로 꼽은 것은 문무왕 자신이거나, 그를 기려 세운 비문에 엇비슷하게 나온 표현이다. 결국 문무왕을 제외하면 신라인 모두 통일을 이룬 왕으로 태종 무열왕을 꼽았지 문무왕을 꼽지는 않았다.

신라인들의 이 같은 인식은 『삼국사기』나 『삼국유사』의 '신라사 시기 구분'에도 오롯이 반영돼 있다. 시기 구분에 무열왕은 항상 오르지만, 문무왕은 거론조차 되지 않는다.

신라의 마지막 임금이었던 경순왕 때를 기록한『삼국사기』'경순왕 조(條)'는 "사람들이 시조 때부터 신라 멸망까지를 3대로 나누었다. 박혁거세부터 진덕왕까지 28왕을 상대(上代)로, 태종 무열왕부터 혜공왕까지 8왕을 중대(中代)로, 선덕왕부터 경순왕까지 20왕을 하대(下代)라고 했다"고 기록했다.[19] '통일을 이뤘다고 신라인들이 평가한' 태종 무열왕부터 신라 중대로 삼은 것이다.

『삼국유사』도 마찬가지다.『삼국유사』'왕력'[20]은 박혁거세부터 22대 지증왕까지를 상고(上古), 법흥왕부터 선덕여왕까지를 중고(中古), 그리고 태종 무열왕 이후를 하고(下古)로 구분했다.[21] 여기서도 태종 무열왕이 언급됐지, 문무왕은 언급이 없다. 이처럼 두 왕의 비중은 왕실과 지배 계층, 그리고 일반 백성을 가릴 것 없이 비교조차 안 됐던 것이다.

왜 신라의 왕실이나 지식층, 그리고 일반 백성들은 요즘 한국사학계 혹은 교과서의 기술과 달리, 고구려 멸망을 보지 못한 채 사망한 태종 무열왕을 '통일을 이룬 왕'이라고 생각했을까? 왜 문무왕 자신 말고는 신라인 그 누구도 문무왕을 통일을 이룬 왕으로 꼽지 않았을까? 신라인들의 기록을 인용한『삼국사기』나『삼국유사』는 신라사의 시기를 구분하면서 7세기 신라사의 분수령을 이룬 왕으로 왜 문무왕 대신 태종 무열왕을 선택했을까?

---

19 네이버 '원문과 함께 읽는 삼국사기' 인용.
20 王歷, 왕에 대한 간단한 이력과 그때 벌어진 중요한 사건을 기록한 것.
21 네이버 '원문과 함께 읽는 삼국유사' 인용.

만약 신라인들이 자신들이 삼국을 통일했다고 진정으로 자부했다면 고구려의 옛 땅을 차지했든 못 했든 통일을 이룩한 왕으로 문무왕을 꼽는 것이 합리적이었을 것이다. 고구려의 멸망을 목격한 왕은 문무왕이기 때문이다. 그런데도 신라인들은 통일을 이룩한 왕으로 백제의 멸망만을 지켜본 태종 무열왕을 지목했다. 시기 구분 때도 '신라사에서 한 획을 그은 임금'으로 태종 무열왕을 꼽았지 문무왕을 꼽지는 않았다. 그런 인식이 『삼국사기』와 『삼국유사』에도 반영됐다.

　그렇다면 왜 신라인들이 그리 생각했는지 살펴야 한다. 혹시 신라인들은 현대 한국인들이 생각하는 것과 달리, 자신들이 통일을 이룩한 지역에서 고구려를 제외시켰던 것은 아닐까? 더 정확히는 '백제를 포함해서 고구려의 최남단 일부'만을 자신들이 통일했다고 생각했던 것은 아닐까? 그랬기에 통일을 이룩한 왕으로 백제의 멸망만을 지켜본 태종 무열왕을 꼽은 것은 아닐까?

　이 장면에서 우리가 주목해야 할 것이 있다. 신라인들은 '통일'을 이야기할 때 '삼국 통일'이라는 표현을 거의 사용하지 않았다는 사실이다.

신라인들이 '삼국 통일'이라는 표현을 쓰지 않은 이유는?

독자들은 '신라의 삼국 통일'이라는 표현을 초등학교 때부터 귀에 못이 박이도록 들었을 것이다. 초등학교 이후 모든 교과서에 그렇게 적혀 있기 때문이다. 설령 신라의 삼국 통일을 부정하는 일부 한국사학자들도 '신라인들이 삼국을 통일했다고 자부했다'는 것에 대해서는 이의를 달지 않는다. 그런데 막상 '신라인들의 기록'에 '삼국 통일'이라는 표현은 단 한 차례 등장한다. 〈봉암사 지증대사탑비〉에서다.

'신라인들의 기록'에 한 차례만 등장하는 '삼국 통일'

최치원(857~사망년 미상)이 왕명을 받아 893년쯤에 작성[22]한 〈봉암사 지증대사탑비〉에는 "옛날에는 조그맣던 삼국이 이제 크게 한집이 됐

---

22   문장은 893년쯤 작성됐지만, 탑비는 924년에 세워졌다.

다(昔之叢爾三國 今也壯哉一家)"[23]고 적혀 있다. 이것이 '신라인들의 기록' 중 '삼국 통일'[24]이 등장하는 유일한 예이다. '삼국 통일'이라는 표현이 신라가 멸망(935년)하기 고작 몇십 년 전에야 등장하는 것이다. 수천 건에 이르는 '신라인들의 기록' 중 신라가 통일한 지역이 어디인지, 혹은 그 지역을 신라인들은 어떻게 불렀는지에 대해 언급한 것은 모두 6점인데, 이 중 1점에서만 '삼국 통일'이라는 표현이 등장하는 것이다. 나머지 5점에는 어떤 식으로 기록돼 있을까?

청주 운천동에 있던 어느 사찰의 창건과 관련한 기록인 〈청주 운천동 사적비〉(7세기 후반 추정)와 불교 전파를 위해 순교한 이차돈을 기려 세운 〈이차돈 순교비〉(818년 건립 추정), 872년 황룡사 9층목탑을 보수한 뒤 그 내용을 탑 안에 넣은 〈황룡사 9층목탑 찰주본기〉, 그리고 원랑선사를 기려 건립한 〈월광사 원랑선사탑비〉(890년) 등 총 4점에는 "삼한을 통일했다"고 기록하고 있다.[25]

반면 신라 후기의 승려로 불교 음악인 범패를 대중화시킨 진감선사 혜소(慧昭, 774~850년)를 기려 세운 〈쌍계사 진감선사탑비〉[26]에는

---

23 판독문과 번역문은 '국립문화재연구소 문화유산연구지식포털' 인용.

24 정확히는 '삼국일가(三國一家)'로 표현됐지만, 이는 '삼국 통일'과 같은 뜻으로 봐야 한다.

25 판독문과 번역문은 '국립문화재연구소 문화유산연구지식포털' 인용. 〈청주 운천동 사적비〉에 대해 윤경진 경상대 교수는 학계의 통설과는 달리 이 비가 신라 말 고려 초 때 세운 것이며, 고려 태조 왕건과 관련된 것으로 보았다. 필자는 어느 설이 옳은지 명확히 판단할 능력이 없기 때문에 일단 학계의 통설을 따라 이 비를 7세기 후반 것으로 보고자 한다. 이에 대한 자세한 설명은 이 책 55쪽 참조.

26 이 탑비는 887년 7월에 세워졌다. 그러나 문장을 작성한 시기는 정강왕 재위

(고구려가 멸망하면서) "당나라가 네 개의 군을 차지했다"[27]고 기록하고 있다. 여기서 '네 개의 군'은 조선[28] 멸망 뒤 설치된 한사군 지역을 차지한 고구려를 뜻한다. 고구려를 당나라가 차지했다고 묘사함으로써 신라가 통일한 지역에서 고구려는 아예 배제시킨 것이다. 주목할 것은 이 글을 정강왕(재위 886~887년)의 명을 받아 최치원이 작성했다는 점이다. 왕명을 받아 지었으니 요즘으로 치면 '대통령 비서실의 공문서'에 해당하는 셈이다. 신라 왕실의 공문서에서 고구려를 '통일 지역'에서 배제한 것이다.

종합하면 '삼한을 통일했다'는 표현이 다섯 차례,[29] '삼국을 통일했다'는 표현이 한 차례 등장한다. 신라인들이 삼국을 통일했다고 진정으로 자부했다면, 왜 이들은 '삼국 통일'이라는 표현 대신 굳이 '삼한 통일'이라는 표현을 압도적으로 많이 사용했을까?

'삼국 통일'이라는 표현이 보이지 않는 것은 『삼국사기』도 마찬가지다. 7세기 중후반 이후의 상황을 '옛 기록을 인용'해 묘사한 대목에서 『삼국사기』는 '삼국 통일'이라는 표현을 한 차례도 사용하지 않았다. 반면 '김유신 전'에는 '삼한위일가'(三韓爲一家, 삼한이 한집안이 됐다)가,

---

기간인 886~887년 사이이다.

27 판독문과 번역문은 '국립문화재연구소 문화유산연구지식포털' 인용.

28 필자는 이 책에서 '고조선'을 '조선'이라고 표기할 것임을 밝힌다. 원래 국호가 '조선'이었기 때문이다. 현재 남아 있는 사료를 바탕으로 살폈을 때, '고조선'이라는 명칭은 일연 스님이 『삼국유사』를 기술하면서 '편의상' 표현한 것인데 이후 굳어져버렸다. 이에 대한 자세한 설명은 이 책 98쪽 참조.

29 〈쌍계사 진감선사탑비〉는 통일 지역에서 고구려를 배제시킨 것이기에 '삼한 통일'에 포함시킬 수밖에 없다.

신문왕 12년 기록(692년)에는 '일통삼한'이 씌어 있다. '삼한 통일'이라는 뜻의 표현만을 두 차례 쓴 것이다.[30]

몽골 강점기인 1281년에 편찬돼 요즘 말로 치면 '민족의식'이 강하게 반영된『삼국유사』에는 '삼한을 통일했다'는 표현을 네 차례 썼지만, '삼국 통일'이라는 표현도 두 차례 썼다는 사실을 확인할 수 있다.

---

[30] 『삼국사기』에 '삼국 통일'을 뜻하는 표현이 아예 등장하지 않는 것은 아니다. 『삼국사기』'김유신 전'에는 "(내가[김부식이] 생각건대[論曰]), 김유신은 당나라와 협력해 세 나라를 통일했다[與上國協謀 合三土爲一家]"라는 표현이나, "추선사(鷲仙寺)는 김유신이 고구려와 백제 두 나라를 평정하고 세운 곳[是寺 庚信平麗濟二國 所營立也]"이라고 기록했다. 또『삼국사기』'경순왕 조'에서도 "(내가 생각건대[論曰]), 중국 군대의 신령한 힘을 빌려 (신라가) 백제와 고구려를 평정하고 그 지역을 군현으로 만들었다"고 적었다. 이를 두고 어찌 됐든 '신라의 삼국 통일'을『삼국사기』가 표현한 것이 아니냐고 주장하는 이가 있을 수도 있다. 그러나 이는 김부식이 자신의 입장 혹은 관점을 밝힌 것이지, 신라인들의 말을 인용해 기록한 것은 아니었다.

『삼국사기』'김유신 전'에는 이밖에도 17세가 되던 해에 산에서 도를 닦는 김유신을 보고 어느 노인이 "나이는 비록 어리지만 삼국을 통일한 뜻을 가지고 있으니 참으로 장하다[子幼而有幷三國之心 不亦壯乎]"고 격려했다는 대목도 있다. 여기서도 '삼국 통일'을 의미하는 표현이 보이지만, 이 또한 어린 김유신이 삼국 통일의 뜻을 가지고 있었다는 이야기이지 삼국 통일을 했다고 이야기한 것은 아니다.

필자가『삼국사기』나『삼국유사』에서 살피려는 것은 신라인들이 저술하거나 편찬한 역사서 등을『삼국사기』나『삼국유사』가 '직접 인용'한 대목들이지, 김부식이나 일연 스님의 개인적인 견해는 아니다. 필자가 이 책에서 살피고자 하는 것은 '삼국 통일과 관련한 신라인들의 생각이나 그 내면'이지, '신라의 삼국 통일'과 관련한 고려나 조선, 혹은 현대 한국사학자들의 사고는 아니기 때문이다.

또『삼국사기』'견훤 전'에는 '삼한 통일'이라는 표현이 등장하지만, 이는 고려의 후삼국 통일을 의미하기에 신라가 어디를 통일했느냐에 대한 논의 대상에서 제외했다.

우선 '삼한 통일'이라고 표현한 것을 살피면 '태종 춘추공'과 '효소왕 시대 죽지랑', '원종(법흥왕)이 불법을 일으키고 염촉(이차돈)이 순교하다', '황룡사 9층탑' 등이다.[31] 그리고 '무장사 미타전'에서는 태종 무열왕이 "삼을 통일했다(統三)"고 적었다.

이에 반해 '삼국 통일'은 '태종 춘추공'[32]과 '문무왕 법민'에만 각각 한 차례씩 등장한다. 두 경우 모두 발해 건국(698년) 이전에, 당나라 황제나 사신이 신라의 잘못을 묻거나 꾸짖는 장면에서 신라인들이 답하는 내용 중에 등장한다. 당시 고구려 영토를 당나라가 차지하고 있었다는 사실에 비춰 볼 때 신라인들이 당나라 황제나, 황제를 대신한 사신 앞에서 "우리가 고구려를 차지하고 있다"고 얘기했을 가능성은 사실상 없다.

우선 '태종 춘추공'에 등장하는 '삼국 통일'에 대해 살펴보자. 신라인들이, 묘호를 고치라는 황제의 질책성 명령을 전달하기 위해 온 당나라 사신 앞에서, 백제의 멸망만을 지켜본 태종 무열왕이 (당나라가 실제로 차지한 고구려까지 포함한) 삼국을 통일했다고 이야기했을 가능성은 희박하다. '태종 춘추공'에 묘사된 상황은 『삼국사기』에도 기록돼 있는데, 『삼국사기』는 이때 신라인들이 당나라 사신에게 '삼한 통일'

---

31 『삼국유사』에는 경순왕에 대해 서술한 '김부대왕'('김부'는 경순왕의 이름이다) 에서 '삼한 통일'이라는 표현을 썼지만 이는 고려의 후삼국 통일이기에 제외한 다. 주30에서도 밝혔지만, 이 책에서 다루는 내용은 '신라의 통일' 혹은 '신라인 들의 통일과 국경에 대한 인식'이다.

32 『삼국유사』, '태종 춘추공'에는 태종 무열왕의 업적을 언급하면서 '삼국 통일'과 '삼한 통일'이 동시에 등장한다.

이라고 답했다고 적었다.[33]

'문무왕 법민'에 등장하는 '삼국 통일'에도 의심이 가기는 마찬가지다. 먼저 '삼국 통일'이 어떤 맥락으로 기록됐는지 살펴보자. 671년 신라와 당의 전쟁이 한창일 때 박문준이라는 신라인이 문무왕의 친동생인 김인문과 함께 당나라의 옥에 갇혔다. '인질'인 셈이었다. 어느 날 당 황제가 박문준에게 "신라는 무슨 비법이 있기에, 당나라가 두 번이나 대군을 보냈는데도 살아 돌아오는 자가 없는가?"라고 물었다. 박문준은 "저희 신하들은 당나라에 온 지 10여 년이나 되었기 때문에 본국의 사정을 모릅니다. 다만 멀리서 한 가지 들은 것은 있습니다. 신라가 당나라의 은혜를 두텁게 입어 삼국을 통일(一統三國)했기 때문에, 그 은덕을 갚으려고 경주의 절에서 황제의 만수무강을 빈다고 합니다"라고 대답했다. 고구려를 당나라가 차지한 시점에서, 그리고 황제의 만수무강 어쩌고 해야만 하는 상황에서 "신라가 삼국을 통일했으므로, 고구려는 신라 땅입니다"라는 식으로 당나라 황제에게 이야기할 수 있었을까?

『삼국유사』에 두 차례 등장하는 '삼국 통일'은 맥락을 잘 살펴보면 '삼한 통일'이었을 가능성이 더 높다. 다만 몽골 강점기에 글을 쓰면서 '민족의식'을 강하게 투영했던 일연 스님이 신라인들의 기록을 인용하면서 '삼한 통일'을 '삼국 통일'로 바꿔 표현했을 가능성이 높아 보인다.

---

33 『삼국사기』「신라본기」 신문왕 12년 기록. 네이버 '원문과 함께 읽는 삼국사기' 인용.

진실성이라는 측면에서 볼 때 신라인들이 '삼국 통일'이라고 했을지 논란의 여지는 있지만, 어찌 됐든 『삼국유사』에는 '삼국 통일'이 두 차례, '삼한 통일'이 네 차례 등장한다. 결국 '신라인들의 기록'과 『삼국사기』, 『삼국유사』의 기록을 종합하면, '삼국 통일'은 세 차례, '삼한 통일'은 열한 차례 등장하는 것이다.

이제 그 이유를 살펴야 한다. 신라인들이 '삼한'과 '삼국'의 지역적 범위를 같은 것으로 생각했다면, '삼한 통일'이나 '삼국 통일'은 같은 뜻이 된다. 그렇다면 '신라인들의 기록'에 '삼국 통일'이라는 표현이 등장하지 않는 것은 아무런 문제가 되지 않는다. 하지만 신라인들에게 '삼한'과 '삼국'의 지역적 범위가 다른 것이었다면 문제는 본질적으로 달라진다. '삼한 통일'과 '삼국 통일'은 다른 뜻일 수밖에 없는 것이다. 그리고 삼한과 삼국의 의미를 신라인들이 만약 다르게 사용했다면, 요즘 한국사학계나 한국사 교과서가 통일을 이룩한 왕으로 문무왕을 꼽는 것과는 달리 신라인들이 왜 태종 무열왕을 '통일 군주'로 꼽았는지도 명쾌하게 이해할 수 있게 된다.

신라인들에게 '삼한'의 지역적 범위는 어디였을까?

셋째 의문

신라인들에게
'삼한'은 어디였을까?

현재 한국사학계나 한국사 교과서는 삼한(三韓)에 대해 일반적으로 '삼국시대 이전 시기에 한반도 중남부 지방에 형성되어 있었던 정치 집단, 혹은 그 지역'으로 규정하고 있다. 삼한은 말 그대로 '세 개의 한(韓)'이라는 뜻이다. 마한(馬韓, 훗날 백제가 다스린 지역)과 진한(辰韓, 훗날 신라가 다스린 지역), 그리고 변한(卞韓, 훗날 가야가 다스렸다가 신라로 병합된 지역)을 말한다. 이 세 개의 '한'을 합쳐 삼한이라고 부르는 것이다.

만약 신라인들이 오늘날 일반적으로 사용하는 지역적 의미와 동일하게 삼한이라는 단어를 사용했다면, '삼한 통일'은 신라가 고구려와 백제를 통일한 것이 아니라, 한반도 중남부 지역만 통일했음을 뜻하게 된다. 그러면 의문은 풀린다. 왜 신라인들이 '삼한 통일'이라는 표현을 썼는지, 통일을 이룬 왕으로 문무왕이 아니라 태종 무열왕을 꼽았는지 이해할 수 있다. 왕이 작성을 지시한 문서에서 최치원이 왜 "고구려는 우리가 통일한 곳이 아니다"라고 얘기했는지도 밝혀진다.

넓게 쳐도 대동강~원산만 라인 이남, 그러니까 옛 삼한 땅에 고구려의 최남단 정도를 넓혀서 영토를 확보한 상태에서 신라인들은 '우리가 삼국을 통일했다'고 얘기할 수 없었던 것이다. 그래서 '삼한을 통일했다'고 얘기했던 것이다. '신라인들이 삼국을 통일했다고 생각했느냐?'에 대한 의문은 그렇다면 더 이상 논쟁의 여지가 없다. 신라인들은 '삼국'이 아니라, '삼한'을 통일했다고 생각한 것이기 때문이다.

한국사학계 역시 이 점에 대해 고민해보지 않은 것은 아니었을 것이다. 고구려의 영토를 통일하지 못해서 삼국 통일을 이야기할 때 '불완전한 통일'이라는 수식어를 붙여야 하고, '그래도 고구려와 백제의 유민을 신라가 대거 받아들였으므로 신라의 통일은 민족사적 관점으로 볼 때 삼국의 통합으로 볼 수 있다'고 이야기해야 하는데,[34] 당대의 신라인들마저 '삼국 통일' 대신 한반도 중남부 지역에 고구려 최남단을 더한 지역을 의미하는 '삼한을 통일했다'는 식으로 표현했으니 골치가 아픈 것이다.

이 지점에서 우리 역사학계는 '삼한=삼국'을 주장한다. 한국사학계는 수나라의 역사를 기록한 『수서(隋書)』나 당나라의 역사를 기록한 『당서(唐書)』, 혹은 수나라나 당나라 때 제작된 묘지명 등 중국에서 나온 기록을 근거로 7세기 이후 중국에서는 '삼한=삼국'이라고 했고, 신라도 이를 받아들였으므로, '신라인들의 기록'에 등장하는

---

34 앞서도 살폈듯이, 고구려의 유민은 신라보다는 당에 더 많이 갔다. 당에 끌려간 고구려 유민은 20여만 명인 반면, 신라에 온 유민은 많게 잡아봐야 5만 명 정도였다. 여기에, 고구려의 옛 땅에 남았다가 발해 사람이 된 고구려 유민까지 친다면, 고구려 유민의 신라 유입은 지극히 미미하다고 봐야 할 것이다.

'삼한을 통일했다'는 표현은 결국 '삼국을 통일했다'는 말과 같다고 주장한다.[35] 이 주장을 요약하면 이렇다.

① '삼한'이라는 표현은 3세기에 제작된 중국의 역사서에 최초로 등장한다. 이때 삼한은 한반도 중남부에 위치한 마한과 진한, 변한을 가리키는 것이었다.

② 그러나 7세기 이후 중국은 한반도와 만주 지역, 즉 한반도 중남부뿐 아니라 고구려까지 포함한 지역을 삼한이라고도 표현했다. 즉 '삼한'의 지리적 지칭 대상이랄까 범위가 확장된 것이다.

③ 신라 역시 이런 표현상의 변화를 받아들였으므로, 삼한을 통일했다는 표현은 삼국 통일과 동일시할 수밖에 없다.

위와 같은 '삼단논법'이 역사적 사실에 부합한다면, 신라인들이 설사 '삼한을 통일했다'는 표현만 고집했더라도, '삼한 통일'과 '삼국 통일'을 동일한 의미로 볼 수 있다. 다시 말하면 신라인들이 '삼국 통일'이라는 표현은 쓰지 않았더라도 삼국을 통일했다고 생각했다고 간주할 수 있는 것이다. 이 삼단논법이 과연 맞는 주장일까?

우선 ①번부터 보자. '삼한'이라는 표현이 처음 등장하는 것은 아쉽지만 우리 기록이 아니다. 중국은 예부터 자신들의 주변 나라나 종

---

35 7세기 이후 신라인들도 중국의 용례에 따라 '삼한=삼국'을 받아들였다고 주장하는 대표적인 학자는 노태돈 서울대 명예교수이다. 그가 쓴 『한국 고대사의 이론과 쟁점』(집문당, 2009년)과 『삼국통일전쟁사』(서울대학교출판부, 2009년) 등을 참조하면 된다.

족들에 대해 역사서 등에 적어놓았다. 요즘으로 치면 '인류학 보고서' 정도로 생각하면 될 것이다. '삼한' 역시 이런 과정에서 모습을 드러낸다.

유비니 조조니 제갈량 등이 등장하는 위, 촉, 오 세 나라의 역사를 기록한 중국 역사서 『삼국지』(3세기에 제작) 권30은 중국인들이 보았을 때 오랑캐에 해당하는 '오환, 선비, 동이'에 대해 기록하고 있다. 이 중 동이(東夷)에 대한 기록 속에 '삼한'이 처음 묘사된다. 우리나라 기록까지 포함해서 현재 전하는 세상의 기록물들 중에 남아 있는 '삼한'에 대한 최초의 묘사다. 번역하면 이렇다.

> 한(韓)은 (중국 한나라가 조선을 멸망시킨 뒤 설치한 네 개 군 중 하나인) 대방군의 남쪽에 있다. 동쪽과 서쪽은 바다에 접해 있고, 남쪽으로는 왜 나라와 접해 있다. 사방 4천 리는 족히 된다. 한은 세 종(種)으로 구성돼 있는데, 첫째는 마한이고, 둘째는 진한이며, 셋째는 변한이다. 진한은 예전에 있던 진국(辰國)이 변해서 된 것이다.[36] (괄호 안은 필자가 이해를 돕기 위해 삽입한 표현임).

이 기록에 따른다면 세 갈래로 구성된 한이라는 나라들이 있던 위치는 대략 황해도와 강원도 이남의 한반도 중남부가 된다. 현재 남한의 지리적 위치와 비슷하거나, 서북쪽으로 약간 더 넓은 지역

---

36 『삼국지』 권30 「오환 선비 동이 전(傳)」에 포함된 '한(韓) 전'에 수록. 경인문화사에서 1977년에 영인한 『삼국지(三國志)』를 참고했다.

을 포함한다.

『삼국지』는 삼한에 대해 설명하면서 삼한과 조선의 관계에 대해서도 언급하고 있다. 『삼국지』에 따르면, 조선의 준왕은 중국의 연나라에서 망명한 위만으로부터 공격을 받아 왕위를 빼앗기자(서기전 194년), 가까운 신하들을 데리고 바다를 통해 한의 땅으로 도망친 뒤 그곳에서 스스로 '한 나라의 왕'이라고 칭했다. 한 나라는 중국의 한(漢)나라 때에는 낙랑군에 속했고, 철마다 중국 한나라의 조정으로 나아가 황제를 만났다고 『삼국지』는 기록하고 있다.[37]

이처럼 기록 속에 처음으로 등장하는 삼한은 처음부터 삼한이라는 명사로 명백하게 등장한 것은 아니었다. "한(韓)이라는 나라에 세 갈래가 있다"는 식으로 기록돼 있다.[38]

삼한이라는 표현이 '본격적으로' 등장한 것은 중국 왕조 후한(後漢, 25~220년)의 역사를 기록한 『후한서』(5세기 전반 편찬)에서다. 『후한서』 권85는 「동이열전」(동쪽 오랑캐에 대한 각종 기록)으로 구성돼 있는데 여기에서 '삼한'이라는 표현이 명확하게 등장한다. 번역하면 다음과 같다.

---

37 『(국역)中國正史朝鮮傳』(국사편찬위원회, 1986년) 47~48쪽 참조.

38 『삼국지』 이전의 중국 역사서인 『사기(史記)』(서기전 1세기 초반 제작)나 『한서(漢書)』(1세기 후반 편찬), 그리고 『위략(魏略)』(위, 촉, 오 삼국 중 위나라의 역사를 기록한 역사서. 3세기 후반 편찬)에서는 한반도 중남부 지역에 진국(辰國,『사기』와 『한서』의 기록) 혹은 진한(辰韓,『위략』의 기록)이라는 나라가 있었다고 기록돼 있다. 현재 한국사학계의 대체적인 시각은 진국이나 진한이 삼한으로 분화됐다고 본다.

(세 개의 한 나라 중) 마한이 최대이기 때문에 그 종족 중에서 왕을 세운 뒤 진왕(辰王)이라고 불러 '삼한' 전체 지역의 왕으로 삼았다. 도읍은 목지국이다.[39]

삼한은 그렇다면 애초에는 한반도 중남부 지역을 일컫던 명칭으로 봐야 한다. ①번 주장은 사실이다.

그렇다면 ②번, 즉 7세기 이후 중국은 한반도와 만주를 삼한이라고 표현했다는 주장에 대해 살펴보자. 삼한의 지리적 지칭 대상이랄까 뜻이 애초 한반도 중남부 지역에 국한된 것과는 달리 고구려의 영역까지 포함됐다는 주장이다. 현재 한국사학계가 삼국 통일을 옳다고 이야기할 때나, '신라인들은 삼국을 통일했다고 자부했다'고 주장할 때의 주요 논거 중 하나가 7세기 이후 중국에서는 '삼한=고구려+백제+신라'라는 점에 근거하므로 이를 살피는 것은 무척 중요하다.

이 주장에 대한 검증은 『수서』와 『당서』는 물론, 이때 작성된 모든 글을 살핌으로써 가능하다. 고백하건대 이는 필자의 능력 밖이다. 필자의 한자(한문도 아니고!) 실력이 부족한 것도 사실이지만, 워낙 방대한 양 때문이기도 하다. 당나라의 금석문[40]만도 현재까지 알려진 것이 1만여 점 이상에 이른다는 게 학계의 공통된 의견이다. 하지만 이런 검증 절차를 대신해줄 기존의 연구 논문들은 있다. 그중 하나가

---

39 『후한서』 권85 「동이열전」 중 '한(韓) 전'에 수록. 경인문화사가 1977년에 출간한 『후한서』 영인본 참조.

40 金石文, 돌이나 쇠붙이 등에 새긴 글. 묘지명도 금석문의 하나이다.

역사학자 권덕영이 쓴 「당 묘지(墓誌)의 고대 한반도 삼국 명칭에 대한 검토」41이다. 그는 이 논문에서 당나라 사람의 묘지명이나, 조국 멸망 뒤 당으로 건너간 고구려나 백제 유민의 묘지명 중 고구려, 백제, 신라 삼국과 관련한 사실을 기록한 211점의 묘지명을 분석했다.

그의 분석 결과, 고구려를 '삼한'이라고 지칭한 묘지명이 33점이었다. 고구려를 삼한 중의 하나인 진한이라고 지칭한 것은 5점, 고구려를 마한이라고 부른 것은 2점, 고구려를 변한이나 진변(辰卞, 진한과 변한을 합친 용어)이라고 부른 것도 각 1점씩이었다고 한다.42 이 밖에도 고구려를 요(遼) 혹은 요동(遼東)으로 표현한 것도 39점이었고, 정식 국호였던 고구려(高句麗)나 고려(高麗) 혹은 구려(句麗)라고 표기한 것도 15점, 그리고 한사군 중 하나였던 현도(玄菟 혹은 玄兎)로 표기한 것도 15점이었다고 권덕영은 지적했다. 고구려에 대한 명칭이 정말로 제각각이었음을 알 수 있다.

권덕영은 백제나 신라에 대한 기록도 검토했다. 이에 따르면, 백제를 백제(百濟)라고 적은 것이 7점이었지만, 삼한이라고 칭한 것도 4점이 있었고, 진(辰, 진한과 같은 의미), 마한, 신한(臣韓)43이라고 지칭한 것

---

41 『한국고대사연구』 제75호, 2014년 9월.

42 면밀히 검증해보면 그의 논문에는 아주 사소한 실수가 있다. 고구려 유민 고질(高質, 626~697년)의 묘지명에는 고구려를 한(韓)이라고 지칭했으며, 역시 고구려 유민인 고진(高震, 701~773년)의 묘지명에도 고구려를 진한(辰韓)이라고 불렀는데 이 논문에는 빠져 있다. 그러나 논문의 전체 맥락에 비춰 볼 때 전혀 문제될 것이 없는 실수이다.

43 일부 연구자들은 '신한'이 권덕영의 지적처럼 나라 이름이 아니라, "한을 신하로 삼았다"라고 해석한다. 필자 역시 신한은 나라 이름이 아니라, "한을 신하로

도 각 1점이었다. 신라 역시 신라(新羅)라고 칭한 것이 12점이었지만, 삼한(2점)과 진한(1점)이라고 표기하기도 했다.

　사실 당나라 때의 묘지명뿐 아니라 『수서』나 『당서』에서도 고구려를 삼한으로 부른 경우는 많다. 심지어 『구당서(舊唐書)』[44]의 이다조(李多祚, ?~707년)라는 장군에 대한 기록에서는 "이다조는 대대로 말갈의 추장을 지낸 집안 출신이며, 삼한의 귀한 종족(代爲靺鞨酋長 三韓貴種)"이라고 기록하고 있다.[45] 고구려인이나 백제인, 신라인뿐 아니라 말갈인도 삼한 사람으로 지칭한 것이다. 즉 7세기 이후 중국인들은 삼국을 통칭하는 의미로 삼한을 쓰기도 했고, 고구려나 백제, 신라를 각각 삼한 혹은 마한, 진한, 변한 중의 하나로 보기도 했으며, 만주 지역의 말갈인까지 삼한인으로 보기도 했다.

　이 장면에서 의문이 들 수도 있다. 삼한이라는 용어가 가지는 지리적 개념이 속된 말로 '엿장수 마음'이 아닌가 하는 점이다. 7세기 이후의 중국인들은 왜 고구려를 마한으로 불렀다가 백제를 마한이라고 부르고, 고구려를 진한으로 불렀다가 신라를 진한으로 불렀던 것일까? 삼한에 대해 기록한 그 이전의 중국 역사서들은 한결같이 "한(韓)은 (옛 한사군의 하나인) 대방의 남쪽에 있는데, 마한은 서쪽에 있고, 진한은 마한의 동쪽에 있다"고 지리적 위치를 명확히 한 바 있는데……. 이런 변화가 왜 발생했는가에 대해 필자가 논증할 능력은 없다.

　삼았다"라고 해석하는 것이 맞다고 본다.

44　945년에 완성된, 당나라의 역사를 기록한 책. 이 책을 보완해 1060년에 다시 펴낸 역사서는 『신당서(新唐書)』라고 부른다.

45　『구당서』 「이다조 전」. 경인문화사가 1977년에 출간한 영인본 참조.

48　｜　신라인은 삼국 통일을 말하지 않았다

그리고 이를 논증한 글도 아직까지는 없다.

하지만 국내 학계는 이를 바탕으로 "7세기 이후 중국인들은 '만주와 한반도에 위치한 나라들'을 삼한 혹은 삼한 중의 하나라고 불렀다"고 인정하고 있다. 고구려를 삼한으로 불렀든, 진한으로 불렀든, 변한이나 마한, 아니 진변으로 불렀든 간에 고구려를 '삼한'이라는 범주에 속하는 것으로 보았다면 국내 학계의 ②번 주장은 옳다. 그리고 이를 신라인들이 받아들였다면(받아들였다는 게 국내 학계의 ③번 주장이다.) 당연히 '삼한 통일'은 '삼국 통일'과 같은 뜻이 된다. 과연 이 주장은 사실일까?

'신라인들의 기록' 속에 적힌 삼한의 지리적 범위를 우선 추적하고, 비록 '신라인들의 기록'은 아니지만 이를 인용한 『삼국사기』나 『삼국유사』를 면밀히 살핀다면 이에 대한 해답이 나올 것이다.

우선 '신라인들의 기록'부터 살펴보자. 토기 파편에 적힌 것까지 포함하면 수천 건에 이르는 '신라인들의 기록' 중 삼한 혹은 국가 형태를 의미하는 한(韓), 마한, 진한, 변한 등의 글자가 적힌 유물은 모두 11점이다. 이 11점에 국가 형태로서의 삼한 등이 모두 19건 기록돼 있다. 이 중 '신라의 영토' 혹은 '신라의 통일과 국경에 대한 인식'과 관련해서 면밀히 살펴야 할 것은 9점 10건이다.[46]

---

46 삼한 등이 표기된 것은 11점 19건인데 고려 대상이 9점 10건으로 줄어든 이유는 '신라인들의 통일과 국경에 대한 인식'과 문맥상 관련되는 단어만을 살펴야 하기 때문이다. 예를 들어 최치원이 쓴 「태사 시중에게 올린 글」에는 "동해 밖에 세 나라가 있었는데, 마한과 변한과 진한이다. 마한은 고구려이고, 변한은 백제이며, 진한은 신라이다"로 적혀 있다. 이 문장은 '삼한=삼국'을 의미하는 1점 1건으로 간주했다. 역시 최치원이 쓴 「당 황제가 조서 두 함을 내린 것

물론 이 기록 속에 삼한(혹은 한)을 북위 몇 도, 동경 몇 도라는 식으로 지리적 범위를 명확히 밝힌 것은 당연히 없다. '지리적으로 대략 어디를 가리킨다'고 명백히 드러낸 것도 없다. 그럼에도 문맥을 살피면 '신라인들의 기록' 속에 등장하는 삼한 혹은 한이 어디를 나타내는지 살필 수 있다.

신라인들은 삼한에 고구려나 발해를 포함시키지 않았다

이들을 정리해 표로 만들면 51쪽과 같다.[47]

결론부터 말한다면, '신라인들의 기록'에 등장하는 삼한이나 한이라는 표현 중 삼국과 동일한 의미라고 간주할 수 있는 것은 2점 2건이다. 그나마 문장 전체로 볼 때 '삼한=삼국'이라면 '신라의 통일'이

에 감사를 표시한 정강왕의 표문」(表文, 신하가 임금에게 올리는 글)에 등장하는 "(신라의 전신에 해당하는) 진한(辰韓)이라는 이름은 진한(秦韓)의 잘못이다"라는 문장이나 김입지가 비문을 지은 〈성주사비〉에 등장하는 "진한(辰韓)의 서울에……"라는 문장도 '삼한'이나 '진한' 등의 지리적 위치를 명확히 한 것도 아니고, 신라인들의 통일과 국경에 대한 인식과 관련이 없기에 고려 대상에서 제외했다. 그럼에도 2장 이후 본문에서는 이 같은 단편적인 자료도 모두 포함해서 살폈다. 있는 그대로의 모든 자료를 독자들에게 보여주기 위해서이다.

47 표는 작성 시기 순서대로 만들었다. 다만 ⑧번과 ⑨번은 최치원의 글로, '신라인들의 기록'인 것은 사실이지만 신라시대의 것이 아니라 후대에 간행한 것이기에 뒤에 실었다.

48 ①~⑦번의 판독문과 번역문은 '국립문화재연구소 문화유산연구지식포털'을, ⑧번과 ⑨번의 원문과 번역문은 '한국고전종합DB'를 인용했다. 한국고전종합DB도 인터넷에서 검색할 수 있다. http://db.itkc.or.kr/itkcdb/mainIndexIframe.jsp이다.

'신라인들의 기록'에 등장하는 국가로서의 '삼한' 혹은 '한' 등이 적힌 문장[48]

명칭	작성시기	해석문	원문
① 청주 운천동 사적비	7세기 후반 (686년 추정)	삼한을 통합하여 땅을 넓혔으며, 창해에서 위세를 떨치시니	合三韓而廣地居滄海而振威
② 이차돈 순교비 (백율사 석당비)	818년 추정	가히 삼한에 통할 수 있고 또한 사해를 넓힐 수 있다	可通三韓 亦廣四海
③ 김입지가 비문을 지은 성주사비	9세기 중엽	한이 솥발처럼 셋으로 나뉘어 대립했을 때, 백제에서 신라의 왕태자에게 (무언가를) 바쳐서 (……)	韓鼎足之代 百濟國獻王太子 (……)
④ 대안사 적인선사탑비	872년 8월 14일	삼한에서 아주 빼어난 곳이었다	三韓勝地
⑤ 황룡사 9층목탑 찰주본기	872년 11월 25일	해동의 여러 나라가 그대의 나라에 항복하고 (……) 삼한을 통합하고	海東諸國渾降汝國 (……) 果合三韓
⑥ 보림사 보조선사탑비	884년	실로 또한 삼한에서 불교의 전파를 도운 것이다	實亦神聖化於三韓
⑦ 월광사 원랑선사탑비	890년	1. 태종대왕께서 (……) 삼한에서 전쟁을 그치게 하고 통일을 달성하신 때에 2. (대사가 입적하실 때에) 이름이 온 삼한에 펴졌으며	1. 太宗大王 (……) 止戈三韓之年 垂衣一統之日被 2. 名播三韓
⑧ 최치원이 예부에서 상서를 맡고 있는 배찬에게 올린 글 與禮部裵尙書瓚狀	874년 직후	(상서 배찬이 신라인인 최치원 자신의 이름을 발해인보다 앞서게 했음을 감사하다고 누차 표현한 뒤) 이 영광이 삼한에 널리 퍼지게 됐다	光榮遠播於三韓
⑨ 최치원이 태사시중에게 올린 글 上太師侍中狀	893년 직후	1. 삼가 아뢴다. 동해 밖에 세 나라가 있었는데, 마한과 변한과 진한이다. 마한은 고구려이고, 변한은 백제이며, 진한은 신라이다 (아래 문장은 '삼한'에 대한 언급은 아니지만, 전체 문맥 이해에 필요하므로 넣었다.) 2. 고구려의 잔당이 북쪽에 있는 태백산 아래에 모여서 국호를 발해라고 했다 (……) 3. 오늘날에 이르기까지 3백여 년 동안 한 지방이 무사하고 창해가 평안한 것은 바로 우리 무열대왕의 공이라고 할 것이다	1. 伏以東海之外有三國 其名馬韓卞韓辰韓 馬韓則高麗 卞韓則百濟 辰韓則新羅也 2. 高句麗殘孽類聚 北依太白山下 國號渤海 (……) 3. 至今三百餘年 一方無事 滄海晏然 此乃我武烈大王之功也

성립되지 않게 되는 모순에 빠지거나, '반론'도 가능한 내용이었다. 나머지 7점 8건은 신라가 통일 전쟁으로 넓힌 지역, 그러니까 한반도 중남부 지역을 의미하는 '삼한'에 고구려의 최남단을 더한 지역을 의미했다. 하나씩 살펴보자.

우선 ⑨번 '최치원이 쓴 「(당나라) 태사시중에게 올린 글」'을 보자. 이 글은 문장 앞에서 명확히 '삼한=삼국'이라고 기록했다. "마한은 고구려이고, 변한은 백제이며, 진한은 신라이다"라고 말한 것이다. 많은 한국사학자들은 이 글을 근거로 신라인들도 '삼한=삼국'론을 받아들였다고 주장하고 있다.

그러나 최치원은 같은 글의 뒷부분에서는 '삼한=삼국'은 논리적으로 성립될 수 없음도 동시에 보여주고 있다. 고구려의 잔당이 발해를 세웠다고 쓴 뒤 "오늘날에 이르기까지 3백여 년 동안 한 지방(신라)이 무사하고 창해가 평안한 것은 (태종) 무열왕의 공"이라고 기록한 부분에서다.[49]

그의 논리를 그대로 따라가본다면, '마한=고구려=발해'이다. 그리고 '통일 신라'는 여전히 평안하고 무사하게 통일을 유지하고 있다. 하지만 최치원의 표현처럼, 발해가 궁극적으로 마한의 후예라면 '신라의 통일'은 깨진 것이 된다. 삼한의 하나인 마한이 발해로 '독립'한

49 최치원의 원래 글이 오류였는지, 아니면 후대에 그의 글을 재간행하면서 오류가 생긴 것인지 확실하지 않지만, 신라가 지난 "3백여 년간" 평안했던 것은 무열왕 덕분이라는 표현은 '2백여 년간'을 잘못 쓴 것이다. 이 글을 쓴 시점은 『삼국사기』에 따르면 서기 893년 직후이다. 태종 무열왕이 백제를 통일한 것은 660년이고, 사망한 것은 661년이다. 태종 무열왕의 통일이나 사망 이후 230여 년이 지난 시점에서 쓴 것이어서, '3백여 년간 평안'은 맞지 않다.

것이니 말이다. 그렇다면 "신라가 (무열왕이 통일을 이룩한 이후) 3백여 년 동안 평안했다"는 주장도 사실이 아니다. 최치원의 주장처럼 '마한=고구려=발해' 혹은 '삼한=삼국'론을 받아들이면, 발해의 건국으로 '삼한의 재분열'이 되는 셈이다. 그러나 최치원은 여전히 삼한은 통일돼 있고, 이는 무열왕 덕분이라고 말한다. 모순이다.

더 나아가 최치원은 자신이 쓴 다른 여러 글에서는 삼한과 삼국이 같은 지역이 아님을 이야기했다. 예를 들어 그가 쓴 ⑧번 글, 「(당나라) 예부에서 상서를 맡고 있는 배찬에게 올린 글」을 살펴보자. 그는 여기서 '몇 년 전(872년) 발해인이 (외국인을 대상으로 실시하는 과거인) 빈공과에서 (신라인을 제치고) 수석을 차지해서 모자와 신발의 위치가 거꾸로 바뀐 것 같았다. 신라로서는 치욕이었다. 그런데 이번 시험에서 신라인인 자신이 수석을 차지하게 됨으로써 이 영광이 삼한에 널리 퍼지게 됐다'고 적었다. 이 문장에서 삼한에 고구려의 옛 땅, 그러니까 발해가 포함된다고 생각해보자. 9세기 후반기 신라와 발해는 빈공과 수석 자리를 놓고 겨루는 '적국'이었다. 당나라 조정에서 외국인 사신단을 한자리에 불러 모을 때 신라가 상석에 앉느냐, 발해가 상석에 앉느냐를 두고 치열하게 다투기도 했다. 그런데 신라인 최치원이 빈공과 수석을 함으로써 그 영광이 '적국'인 발해의 땅(발해가 삼한에 포함된다면!)에 퍼지게 됐다니, 그럼 신라와 발해는 빈공과 수석 자리를 두고 왜 다투었을까? 이런 정황을 고려할 때 이 문장에서 삼한은 신라가 차지한 영토에만 해당된다.

뒤에서 다시 살펴겠지만, 신라의 통일과 국경에 대한 인식과 관련해서 최치원은 극도로 비논리적이었다. 「태사시중에게 올린 글」에서 그는 '삼한=삼국'론을 펼치며 발해는 고구려의 후예라고 했다. 그렇다면 '마한의 후예인 발해의 건국으로 삼한의 통일이 깨졌다'고 했어야 한다. 하지만 그는 「태사시중에게 올린 글」은 물론 다른 어느 글에서도 이렇게 이야기한 적이 없다. 그의 모든 글에 등장하는 '삼한'은 통일이 유지되고 있는 상태였다.

더 나아가 최치원은 "당나라가 네 개의 군(고구려의 옛 땅)을 차지했다"고 〈쌍계사 진감선사탑비〉에 기록하기도 했다. 그렇다면 고구려의 전신에 해당하는 마한 지역은 신라의 '통일 전쟁' 직후 당나라가 흡수했다가 발해로 바뀐 셈이니 '삼한 통일'은 애초 있지도 않았던 일이 된다. 그러나 최치원은 〈봉암사 지증대사탑비〉에서는 '삼국 통일'도 이야기했다. 최치원의 이런 비논리성은 '신라인들의 기록'을 하나씩 살피는 대목에서 다시 검토할 것이다.

'삼한=삼국'으로 간주할 수 있게 만드는 또 다른 '신라인들의 기록'으로 9세기 중반에 활동한 문인 관료인 김입지가 비문을 지은 〈성주사비〉(③번)를 들 수 있다. 이 비에는 "예전에 한(韓)이 솥발처럼 셋으로 나뉘어 대립했을 때 백제에서 신라의 왕태자에게 (무언가를) 바쳐서"라는 문장이 등장한다. 명확하게 '삼한=삼국'이라고 얘기하지는 않았지만, 글의 맥락상 한이 솥발처럼 셋으로 나뉘어 대립한 것의 셋은 신라, 백제, 고구려로 볼 수도 있다. 그러나 현재 남아 있는 비문 어디에도 '나머지 하나의 한(韓)이 고구려'라고 명백하게 밝힌 것은 없다. '삼한=삼국은 아니다'라고 반론할 수도 있는 것이다.

어쨌든 2점 2건의 경우를 제외한다면, '삼한' 혹은 '한'이 기록된 그 밖의 '신라인들의 기록' 7점 8건에서는 삼한과 삼국이 같은 의미가 아니었다. 8건의 '신라인들의 기록'을 살펴보면 신라인들은 '통일 전쟁' 이후 삼한(혹은 한)이라는 표현을 쓸 때, 한반도 중남부 지역에서 조금 더 넓어진, 더 정확히는 자신들이 차지한 영토를 삼한의 지칭 대상으로 삼았다. 삼한이라는 단어가 갖는 전통적 의미를 기본적으로 고수하되, 현실적으로 신라의 영토가 '통일 전쟁' 이후 북쪽으로 더 넓혀졌으므로, 삼한의 지역적 범위도 북쪽으로 약간 더 넓혔던 것이다. 최소한 현재 남은 '신라인들의 기록'으로만 본다면, "7세기 이후 신라인들이 삼한을 삼국과 동일시했다"는 한국사학계의 주장은 근거가 희박하다. 하나씩 살펴보자.

①번 〈청주 운천동 사적비〉에는 "삼한을 통합하여 땅을 넓혔"다는 표현이 나온다. 비가 온전히 남아 있지는 않지만, 남아 있는 비문 중에 '壽拱 二年(수공 2년, 686년)'이라는 중국의 연호가 적혀 있어 686년 직후 건립된 것으로 학계는 추정하고 있다.[50] 이 비의 건립 연대에 대한 한국사학계의 추정이 옳다면, 이 비문은 삼한이라는 명칭을 사용한 최초의 '신라 유물'이다. 그런데 이 시기에 고구려의 옛 땅은 당이 대부분 차지하고 있었다. 그런 사실을 잘 알고 있던 신라인들이 "(고구려를 포함한) 삼한을 통합했다"고 적었다고 보기에는 무리가 따른다. 이 문장에서의 삼한은 신라가 실제로 차지한 지역으로 볼 수밖에

---

50 윤경진 경상대 교수는 「'청주운천동사적비'의 건립 시기에 대한 재검토」(『사림』 제45호, 2013년 6월)에서 이 비의 건립 시기를 신라 말 고려 초로 보면서, 고려 태조와 관련이 있는 것으로 해석했다. 만약 윤 교수의 주장이 옳다면 이 비는 이 책의 고려 대상이 될 수 없다. 필자는 학계의 통설(686년 직후)을 따라 이 비를 7세기 후반에 건립된 것으로 보기로 하겠다.

없다. '삼한=삼국'을 부정하는 것이다.

②번 〈이차돈 순교비〉에 신라 법흥왕(재위 514~540년)이 "불교가 신라에 퍼진다면 신라가 삼한을 통일하고 넓은 바다로까지 땅을 넓힐수 있다"고 말하자 이차돈이 "나의 목을 베어서 신기한 일이 벌어지면 사람들이 불교를 믿을 것"이라며 순교했다(527년)는 내용이 적혀있다. 여기서의 '삼한'에도 고구려가 포함되기는 힘들다. 법흥왕이 "삼한을 통일하고"라고 말한 것은 법흥왕 치세인 6세기 전반기로, 당시에는 중국에서도 삼한에 고구려를 포함시키지 않았다. 또 818년(추정)에 이 비를 세울 때도 삼한에 고구려의 옛 땅이 포함되기는 힘들다. 818년 고구려의 옛 땅은 이미 발해가 차지한 상태였다. 삼한에 고구려가 포함된다면, 발해의 건국으로 삼한이 분열된 셈인데 '삼한이 통합됐다'고 이야기할 수는 없기 때문이다.

신라 후기의 승려 적인선사 혜철(慧徹, 785~861년)을 기리기 위해 세운 〈대안사⁵¹ 적인선사탑비〉(④번)에는 혜철 스님이 대안사가 "삼한에서 아주 빼어난 곳"에 자리했음을 알고 이곳에 머무르며 포교했다는 내용이 적혀 있다. 여기서 삼한도 '한반도 중남부보다 약간 넓어진 지역, 즉 신라가 통일한 곳'만 가리키는 것으로 봐야 한다.

만약 이 문장에서 고구려의 옛 땅까지, 그러니까 한반도 북부는 물론 만주까지 삼한에 포함됐다고 가정해보자. 혜철이 포교하던 9세기 중엽, 고구려의 옛 땅은 발해의 차지였다. 그렇다면 혜철은 신라는

---

51 이 탑비문에는 탑비가 선 사찰을 대안사(大安寺)라고 적었다. 하지만 요즘에는 태안사(泰安寺)로 불린다. 필자는 탑비를 따라 대안사라고 부르기로 한다.

물론 발해 곳곳을 누비며 포교할 곳을 찾다가 대안사를 삼한에서 아주 빼어난 곳으로 생각했다는 뜻이 된다.

이런 식의 생각은 앞서도 밝혔듯이, 혜철이 포교하던 9세기 중엽이나 이 탑비를 세운 872년에 신라와 발해가 얼마나 적대적인 관계였는지를 간과한 것이다. 두 나라가 적대적인 상태였는데, 신라 승려인 혜철이 적국인 발해까지 두루 살핀 뒤 대안사를 "(발해를 포함한) 삼한에서 아주 빼어난 곳"이라고 표현했을 가능성은 없다. 물론 혜철이 발해에서 포교했다는 내용도 탑비문에는 적혀 있지 않다.

⑤번 〈황룡사 9층목탑 찰주본기〉에는 '경주에 황룡사 목탑을 세우자 그 결과 신라가 삼한을 통합했다'는 표현이 등장한다. 7세기 전반기에 당나라의 고승이 황룡사에 9층탑을 세우면 해동의 여러 나라가 신라에 항복할 것이라고 예언했는데, 그 예언에 따라 황룡사에 목탑을 세우자 7세기 후반기에 신라가 "삼한을 통합"했다는 사실을, 황룡사 9층목탑을 수리하던 때인 872년에 기록한 글이다. 9세기 후반기의 신라인들이 '삼한'에 고구려의 옛 땅까지 포함시켰다면 발해라는 국가는 설명할 길이 없다. 만약 고구려가 삼한에 포함된다면, ②번 〈이차돈 순교비〉에서도 살폈듯이, 삼한은 발해의 건국으로 분열된 셈이기 때문이다. 여기서도 '삼한=삼국'론은 부정된다.

보조선사 체징(體澄, 804~880년)을 기린 탑비인 〈보림사 보조선사 탑비〉(⑥번)도 마찬가지다. 스님을 추모하며 스님이 "삼한에서 불교의 전파를 도왔다"고 기록했다. 삼한에 고구려 혹은 고구려의 옛 땅까지 포함된다면, 스님이 적국인 발해에서도 불교의 전파에 힘썼다는 이야기인데, 역시 탑비문 어디에도 스님이 발해에서 포교 활동을 한 사실이 없다. 여기서의 삼한도 신라가 차지한 영토만 해당된다.

앞에서도 살핀 〈월광사 원랑선사탑비〉(⑦번)에는 아예 "태종대왕 께서 삼한에서 전쟁을 그치게 하고 통일을 달성하신 때에"라고 표현 하여 백제를 멸망시킨 태종 무열왕 때에 삼한 통일이 이뤄졌다고 못 을 박았다. 고구려 지역은 아예 제외되는 것이다. 이어 발해에서는 포교 활동을 벌인 적이 없고, 탑비문 어디에도 발해에서의 활동 사실 이 적혀 있지 않은 원랑선사가 입적했을 때 그의 "이름이 온 삼한에 퍼졌"다고 했다. 이 문장에서의 '삼한'에도 고구려나 발해가 끼어들 틈이 없는 것이다.

'신라인들의 기록'을 종합하면 10건의 삼한(혹은 한) 중 8건은 삼 한을 신라인들이 실제로 통합한 지역, 그러니까 대동강~원산만 이 남으로 묘사했고, 2건이 '삼한=삼국'을 뒷받침한다(물론 2건은 문장 전 체로 보면 모순을 보이거나, 불명확한 의미로 쓰였다). 스코어로 친다면 8 대 2로 '삼한=삼국'론이 부정되는 것이다.

이런 사실은 '신라인들의 기록'에서만 확인되는 것이 아니다. '신 라인들의 기록'은 아니지만 이를 인용해 작성한 『삼국사기』나 『삼국 유사』에서도 삼한의 지리적 범위를 확인 혹은 유추할 수 있다.

우선 『삼국사기』부터 살펴보자. 『삼국사기』에는 삼한이라는 표현 이 모두 여섯 차례 등장한다. 모두 신라가 실제로 차지한 지역, 그러 니까 전통적 의미의 삼한에 통일 전쟁으로 신라가 차지한 고구려 최 남단을 합친 지역을 가리켰다. 고구려 전역이 포함된 경우는 한 차례 도 없었다. 이를 시기 순으로 살펴보자.

① '김유신 전'에는 김유신이 사망하기 직전(673년) 문무왕이 그의 집을 찾아와 울면서 앞으로 어찌하면 좋을지를 물었다. 이때 김유신은 "지금 삼한이 한집안이 되고 백성들이 두 마음을 가지지 아니하니 비록 태평성대까지는 아니어도 조금 안정됐다고는 할 수 있다"고 답했다.[52]

김유신이 사망한 673년은 신라와 당이 한반도의 패권을 놓고 한반도 중부 지역에서 한창 다투던 시점이었다. 고구려 영토의 대부분은 당나라가 차지하고 있었다. 그러나 백제가 멸망한 뒤 시작된 백제 부흥 운동이 672년 가림성[53] 전투를 끝으로 더 이상 『삼국사기』에 기록되지 않은 것을 보면, 김유신이 사망한 때에 백제 부흥 운동은 종식됐음을 알 수 있다. 이런 상황에서 자신의 병석을 찾은 문무왕에게 김유신은 "삼한이 한집안이 됐다"며 삼한 통일을 기정사실화하고 있다. 김유신에게 '삼한'은 고구려가 포함되지 않은, 신라와 백제 땅이었음을 알려주는 대목이다.

② 신문왕 12년(692년)에 당나라 사신이 와서 "태종 무열왕의 묘호를 고치라"고 했을 때 신문왕은 "무열왕은 삼한을 통일한 공적이 크기에 '태종'이라는 묘호를 올렸다"고 답했다.[54] 태종 무열왕은 백제의 멸망만을 지켜본 임금이다. 그러므로 여기서의 '삼한'도 신라가 실제로 통일한 지역만을 말한다고 봐야 한다.

---

52 네이버 '원문과 함께 읽는 삼국사기' 인용.

53 충남 부여군 임천면 소재. 백제 수도인 사비를 보호하기 위해 쌓은 산성이었다.

54 네이버 '원문과 함께 읽는 삼국사기' 인용.

③ 성덕왕 30년(731년)에는 당 현종이 신라에 조서를 내렸는데 '삼한이 사이좋게 지낸다'고 적었다고 기록했다.[55] 삼한에 발해까지도 포함된다면 '신라와 발해가 사이좋게 잘 지낸다'고 당 현종이 표현한 셈인데, 당시 신라와 발해는 '사이좋다'고 할 수 있는 관계가 아니었다. 2년 뒤 신라는 발해와 전쟁을 치를 정도였다. 발해를 '고구려의 후예'로 생각했던 신라는 어느 기록에서도 발해를 호의적으로 평한 적이 없었다. 그렇다면 이 문장에서의 '삼한'도 신라가 실제로 차지한 지역만을 말한다고 보는 게 타당하다.

④ '견훤 전'에는 삼한이라는 표현이 세 차례 등장하는데, 신라 멸망기에 삼한이라는 용어를 당시 사람들이 어떻게 사용했는지를 알려준다.[56]

- 928년 정월, 고려 태조는 경순왕에게 보낸 편지에서 "지난번에 삼한에 액운이 닥치고……"라고 했다. 여기서 삼한은 물론 신라가 통합했던 영토만 의미한다. 발해는 이미 2년 전인 서기 926년, 거란족의 요나라에게 망했다. 이미 요나라가 된 지역을 삼한이라고 이야기할 수는 없다.

- 견훤의 아들 신검이 견훤을 폐위시키고 935년 10월에 내린 교서에 "(아버지 견훤은) 말세에 나시어 세상을 구하려는 책임을 떠맡고 삼한을 다니며 백제를 회복하셨다"는 문장이 있다. 여기서의 삼한도

---

55 네이버 '원문과 함께 읽는 삼국사기' 인용.
56 네이버 '원문과 함께 읽는 삼국사기' 인용.

역시 통일 전쟁 이후의 신라 땅을 의미한다. 견훤이 발해나 요나라

까지 다니면서 백제 부흥 운동을 했던 것은 아니니까 말이다.

• 견훤이 왕건에게 투항한 직후인 936년, 견훤의 사위인 영규가 '왕
건에게 투항하자'고 아내에게 이야기할 때도 '(왕건이 인심을 얻고 있
으니) 반드시 삼한의 주인이 될 것이다'라고 말한다. 여기서의 삼한
도 역시 신라 땅만을 말한다. 왕건이 요나라를 포함한 지역까지 아
울러 주인이 될 수는 없는 노릇이다. 신라 최말기에 신라인들이 사
용한 삼한이라는 표현에서도 평양 북쪽 고구려의 옛 땅은 아예 포
함될 수 없었던 것이다.

이처럼 『삼국사기』에 여섯 차례 등장하는 '삼한'은 모두 '신라가
실제로 통일한 지역'만을 의미한다. '삼한=삼국'론은 설 자리가 없다.

그렇다면 『삼국유사』에는 '삼한'의 지리적 범위가 어떻게 묘사돼
있을까? 『삼국유사』에는 '삼한'이라는 표현이 모두 열한 차례 등장
한다.[57] 하나씩 살피기 전에 전제해야 할 것이 있다. 『삼국유사』는
『삼국사기』와 달리 신라인들의 역사서 등을 인용해 기록한 장면에
서 '삼국 통일'이라는 표현을 두 차례 썼다. 이 중 '태종 춘추공'에서
"무열왕이 삼한을 통일했다"고 쓰기도 했고, "무열왕이 삼국을 통일
했다"고 기록하기도 했다. 무열왕을 '삼국 통일을 이룬 임금'으로 본

---

57 『삼국유사』 '김부대왕' 편에도 '삼한'이라는 표현이 등장하지만, 이는 고려가
후삼국을 통일한 이후 시점에 대한 묘사이기에 제외했다. 또 '남부여·전백제
(前百濟)·북부여'에도 '삼한'이라는 표현이 등장하지만, 이 역시 '신라인들의
국경과 통일에 대한 인식'과는 관계가 없기에 고려하지 않았다.

것은 논리적으로는 모순이다. 또 당시의 시대 상황을 보더라도 신라 조정이 당나라 사신 앞에서 무열왕이 '삼한 통일'을 이뤘다고 말했을 가능성이 높으며, 실제로 같은 상황을 묘사한 『삼국사기』에 신라인들이 '삼한 통일'이라고 말했다고 기록했음은 이미 앞에서도 살핀 바 있다(이 책 38~39쪽 참조).

하지만 일연 스님은 어찌 됐든 무열왕을 '삼한 통일'을 이룬 군주로 보기도 했고, '삼국 통일'을 이룬 임금으로 묘사하기도 했다. 그 때문에 필자는 『삼국유사』에 등장하는 삼한의 지리적 개념을 살필 때, '문맥상, 지리적 범위로 볼 때 반증 가능성이 전혀 없이 사용한 삼한'이라는 표현 이외에는 판단을 유보할 것임을 미리 밝힌다. 『삼국유사』 '태종 춘추공'에서 보이듯, 일연 스님은 논리적으로 모순을 보임에도 '삼국'을 '삼한'과 구별 없이 쓰는 경우도 분명히 있기 때문이다. 논리적으로 본다면 고구려의 옛 땅이 포함되지 않는 삼한으로 판단되더라도, 일연 스님의 글쓰기의 특성을 고려해서 문맥상, 반증 가능성이 전혀 존재하지 않을 때에만 삼한의 지리적 범위에 대해 '범주화'를 할 것이다. 그렇지 않으면 판단을 유보하겠다.

『삼국유사』에 기록된 순서대로 삼한이 사용된 예를 살펴보자.[58]

① '태종 춘추공'에 "무열왕은 김유신과 함께 신비스러운 지략과 온 힘을 다하여서 삼한을 통일하고"라고 기록했다. 여기서의 삼한은 논리적으로 본다면 고구려가 배제된 지역이다. 그러나 일연 스

---

58 원문과 번역문은 네이버 '원문과 함께 읽는 삼국유사' 인용.

님은 '태종 춘추공'에서 "무열왕이 삼국을 통일했다"고도 했기 때문에 '삼한=삼국'이 아니냐고 주장할 수도 있다. 판단 유보이다.

② '만파식적'에 신문왕 2년(682년) 바다에서 신기한 일이 벌어지자 왕이 천문관에게 점을 치게 했더니, 천문관은 "문무왕이 바다의 용이 돼서 삼한을 지키고 있기에 (이런 일이 벌어졌다)"라고 말했다. 당시 고구려 지역은 당나라가 차지하고 있었다. 그리고 문무왕이 당나라 영토까지 수호할 이유는 없다. 그러니 여기서의 삼한은 통일 전쟁 이후 신라가 차지한 곳을 말한다고 보아야 한다.

③ '효소왕(재위 692~702년) 시대 죽지랑'에 삼한은 두 차례 등장한다. "죽지랑의 아버지인 술종공(진덕여왕[재위 647~654년] 때의 귀족)이 근무지로 가려는데 삼한에서 전쟁이 일어났기에"라고 했고, (술종공의 아들) 죽지랑에 대해 "김유신과 함께 삼한을 통일했다"고 기록했다. 삼한이 어디를 가리키는지는 판단 유보이다. 『삼국유사』는 '삼한 통일'과 '삼국 통일'을 동일한 의미로도 썼기 때문이다.

④ '후백제 견훤'에도 삼한이 두 차례 등장한다. 927년 정월, 왕건이 견훤에게 보낸 편지[59]에서 "지난번 삼한에 액운이 들어 전국에 흉년이 들었고"라는 기록이 있다. 여기서의 삼한은 '통일 전쟁 이후 신라가 실제로 차지했던 후삼국의 영역'이다. 927년이면 이미 발해가 멸망하고 거란족이 세운 요나라가 그 땅을 차지했다. 고구려의 옛 땅이 삼한에 포함된다면 왕건은 요나라의 흉년까지 걱정

---

59 이 편지는 『삼국사기』에는 928년 정월에 보낸 것으로 돼 있다. 편지에 견훤의 경애왕 피살(927년 11월)이 언급됐으므로 928년 정월에 보낸 것으로 봐야 한다.

한 셈이 된다. 견훤의 사위인 영규가 '왕건에게 투항하자'고 아내에게 이야기하는 장면에서 '(왕건이 인심을 얻고 있으니) 반드시 삼한의 주인이 될 것이다'라고 적었다. 여기서 삼한도 후삼국 지역을 말한다. 왕건이 요나라까지 포함한 삼한의 주인이 될 수는 없는 노릇이다.

⑤ '원종(법흥왕)이 불법을 일으키고 염촉(이차돈)이 순교하다'에는 "(신라에서 불교가 성하게 되면서) 삼한이 합쳐져 한 나라가 되었고 온 세상이 합쳐져 한집안이 되었다"고 기록했다. 판단 유보이다. 『삼국유사』는 신라의 통일을 이야기할 때 삼한과 삼국을 동일한 의미로 쓰기도 했다.

⑥ '황룡사 9층탑'에는 "(황룡사) 탑을 세운 뒤 천지가 태평해지고 삼한이 통일되었으니 탑의 영험이다"라고 기록했다. 이 문장은 '신라인들이 기록'에 등장하는 〈황룡사 9층목탑 찰주본기〉와 내용이 거의 같다. '신라인들의 기록'인 〈황룡사 9층목탑 찰주본기〉에 등장하는 삼한에 대해 필자는 신라가 통일 전쟁 이후 실제로 통일한 지역으로 보았다. 서기 9세기 후반에 쓴 이 글에서 '삼한=삼국'으로 가정하면 발해의 건국으로 삼한의 통일은 깨진 것이기 때문이다(이 책 57쪽 참조).

그러나 『삼국유사』 '황룡사 9층탑'에 등장하는 삼한의 지리적 범위는 판단 유보이다. 앞서 밝힌 것처럼, 일연 스님의 글쓰기의 특성을 존중해서이다.

⑦ '원광서학'[60]에는 삼한이 두 차례, 진한이 한 차례 등장한다. "(원

---

60 圓光西學, '원광 스님이 서쪽 땅 당나라에서 공부했다'는 뜻이다.

광 스님이) 본래 삼한에 살았는데 원광은 원래는 진한 사람이다(光即辰韓人也)"라고 한 뒤 "(원광은) 문장으로 이름을 삼한에서 크게 떨쳤지만……"이라고 기록했다. 세속오계를 주창한 것으로도 유명한 원광은 6세기 후반~7세기 전반기에 활약한 승려였다. 통일 전쟁 이전의 삼한을 언급한 것인데 논리적으로 본다면 여기서의 삼한에는 고구려가 포함되지 않는 편으로 보는 게 낫다. 당시 신라와 고구려는 적국이었는데, 원광 스님이 적국인 고구려까지 포함된 삼한에서 이름을 떨쳤다고 보기는 힘들다. 그럼에도 판단 유보이다. 역시 일연 스님의 글쓰기의 특성을 고려해서이다.

⑧ '보양 스님과 배나무(寶壤梨木)'에서는 신라 말 고려 초의 보양 스님의 행적을 기술하면서 "삼한이 난리 중인 때에"라며 "지금 (후)삼국이 어지러워", "(불교를 보호하는 어진 임금이 나와서) 삼국을 평정할 것이다", "얼마 뒤 고려 태조가 삼국을 통일했는데……"라는 문장이 연이어 등장한다. 이때의 삼한은 문맥상 분명 통일 전쟁 이후 신라가 차지한 후삼국 지역을 말한다. 고구려의 옛 땅이 포함되면 고려 태조는 발해나, 발해를 무너뜨린 요나라까지 통일했어야 한다.

이처럼 『삼국유사』에 열한 차례 등장한 '삼한'에서 명확하게 '삼한=삼국'인 경우는 하나도 없다. 하지만 '만파식적', '후백제 견훤', '보양 스님과 배나무'에 총 네 차례 등장하는 삼한은 통일 전쟁 이후 신라가 실제로 차지한 영토로 볼 수밖에 없다. 『삼국유사』에서도 4 대 0으로 '삼한=신라가 실제로 차지한 영토'가 '삼한=삼국'을 압도한다.

'신라인들의 기록'과 『삼국사기』와 『삼국유사』를 모두 종합해서 삼한의 지역적 범위를 판단해본다면 '신라가 통일 전쟁 이후 실제로 차지한 영토'를 뜻하는 경우가 18건이었고, '삼한=삼국'을 뒷받침하는 것은 2건이었다. 18 대 2인 셈이다. 그나마 '삼한=삼국'을 뒷받침하는 것은 문장 내부에서 모순을 보이거나, 반론이 가능한 상태였다. 어찌 됐든 모든 사료를 종합적으로 볼 때 7세기 중엽 이후 신라인들이 '삼한과 삼국을 동일시했다'는 것은 성립하기 힘든 논리이다. 통일 전쟁 이후의 신라인들은 삼한을 '자신들이 통일 전쟁 이후 실제로 차지했던 지역'으로 생각했던 것이다.

신라인들이 삼한을 '통일 전쟁 이후 자신들이 실제로 차지한 지역', 그러니까 '대동강~원산만 라인 이남'으로 생각했음은 신라인들이 국경을 어디로 생각했는가를 묘사한 사료에서도 확인할 수 있다. 국경을 이야기하면서 구체적인 지명이 등장하는 경우가 있는데 이를 통해 신라인들이 생각한 국경을 파악할 수 있는 것이다. 이런 기록은 모두 『삼국사기』에 등장한다. 하나씩 살펴보자.

① 당나라와 전투가 한창이던 671년(문무왕 11년), 당나라 총사령관 설인귀는 문무왕을 꾸짖는 편지를 보냈는데 이에 대해 문무왕은 답신을 보내면서 "약속을 먼저 어긴 것은 당나라이다. 당 태종께서 애초에 '고구려와 백제를 평정하면 평양 이남의 백제 땅은 모두 신라에게 주겠다'고 약속했다"고 말한다.[61] 신라 왕실이 애초 통일 전쟁을 벌인 이유는 '평양 이남의 백제 땅 확보'였던 것을 확인시

---

61 네이버 '원문과 함께 읽는 삼국사기' 「신라본기」 문무왕 11년(671년) 기록 인용.

켜주는 대목이다. 통일 전쟁의 목적에서 '고구려 병합'은 처음부터 배제시킨 것이다. 이것이 '통일과 국경'에 관련된 신라인들의 내면 혹은 민낯이었다. 그러니 당나라에서 사신이 와서 "태종 무열왕의 묘호를 고치라"고 이야기할 때 신라 왕실은 (백제를 멸망시켰지만 고구려 멸망은 지켜보지도 못했던) "태종 무열왕이 삼한을 통일한 공 (때문에)"라고 답했던 것이다.

② 문무왕 15년(675년) 기록에서는 "신라는 백제 땅을 많이 빼앗아 드디어 고구려 남쪽 경계 지역까지를 주와 군으로 삼게 됐다(然多取百濟地 遂抵高句麗南境爲州郡)"라고 적혀 있다.[62] 통일 전쟁으로 신라의 국경이 어디로 정해졌는가를 기록한 사료는 이것이 유일한데, 여기서도 신라의 영토는 신라가 실제로 확보한 영토, 그러니까 '북쪽으로 확장된 삼한'이었지, 고구려 전역을 포함하지는 않았다. 통일 전쟁이 거의 끝나갈 무렵, 신라인들은 '고구려 남쪽 경계 지역'을 신라의 북쪽 국경선으로 봤던 것이다.

③ 성덕왕 34년(735년)에 당나라 황제는 신라에게 "대동강 이남 땅을 신라에게 준다"고 선언한다. 신라 성덕왕은 다음 해인 736년 당황제에게 머리 조아려 감사하다는 내용의 표문을 올린다.[63] 만약 신라인들이 자신들이 고구려까지 통일했다고 생각했다면, 대동강 이남 땅을 준다는 당나라 황제의 조칙에 반발했을 것이다. 그러나 신라인들은 이에 대해 감사하다고 했다. 신라인들의 통일과 국경

---

62 네이버 '원문과 함께 읽는 삼국사기' 문무왕 15년 기록.

63 네이버 '원문과 함께 읽는 삼국사기' 성덕왕 34~35년 기록.

에 대한 인식을 극명하게 보여주는 대목이다. 문무왕이 설인귀에게 보낸 편지에서 드러난 것처럼, 신라인들은 대동강 이남을 통일전쟁을 통해 얻는 북쪽 국경선으로 생각했던 것이다.

'통일 전쟁기나 그 직후 신라인들이 국경을 어디로 생각했는가'에 대해 구체적인 지명을 들어 언급한 사료는 『삼국사기』에 언급된 이 세 개밖에 없다. 수천 점에 이르는 '신라인들의 기록'에도 신라인들이 국경선을 어디로 생각했는가를 구체적인 지명과 함께 언급한 예는 없다. 그렇다면 현재로서는 신라인들의 국경 인식에 대해 구체적으로 논할 때 이 세 개를 '기준'으로 삼을 수밖에 없다. 이 세 개 사료에서 제시한 국경선을 보더라도 '삼한=삼국'론은 0 대 3으로 부정된다. 고구려 최남단지역, 혹은 평양이나 대동강 이남을 북쪽 국경선으로 생각한 신라인들이 삼국 통일을 이야기할 수는 없었을 것이다.

만약 삼국사기에 기록된 신라인들의 국경 인식이 사실이 아니라고 생각한다면, 왜 그렇게 생각하는지 근거를 제시해야 한다. 근거를 제시하지 못한다면 그것은 공상에 불과하다.

이처럼 신라인들은 통일 전쟁 이후 삼한을 지칭할 때 고구려 혹은 고구려의 옛 땅을 차지한 발해를 삼한에 포함시키지 않았다. 삼한은 통일 전쟁 이후 자신들이 차지한 영토를 지칭하는 단어였다. 최치원과 김입지가 삼한과 삼국을 동일시한(혹은 동일시했다고 볼 수도 있는) 문장을 남기기도 했지만 그것은 지극히 예외적인 경우였고, 최치원조차도 다른 글에서는 삼한과 삼국을 동일한 지역으로 보지 않는 경우가 더 많았다.

결국 '신라인들의 기록'과 『삼국사기』, 『삼국유사』를 종합하면 '삼한=삼국'론은 21 대 2로 부정됨을 알 수 있다. 따라서 중국 역사서에 최초로 등장했던 삼한의 의미를 신라인들은 '기본적으로' 고수했던 것으로 봐야 한다. 물론 애초의 의미보다 북쪽으로 약간 넓어진 지역으로 확장된 것은 사실이다. 그럼에도 통일 전쟁 이후 신라인들이 사용한 삼한은 7세기 이후 중국에서 썼던 삼한과는 의미가 완전히 달랐다는 것은 역사적 사실이다. 그랬기에 왕명을 받아 최치원이 작성한 〈쌍계사 진감선사탑비〉에는 "당나라가 고구려를 차지했다"고 기록했던 것이고, 『삼국사기』에 세 차례 언급된 '북쪽 국경선' 역시 대동강 이남이었던 것이다.

이 지점에서 이 책에서 제기한 첫 번째와 두 번째 의문도 풀린다. 신라인들은 자신들이 통일한 지역이 어디인지 명확히 알았다. 통일 전쟁 직후, 백제의 영역을 넘어 대동강(혹은 임진강)~원산만 라인 이남까지 진출했지만 이는 고구려의 최남단일 뿐이었다. 그 북쪽 땅은 당나라가 차지했다. 결국 당나라의 침략을 물리치고 백제 땅을 차지함으로써 신라가 백제를 통일한 것은 사실이지만, 고구려까지 통일한 것은 아니었다. 그 때문에 신라인들은 통일을 이룩한 왕으로 태종 무열왕을 꼽았다. 신라인들은 자신들이 고구려를 차지한 것은 아니라는 사실을 잘 알고 있었기에, 한국사학계가 주장하는 것처럼 통일을 이룬 왕으로 문무왕이 아니라 백제의 멸망을 목도한 채 사망한 태종 무열왕을 통일 군주로 꼽았던 것이다.

그리고 고구려를 신라가 차지한 것은 아니라는 점에서, 신라인들은 '삼국 통일'이라는 표현을 쓰기를 주저했다. 삼국에는 무조건 고구려가 들어갈 수밖에 없기 때문이다. 그렇기에 등장한 표현이 '삼한 통일'이다. 비록 7세기 이후 중국에서 삼한의 지역적 범위가 '한반도 중남부'에서 '한반도와 만주'로 확장된 것은 사실이지만, 애초 삼한의 지역적 범위는 한반도 중남부였다. 그리고 삼한이라는 표현도 원래 '세 개의 한(韓)나라'라는, 한반도 중남부 지역의 '고유어'를 한자화한 중국인들의 표현이었다. 한반도 중남부인들이 자신들이 살던 곳을 '세한'(세 개의 '한' 나라라는 의미)이라고 불렀을지, '세칸'(세 개의 '칸' 나라라는 의미)[64]이라고 불렀을지 지금으로선 확실하지 않다. 다만 삼한이라는 표현은 원래 한반도 중남부에서 탄생한 단어를 한자화한 것이기에, 이 지역이 통일됐을 때 '삼한 통일'이라고 부른 것은 이상할 것이 전혀 없다.

중국인들이 7세기에 삼한에 대한 지역적 의미를 한반도와 만주로 확장시켰다고 해서 신라인들도 이를 무조건 따랐으리라고 생각하는 것은 오산이다. 그리고 '신라인들의 기록'을 하나하나 면밀히 살펴봐도 이는 잘못된 생각임을 알 수 있다.

이렇게 되면 신라인들이 왜 통일 임금으로 태종 무열왕을 꼽았고, 왜 삼국 통일이라는 표현을 쓰기를 주저했는지에 대해 구구한 변명 없이 이해할 수 있게 된다. 신라인들은 통일 전쟁 이후 신라가 망할 때까지 '신라가 통일한 지역', 그러니까 원래의 삼한보다 북쪽으로

---

64 '칸(khan)'은 흉노나 몽골 계통에서 왕을 지칭하는 단어이다. 임금을 나타내는 신라 표현인 마립간, 거서간 등도 신라 지배층의 발음을 한자화해서 표현한 것인데, 여기에 등장하는 '간' 역시 '칸'을 한자화한 것으로 보는 것이 합리적일 것이다.

약간 확장된 지역을 가리킬 때 삼한이라는 단어를 사용했다. 현대 한국사학계나 교과서의 기술과 달리, 신라인들은 자신들이 고구려를 통일하지 않았다는 것을 잘 알고 있었던 것이다.

만약 신라인들이 고구려를 통일했다고 생각했다면 고구려의 옛 땅을 차지하며 발해가 건국되려고 할 때 안타까움을 느꼈을 것이다. 피를 흘려가며 선조들이 이룩한 통일인데, 그 통일을 발해가 균열시킨 것이니 말이다. 그렇다면 발해의 건국 때 신라는 발해와 국운을 걸고 '한판 전쟁'을 벌이려고 했을 것이다. 아니 소소한 전투라도 치르려고 했을 것이다. 발해가 건국될 때 신라인들은 어떤 생각을 갖고 있었을까?

넷째 의문

발해 건국에 신라가
모르쇠를 한 까닭은?

발해가 698년 건국돼 고구려의 옛 땅을 대부분 차지했다는 것은 역
사적 사실이다. 신라인들도 이를 인정했다. 왕명을 받아 작성한 최치
원의 여러 편의 글을 보더라도 신라인들은 '발해가 고구려의 후예'라
는 사실을 인정하고 있었다. 예를 들어 최치원이 사실 작성했지만 헌
강왕(재위 875~886년) 이름으로 보낸 「헌강왕이 당나라 강서에 사는
대부 직함을 가진 고상에게 보낸 글」(877년 직후)이나 역시 최치원이
작성했지만 효공왕(재위 897~912년) 이름으로 보낸 「발해가 (당나라가
마련한 외교석상에서) 신라보다 상석에 앉지 못하도록 당 황제가 조치
한 것에 감사하며 올린 표문」(897년 7월 직후), 그리고 최치원 이름으로
보낸 「(당나라) 예부에서 상서를 맡고 있는 배찬에게 보낸 글」(874년 직
후)과 「(당나라) 태사시중에게 올린 글」(893년 직후)에는 모두 "예전의

고구려가 발해가 됐다"고 묘사돼 있다.[65] 최치원 같은 신라의 지식인은 물론 신라왕들도 발해가 고구려의 후예임을 인정한 것이다.

만약 신라인들이 '삼국 통일'을 이뤘다고 자부했다면, 통일에 균열을 내고 등장한 발해를 그냥 두고볼 수만은 없었을 것이다. 고구려의 부활인 셈이니 말이다. 크고 작은 전투라도 치르면서, 아니면 당과 다시 연합해서라도 발해의 건국을 막으려 했을 것이다. 신라가 고구려의 멸망 이후인 668년부터 676년까지 한반도의 패권을 둘러싸고 당과 '8년 전쟁'을 치렀으니 발해가 건국할 때 신라와 당이 연합할 정도로 가까운 나라는 아니었을 것이라는 의문이 들 수도 있다.

『삼국사기』는 692년 7월 신문왕이 사망하자 당나라 측천무후가 사신을 보내 조문하고 제사를 지냈다고 기록했다. 또 새로 등극한 효소왕(재위 692~702년)을 '신라왕 보국대장군 행좌표도위대장군 계림주도독(新羅王輔國大將軍行左豹韜尉大將軍雞林州都督)'으로 책봉했다고 『삼국사기』는 기록했다.[66] 발해가 건국할 즈음 당나라는 이미 신라왕의 사망 때 조문단을 보낼 정도였으며, 신라의 임금은 당나라의 '도독'에 임명될 만큼 가까운(사실은 '주종 관계'이다) 사이였다. 마음만 먹는다면 신라와 당이 연합해 발해의 건국에 훼방을 놓을 수 있었을 것이다.

그런데, 없다! 신라의 어느 기록에도, 신라가 발해의 건국을 막기

---

65 원문과 번역문은 '한국고전종합DB' 인용.
66 『삼국사기』「신라본기」효소왕 원년(692년) 기록. 네이버 '원문과 함께 읽는 삼국사기' 인용.

위해 조그마한 전투라도 치렀다는 기록이 없다. 왜 신라는 발해의 건국에 이토록 무관심했던 것일까? 신라가 삼국을 통일했다고 자부했다면 발해의 건국은 고구려의 부활이나 마찬가지이므로, 그리고 자신들이 통일한 땅에서 벌어진 '반란'이므로 신라로서는 적극 막아야만 했을 것이다.

신라 역사에서 발해에 대한 언급이 처음 등장하는 것은 733년이다. 『삼국사기』는 이해 7월 발해와 말갈이 바다를 건너 당나라 영토인 등주를 침범했다고 기록한다. 이에 당 현종은 당에 있던 김사란을 신라로 귀국시키며 성덕왕에게 개부의동삼사 영해군사(開府儀同三司 寧海軍使)라는 관작(벼슬)을 추가로 내린 뒤 병사를 일으켜 말갈(발해)의 남쪽 변방을 치도록 명했다. 그러나 큰 눈이 한 길이 넘게 내려 산길이 막히고 병사 중 죽은 사람이 절반이 넘어 아무런 전공도 없이 돌아왔다고 『삼국사기』는 기록했다.[67]

이 일에 대해 『삼국유사』 역시 '효성왕'에서 "개원 21년 계유년(733년)에 당나라 사람들이 북적[68]을 치기 위해 신라에 군사를 요청했는데 이 일로 당나라 사신 일행 604명이 왔다가 돌아갔다"고 기록했다.[69]

---

67 『삼국사기』「신라본기」성덕왕 32년(733년) 기록. 네이버 '원문과 함께 읽는 삼국사기' 인용.

68 北狄, 북쪽 오랑캐, 즉 발해.

69 『삼국유사』'효성왕'. 네이버 '원문과 함께 읽는 삼국유사' 인용. 효성왕은 성덕왕을 이은 임금으로, 737~742년에 신라를 다스렸다. 733년 기록을 '효성왕' 편에 넣은 것은 일연 스님의 잘못이다.

『삼국사기』와『삼국유사』의 기록을 종합하면, 733년에 벌어진 당과 신라의 연합군이 발해를 상대로 벌인 전쟁에 신라가 적극 개입했던 것은 아닌 듯하다. 당나라는 신라가 발해와의 전쟁에 무관심할 것을 예상했는지 신라왕에게 관작까지 추가로 내리고 대규모 사신단을 파견하는 등 전쟁을 독려했다. 그러나 신라군은 아무런 전공도 없이 '날씨 때문에' 돌아왔다고 역사서는 기록하고 있다. 만약 신라가 발해를 칠 의도가 명확했다면 날이 풀렸을 때 발해를 다시 공격했을 것이다.

　이는 신라가 백제나 고구려와 전쟁을 벌일 때와는 다른 양상이다. 신라는 백제와 고구려를 치기 위해 여러 차례 당나라에 군사를 청했다. 이를 신라인들조차 '걸(乞)'이라고 표현했다.[70] 부탁하는 사람 입장에서 '걸'은 '청(請)'보다 더 자존심이 떨어지는 표현이다. 거지가 먹을 것을 구하는 것을 '구걸'이라고 하고, 보기 딱할 정도로 비는 것을 '애걸'이라고 표현하는 것에서도 알 수 있다. 그렇게 통일 전쟁이 시작됐고, 고구려와 백제는 멸망했다.

　한데 고구려의 후예라고 신라 왕실조차 인정한 발해의 건국 때 신라는 아무런 군사적 행동을 취하지 않았다. 아니 관심도 없었다. 그러니 신라의 정사를 다룬『삼국사기』어디에도 발해의 건국 당시 기

---

70 〈성주사 낭혜화상탑비〉는 김춘추가 당 태종에게 병사를 요청한 사실을 '乞'이라고 기록했다(판독문과 번역문은 '국립문화재연구소 문화유산연구지식포탈' 인용).『삼국사기』선덕여왕 12년(643년) 9월 기록과 역시『삼국사기』태종 무열왕 6년(659년) 4월 기록에도 당나라에 병사를 요청한 것을 '乞'이라고 표현했다(원문과 번역문은 네이버 '원문과 함께 읽는 삼국사기' 인용).

록은 단 한 줄도 언급되지 않은 것이다. 그리고 발해 건국 한 세대 뒤 당나라가 먼저 발해를 치자면서 신라왕에게 벼슬도 더해주고, 대규모 사신단까지 파견했지만 신라는 전쟁하는 시늉만 내다가 추위를 핑계로 회군한 것이다. 그 뒤 신라는 원성왕 6년(790년)과 헌덕왕 4년(812년)에 각각 "북국(발해)에 사신을 보냈다(使北國)"고 『삼국사기』는 짧게 기록했다.[71] 9세기 신라와 발해가 당나라 빈공과 수석 자리를 놓고 다투고, 당나라 외교석상에서 누가 상석에 앉을 것인가를 두고 다투는 등 적대적 관계를 유지했어도 이는 국경을 맞댄 나라끼리 벌어질 수 있는 '일반적인 관계', 그 이상도 이하도 아니었다.

분명한 것은, 발해가 건국했을 때 신라는 '통일 국가가 분열된다'는 위기의식이 전혀 없었다. 현재 남은 수천 건에 이르는 '신라인의 기록'을 다 뒤져보아도 발해 건국 때 신라인들의 안타까움이나 나라가 분열된다는 위기위식을 담은 신라인들의 언급은 없다. 그렇기에 신라는 발해의 건국 때 전쟁조차 하지 않은 것이고, 발해의 건국 과정에 대해 어떤 기록도 남기지 않은 것이다. 이는 신라 말기 고려와 후백제가 건국됐을 때 신라인들이 '나라가 망해간다'고 느꼈던 위기감이나 안타까움과는 완전히 다른 양상이다.

신라인들은 알고 있었던 것이다. '저 땅(발해의 땅)은 우리 땅이 아니다'라는 사실을. 문무왕이 671년 설인귀에게 보낸 편지에서처럼 신라인들은 애초부터 '평양 이북의 옛 고구려 영토'에는 관심이 없었다.

---

71 『삼국사기』 원성왕 6년, 헌덕왕 4년 기록. 원문과 번역문 네이버 '원문과 함께 읽는 삼국사기' 인용.

그러니 발해가 건국하든 말든, 당나라에서 일어나는 일인데 신라가 관심을 가질 이유가 없었다. 그랬기에 발해 건국에 관심을 보이지 않았던 것이다. 아니, 신라인들은 발해 건국을 속으로 응원했을지도 모른다.

고구려와 백제가 망한 뒤 한반도의 패권을 둘러싸고 8년간에 걸친 전쟁을 당과 치른 신라로서는 당과 국경을 맞대는 것이 결코 좋은 일만은 아니라는 사실을 깨달았을지도 모른다. 고구려 멸망 전까지는 '중국 통일 제국'의 방파제 역할을 고구려가 했다. 그 방파제가 사라지고 중국 통일 왕조의 군사적 압력을 신라가 직접 겪게 되면서 당과의 '완충지대'로서 발해는 신라에게 손해가 아니라고 생각했을지도 모른다. 그랬기에 신라인들은 발해의 건국 때 아무런 군사적 행동을 취하지 않았으며, 발해를 북쪽에 두고 있으면서도 "삼한의 통일은 유지되고 있다"고 생각할 수 있었던 것이다.

'삼한=삼국'이면
삼국 통일은 당나라가 했다?

'신라인들의 기록'과 『삼국사기』, 『삼국유사』 등을 꼼꼼히 검토하면서 ① 신라인들이 왜 통일 군주로 태종 무열왕을 꼽았는지, ② 신라인들이 삼국 통일이라는 표현을 왜 사용하지 않았는지, ③ 신라인들이 현대 한국사학계의 주장과는 달리 '삼한'을 '삼국'과 같은 의미로 사용하지 않았으며, ④ 신라인들이 왜 발해의 건국에 무관심했는지를 살폈다. 이를 통해 신라인들이 신라는 고구려 지역을 차지하지 못했으며, 백제 지역과 그 북쪽으로 약간 더 넓은 지역을 통일했다고 생각했음을 확인했다. 삼한이 가리키는 지역적 범위도 중국에서의 용례처럼 삼국과 동일한 뜻이 아니라 자신들이 통일한 지역, 그러니까 한반도 중남부 지역에 고구려의 최남단을 포함하는 지역으로 조금 더 넓혔을 뿐임을 확인할 수 있었다.

여기서 한 가지 더 살펴봐야 할 것이 있다. 한국사학계는 7세기 이후 중국에서의 용례를 신라인들도 받아들였으므로 '삼한=삼국'이라고 주장하는데, 이것이 가져올 수도 있는 후폭풍에 대해서이다.

앞서도 밝혔듯, 7세기 이후 중국은 삼한의 지역적 범위를 만주와 한반도 지역으로 확대시킨 것이 사실이다. 고구려가 마한이 됐다가 진한이 되기도 하지만, 어찌 됐든 고구려를 삼한, 혹은 삼한의 하나에 포함시킨 것은 사실이다. 그리고 이 용례를 고구려나 백제의 유민들도 따랐다. 한국사학계는 이 점을 바탕으로 삼한에 고구려도 포함되니, 신라인들이 얘기한 삼한 통일은 삼국 통일과 다를 바가 없다고 주장하고 있다.

그러나 이는 안이하고 위태로운 해석이다. 현재 남은 기록으로 볼 때 최치원과 김입지 두 사람이 예외적으로 언급한 것을 제외하고는, 신라인들이 '삼한과 삼국을 동일시하지 않았다'는 사실을 간과했기 때문만이 아니다. 중국은 말할 것도 없고, 고구려나 백제 유민들의 기록에서 보이는 삼한 혹은 한이라는 지역은 기본적으로 당나라 영토로 묘사돼 있기 때문이다. 필자의 전수 조사 결과, 고구려나 백제 유민들의 기록에 등장하는 삼한은 신라의 통일 전쟁 이후 백 퍼센트 당나라 영토로 묘사됐다. 이들의 기록을 바탕으로 삼한의 지역적 범위가 확대됐음을 받아들여 '삼한=삼국'을 주장하는 것이 위험한 결과를 초래할 수 있는 이유는 여기에 있다.

7세기 이후 중국 측이나 고구려, 백제 유민들의 논리를 따른다면, 삼한에 내포된 정치적 함의, 즉 삼한 지역을 누가 지배하고 통치하느냐는 관념 역시 바뀌었기 때문이다. 삼한의 지역적 범위의 확장에만 매몰된 채 그 지역의 지배와 통치를 이들이 어떻게 이해하고 있느냐를 제대로 파악하지 않는다면, '제2의 동북공정'이라는 무지막지한 중국 측 논리를 뒷받침하게 될 가능성마저 열어두게 되기 때문이다. 즉 "한국사학계조차 중국이나 고구려, 백제 유민의 기록을 받아들여 삼한의 통일을 인정하고 있다. 그런데 이 기록들에 등장하는 삼한은 결국 당나라가 차지한 것으로 적혀 있다. 그러므로 삼한의 통일은 결국 당에 의해 이뤄진 것이다"라는 무지막지한 논리마저도 가능하게 되는 것이다. 이것이 기우일까? 이런 논리를 신라가 받아들였을까?

우선 부여 〈정림사터 5층석탑〉에 새겨져 있는 「백제를 평정한 당의 승전비문」(정식 명칭은 '대당평백제국비명[大唐平百濟國碑銘]')부터 살펴보자. 이 비문은 소정방을 총사령관으로 삼은 당나라가 백제를 정벌한 직후 승전의 공을 기념하기 위해 백제의 수도였던 부여의 정림사터 5층석탑에 새긴 것이다. '현경(顯慶) 5년'이라는, 연도를 헤아리는 단위인 연호(年號)가 비문 초반부에 적혀 있어 백제 의자왕의 항복 직후인 660년에 문장을 새겼음을 알 수 있다. 비문의 제목으로 분명 '백제를 평정함(平百濟)'이라고 기록했다. 또 비문 본문에도 당 황제가 총사령관인 소정방에게 내린 벼슬을 '마한 웅진 등 십사도대총관(馬韓熊津十四道大總管)'이라고 적고 있다. 마한이나 웅진 모두 백제를 지칭하는 말이다. 당은 분명 '백제만을' 평정하기 위해 이 전쟁을 일으킨 것이다. 그럼에도 비문에는 "(승전을 거듭해) 삼한을 평정했다(定三韓)"고 기록하고 있다.[72] 백제를 평정한 것을 "삼한을 평정했다"고 쓴 것이다. 물론 삼한 평정의 주체는 당나라로 적혀 있다.

물론 이는 당나라의 업적을 찬양하기 위한 '문학적 과장'이었다.

72　판독문과 해석문은 '국립문화재연구소 문화유산연구지식포털' 인용.

왼쪽 **부여 정림사터 5층석탑(대당평백제탑)** ⓒ 이한상 대전대 교수 제공

오른쪽 **부여 정림사터 5층 석탑 탁본 세부** ⓒ 국립중앙박물관 제공

이 비를 세울 당시 삼한의 하나였던 신라가 당나라 땅이 된 것은 아니었으니 말이다. 하지만 어찌 됐든 당나라 측은 백제 멸망 뒤 "당이 삼한을 평정했다"고 기록했다. 당은 백제든 고구려든 그저 삼한이라고 부르기도 했음은 앞에서도 살핀 바 있다. 중국 역사서에 삼한이 처음 등장했을 때 삼한은 한반도 중남부 지역에 있는 나라들로, 중국 왕조에 조공을 바치기는 하지만 정치적으로는 '자율성'을 가진 집단으로 묘사돼 있다. 한데 660년 백제가 멸망한 시점에서 삼한은 '중국(당)에 평정된 나라'로 등장하는 것이다. 만약 7세기 이후 중국 측 논리를 받아들여 '삼한=삼국'이라고 생각한다면, 서기 660년 백제는 물론 신라나 고구려까지 당나라 땅이 됐다는 이야기인가?

이런 식의 묘사가 중국 기록에 그치는 것이 아니다. 당으로 건너간 고구려나 백제 유민들의 기록 중 삼한 혹은 한에 대해 묘사하거나 통일 전쟁 이후 정치·군사적 상황에 대해 기록한 것은 고구려 묘지명 13건, 백제 묘지명 5건으로 모두 18건이다. 여기에 등장하는 삼한이나 한은 모두 당나라의 영토로 적혀 있다.

예를 들어 고구려 멸망 당시 당나라에 투항해 정삼품 장군에 오른 고모(640~694년)의 묘지명에는 "고모가 죽자 삼한 사람들이 눈물을 흘렸다. 동해 바다의 동쪽 끝까지 슬픈 분위기에 휩싸였고, 비통함이 한인들의 마을에까지 전해졌다"고 적고 있다.[73] 이 묘지명에서 묘사된 삼한을 신라 땅으로 풀이한다면, 왜 고구려 유민 출신의 당나라

---

73 판독문과 해석문은 로우정하오(樓正豪)의 「고구려 유민 고모에 대한 고찰」(『한국사학보』 제53호, 2013년 11월) 인용.

장군이 죽었을 때 신라인들이 슬퍼하는지 이해할 길이 없다. 여기서 삼한은 분명 당나라 땅이다.

연개소문의 셋째 아들인 천남산(639~701년)의 묘지명에도 "동명(동명성왕)의 후예가 조선(고구려)을 세웠는데, 당나라 때에 이르러 중국의 동쪽 마을이 됐다"고 적고 있다.[74] 고구려가 당의 영토가 됐음을 연개소문의 후예들도 인정한 셈이다. 만약 삼한에 고구려가 포함된다면, 그리고 삼한을 통일한 주체는 누구인가에 대한 문제가 제기된다면, 천남산의 묘지명은 삼한 통일의 주체를 "당나라!"라고 답하고 있는 것이다.

동생 예식진(615~672년)과 함께 백제 의자왕을 협박해 당나라에 항복하게 만든 인물로 알려진 예군(613~678년)[75]이나, 의자왕의 태자였던 부여융(615~682년)[76], 백제 멸망기에 당에 항복했던 진법자(615~690년)[77], 한때 백제 부흥군을 이끌었던 흑치상지(630~689년)[78]의 묘지명에도 백제는 삼한의 하나이며, 백제를 멸망시킨 것은 당나라로 돼 있다. 신라는 아예 등장하지도 않는다.

물론 당나라에서 살아남아야 할 고구려나 백제 유민들로서는 자

---

74 판독문과 해석문은 '국립문화재연구소 문화유산연구지식포털' 인용.

75 판독문과 번역문은 최상기, 「'예군 묘지'의 연구 동향과 전망」(『목간과 문자』 제12호, 2014년 6월) 인용.

76 판독문과 번역문은 '국립문화재연구소 문화유산연구지식포털' 인용.

77 판독문과 번역문은 박지현, 「'진법자 묘지명'의 소개와 연구 현황 검토」(『목간과 문자』 제12호, 2014년 6월) 인용.

78 판독문과 번역문은 '국립문화재연구소 문화유산연구지식포털' 인용.

신들의 조국이 신라가 아니라 당나라에 의해 멸망했고, 통합됐다고 기록하는 편이 나았을 것이다. '살아남아야 하는' 사람들의 기록은 항상 그렇다. 하지만 바로 그 점에서, 중국이나 고구려, 백제 유민들의 기록을 바탕으로 '삼한=삼국'이라고 주장하는 것은 학문적으로 위험한 일이 된다. 중국 기록에는 중국 측의 과장이 섞이고, 고구려나 백제 유민들의 기록 역시 중국 측의 과장을 수용할 수밖에 없다. 아니 중국인들보다 당의 업적을 더 찬양할 수도 있다. 당나라에서 살아남아야 했기 때문이다. 예를 들면 발해가 건국된 뒤에 사망한 백제 유민 출신의 당나라 장군인 난원경(663~723년)의 묘지명에는 "난원경은 (당나라에 통합된) 삼한에서 이름이 높았다"며 여전히 삼한이 당나라의 땅인 것처럼 묘사하고 있다.[79] 난원경 사망 당시에는 한반도와 만주를 신라와 발해가 차지하고 있었는데도 말이다. '지주보다 지주의 소작권을 관리하는 마름이 농민들에게 더 악독하고, 사또보다 아전이 백성들에게 더 포악한 것'도 그런 까닭이다. 그랬기에 중국 측 기록은 말할 것도 없고, 고구려나 백제 유민들의 기록에는 삼한은 당나라 영토이고, 당이 지배하는 땅이었다. 신라는 언급조차 없다.

그런데 이것이 사실일까? 고구려 멸망 직후 영토의 대부분을 당나라가 차지한 것은 사실이다. 그러나 그 땅은 고구려가 멸망하고 한 세대 뒤 '고구려의 후예'였던 발해가 차지함으로써 다시금 '우리 역사'가 됐다. 한반도 중남부 지역, 정확히는 대동강(혹은 임진강)~원산

---

79 판독문과 번역문은 최경선, 「난원경 묘지명」(『목간과 문자』 제13호, 2014년 12월) 인용.

만 라인 이남이 당의 영토였던 적은 없다. 신라인들도 이를 잘 알고 있었다. 그래서 신라는 '삼국이 아니라 삼한을 통일했다'고만 이야기했고, 통일을 이룬 왕으로 태종 무열왕을 꼽은 것이다. 신라인들이 통일 전쟁 뒤 사용한 삼한과 7세기 이후 중국인들이 사용한 삼한은 지역적 지칭 범위가 완전히 달랐던 것이다.

그런데 한국사학계는 신라의 삼국 통일을 주장하기 위해 중국 측 기록에 기본적으로 기대어 '삼한=삼국'을 주장하고 있다. 그러나 앞서도 살핀 것처럼 중국 측이나 고구려 백제 유민들의 기록을 바탕으로 한 '삼한=삼국'론은 '제2의 동북공정'을 가져올 위험성마저 내포하고 있다. 중국 측 기록이나 고구려, 백제 유민들의 기록만으로 본다면 삼한은 당나라 영토이기 때문이다. 이를 신라인들이 받아들이지 않았음은 '신라인들의 기록'은 물론 『삼국사기』나 『삼국유사』를 통해서도 알 수 있다.

앞에서 살핀 다섯 가지 의문에 대한 해답 찾기를 통해 신라인들은 전통적인 의미의 삼한보다 북쪽으로 조금 더 넓어진 영토를 통일했다고 생각했지, 삼국을 통일했다고 생각하지는 않았음을 살폈다. 통일 전쟁 이후 신라인들은 애초의 삼한보다는 서북쪽으로 조금 더 넓어진 지역을 삼한이라고 불렀다. 신라인들이 통일 군주로 태종 무열왕을 꼽은 것이나, 삼국 통일이라는 표현 대신 삼한 통일이라는 표현을 사용했던 이유, 그리고 발해의 건국에 무관심했던 것은 그런 까닭이었다.

물론 최치원은 한 차례뿐이기는 했지만 '삼국 통일'이라는 표현을 쓴 적이 있고, "고구려는 마한이다"라고 말하기도 했다. 이를 바탕으로 "신라인들은 삼한과 삼국을 같은 뜻으로 사용했으며, 삼국 통일을 했다고 생각했다"고 주장하는 사람이 있을 수도 있다. 신라인들의 내면을 열아홉 개밖에 남지 않은 '신라인들의 기록', 그리고 『삼국사기』와 『삼국유사』의 내용만으로 어떻게 판단할 수 있느냐고 반문할 수도 있을 것이다.

이 장면에서 서구의 지적 전통의 하나인 '오컴의 면도날'을 생각해보면 어떨까? 오컴의 면도날(Occam's razor 혹은 Ockham's razor)은 '동일한 현상을 설명하거나 해석하는 방법에서 서로 대립하는 복수의 주장이 있을 때, 변명이나 예외가 적은 주장이 진실을 알려줄 가능성이 높다'는 것을 말한다. 예를 들자. 코페르니쿠스(1473~1543년)는 『천체의 회전에 관하여』라는 저작에서 지동설을 주장했다. 코페르니쿠스는 어떻게 지동설을 주장할 수 있었을까? 그는 우주 멀리서 태양과 지구의 움직임을 직접 관측한 걸까?

코페르니쿠스가 지동설을 주장하게 된 것은 간단한 이유에서였다. 그것은 천동설로 천체의 움직임을 설명할 때는 오만 가지 예외와 변명이 필요한데, 지동설로는 아주 간단한 원리로 천체의 움직임이 설명된다는 점이었다.[80]

거짓말이 거짓말을 부르듯, 천동설로는 천체의 움직임에 대한 설명에서 이런저런 예외와 변명이 필요했다. 올바르지 않은 관점으로

---

80 코페르니쿠스는 『천체의 회전에 관하여』에서 천동설로 천체의 움직임을 설명하려면 숱한 예외가 필요한데, 지동설로는 일곱 개의 가정만이 필요하다고 밝혔다(위키피디아 영문판 'Ockham's razor' 참조).

현상을 파악하려 했으니 온갖 예외적 설명이 필요했던 것이다. 지동설은 그럴 필요가 없었다. 올바른 관점으로 현상을 설명했기 때문이다. 코페르니쿠스의 지동설은 당대의 과학 수준에서 명확히 검증할 수 있는 주장이 아니었다. 그럼에도 서구 지성계가 코페르니쿠스의 주장을 받아들였던 것은 오컴의 면도날이라는 지적 풍토에 기반했기 때문이었다.

코페르니쿠스 사후, 또 다른 지성사의 천재인 케플러(1571~1630년)가 수성이나 금성, 지구 등 태양을 도는 행성의 운동 궤도가 당시까지 알려진 것처럼 원형이 아니라 타원형임을 밝힐 수 있었던 것도 그가 태양계 밖에서 행성의 운동 궤도를 직접 관측한 뒤 검증했기 때문이 아니었다. 타원 궤도는 원형 궤도와 달리, 지구 등의 공전 궤도를 설명할 때 예외와 변명이 없었기 때문이다. 이 역시 오컴의 면도날이라는 지적 풍토에서 가능한 일이었다.

우주와 물질의 탄생을 연구하는 현대 물리학자들이 '단순하면서 우아한(simple and elegant)' 방식으로 설명이 되는 '만물의 통합 이론'을 찾으려고 노력하는 것도 이런 맥락이다. 본질을 제대로 파악하지 못하는 주장은 잘못된 관점 때문에 현상을 설명하려고 할 때 온갖 예외와 변명이 필요할 수밖에 없다. 그렇기에 단순한 설명이 불가능하고 우아함도 잃게 된다. 이런저런 예외나 긴 부연 설명이 필요한 주장을 서구 지성계가 기본적으로 신뢰하지 않는 것은 이런 까닭이다. 단순한 설명이 옳을 확률이 높고, 그런 설명은 우아하고 아름답다고 얘기하는 것도 이런 이유에서다.

'신라인들이 삼국을 통일했다고 생각했느냐?'도 마찬가지 맥락이다.

이 주장이 옳다고 주장하려면 다음과 같은 질문에 단순한 설명으로 이뤄진 답을 줄 수 있어야 한다.

① 신라는 고구려 영토를 차지하지 못했는데 어떻게 신라가 고구려를 통일했다고 이야기할 수 있나?
② 신라인들은 왜 통일 군주로 태종 무열왕을 압도적으로 많이 꼽았나?
③ 신라인들은 왜 '삼국 통일'이라는 표현 대신 '삼한 통일'이라는 표현을 사용했나?
④ 신라인들은 발해가 고구려의 후예라는 것을 인정했으면서도 왜 발해의 건국에 무관심했나?
⑤ 발해가 고구려의 옛 땅을 차지한 뒤에도 신라인들은 어떻게 삼한의 통일은 유지되고 있다고 생각했나?

이 질문에 대한 답을 '신라인들은 삼국을 통일했다고 생각했다'는 관점에서는 줄 수 없다. 그저 '불완전한 통일' 운운하면서 숱한 변명과 핑계를 제시해야 한다. 하지만 '신라인들은 고구려를 통일했다고 생각하지 않았다'고 답하면 모든 것은 다음과 같이 간단하게 해결된다.

① 고구려는 남의 땅(당나라를 거쳐 발해)이 됐다.
② 그렇기에 통일 군주는 백제의 멸망을 이룬 태종 무열왕이 되는 것이다.
③ 그래서 신라인들은 삼국 통일 대신 전통적 의미, 그러니까 한반

도 중남부 지역보다 조금 더 넓어진 지역으로 삼한 통일을 이야기한 것이다.

④ 고구려의 옛 땅이 결국 남의 땅이 됐으니 발해가 건국을 하든 말든 상관이 없다. 오히려 당나라로부터의 방파제 역할을 할 수도 있으니 그리 나쁠 것도 없다.

⑤ 신라가 통일한 영토가 삼국이 아니라 한반도 중남부 지역보다 조금 더 넓어진 의미의 '삼한'이니, 발해의 건국과는 상관없이 삼한의 통일은 여전히 유지되는 것이다.

또 '삼한=삼국'론이 가져올지도 모를 '제2의 동북공정론', 즉 '삼국 통일을 당나라가 했다'는 무지막지한 주장에 대한 반론도 쉽게 해결된다. 신라인들에게 고구려는 삼한 땅이 아니었다. 삼한은 원래 한반도 중남부 지역을 의미했는데 당나라와의 전쟁을 끝내고 신라가 확보한 영토를 의미하는 것으로 지역적 범위가 북쪽으로 조금 확대됐을 뿐이다. 그러니 신라가 삼한을 통일한 것이 맞다. 삼한을 당나라가 차지했다는 중국이나 고구려, 백제 유민들의 기록은 사실이 아니다. 물론 대동강(혹은 임진강)~원산만 이북의 고구려 땅이 잠시 당나라의 영토가 됐던 것은 사실이다. 그러나 당나라가 이 땅을 차지한 뒤로부터 한 세대 뒤인 698년 고구려의 후예인 발해가 건국해 이 땅을 당으로부터 되찾았다. '제2의 동북공정론'은 있을 수 없는 것이다.

물론 최치원이 "삼국을 통일했다"거나 "고구려는 마한이다"라고 이야기한 적이 한 차례씩이지만 있었다. 이는 '신라인들은 삼국을 통일했다고 생각하지 않았다'는 주장에 반증례가 되는 것이 사실이다.

그러나 그런 반증은 단 몇 차례에 그칠 뿐이다. '신라인들은 삼국을 통일했다고 생각했다'는 주장은 그런 식으로 따진다면 수십 가지의 반증례와 직면해야 한다. 이를 수치로 구체화시켜 보자.

'신라인들의 기록'과 『삼국사기』, 『삼국유사』를 종합하면, 삼한이 통일 전쟁 이후 신라가 실제로 차지한 영역, 그러니까 대동강~원산만 라인 이남임을 뒷받침하는 자료는 18건이었고, '삼한=삼국'인 경우는 2건이었다. '신라인들이 삼국을 통일했다고 생각했다'는 주장을 뒷받침하는 자료는 2건인 반면 이를 반증하는 자료는 18건인 셈이다.

통일 군주로 태종 무열왕을 꼽은 것은 7건이었고, 문무왕을 꼽은 것은 3건, 그리고 무열왕과 문무왕을 공동으로 꼽은 것은 1건이었다. 통일 군주로 태종 무열왕을 꼽았다는 것은 '신라인들이 삼국을 통일했다고 생각했다'는 주장에 대한 명백한 반증례이다. 태종 무열왕은 고구려의 멸망을 지켜보지 못했기 때문이다. 이에 반해 문무왕을 통일 군주로 꼽은 3건이나, 무열왕과 문무왕을 '공동의 통일 군주'로 꼽은 자료는 '신라인들이 삼국을 통일했다고 생각했다'는 것을 뒷받침하지는 못한다.

앞서도 밝혔지만, 문무왕을 통일 군주로 꼽은 것은 '신라인들의 기록'에서는 〈문무대왕릉비〉에 한 차례 등장하고, 『삼국사기』에는 「신라본기」 문무왕 9년(669년) 기록과 21년 기록(681년)에 각각 한 차례씩 나온다. 세 곳 모두 문무왕을 '통일 군주'로 명확히 꼽지는 않았다. 그러나 "아홉 개 주를 하나로 바로잡고 동쪽과 서쪽을 정벌하여"(〈문무대왕릉비〉), "마침내 선왕(무열왕)의 뜻을 이루게 됐다. 지금 두 적국은 이미 평정돼"(문무왕 9년 기록), "서쪽을 정벌하고 북쪽을 토벌하여 영토를 평정했다"(문무왕 21년 기록)라고 적음으로써 문무왕을 통일군주로 꼽았다고 봐도 손색이 없다. 그럼에도 이 문장들은 '신라인들이 삼국을 통일했다고 생각했다'는 주장에 대한 증거가 될 수는 없다. 고구려와 백제가 멸망했다는 사실에 대한 기술일 수는 있어도, 문무왕이 고구려까지 통일해 그 땅을 신라 땅으로 삼았다는 식으로 적은 것은 아니기 때문이다. 그나마 문무왕 9년 기록에는 "두 적국은 이미 평정"됐다고 했지만, 고구려 평정의 주체가 신라가 아니라 당이라고 생각할 수도 있다.

문무왕이 설인귀에게 보낸 편지에서도 드러나듯, 신라가 통일 전쟁을 벌인 이유는 평양 이남의 백제 땅의 확보였지, 고구려 영토의 확보는 아니었기 때문이다. 결국 통일 군주에 대한 10건의 자료에서 태종 무열왕을 언급한 7건은 '신라인들이 삼국을 통일했다고 생각했다'는 주장에 대한 반증례가 되지만, 문무왕을 지목한 3건은 '신라인들은 삼국이 아니라 삼한을 통일했다고 생각했다'는 주장에 대한 반증례가 되지 못한다. 그렇다면 7 대 0으로 '신라인들은 삼국을 통일했다고 생각했다'는 주장에 대한 반증례만 쌓인 셈이다.

'삼한 통일'이라고 표현된 것은 열한 차례였고, '삼국 통일'이라고 표현된 것은 세 차례였다. 11 대 3이다.

고구려가 발해가 됐다는 식으로 적은 최치원의 문장도 '신라인들이 삼국을 통일했다고 생각했다'는 주장에 대한 반증례이다. 최치원이 「예부에서 상서를 맡고 있는 배찬에게 올린 글」이나 「헌강왕이 당나라 강서에 사는 대부 직함을 가진 고상에게 보낸 글」, 「태사 시중에게 올린 글」, 「발해가 (당나라가 마련한 외교석상에서) 신라보다 상석에 앉지 못하도록 당 황제가 조치한 것에 감사하며 (효공왕이) 올린 표문」이 그런 예이다. 고구려가 발해가 된 이상, '삼국 통일'은 애초 없었거나, 백번 양보하더라도 신라는 다시 분열된 셈이니 말이다. 하지만 최치원의 어느 글에서도 신라가 고구려를 차지해 삼국을 통일했는데 발해가 그 통일을 깨고 건국됐다는 식으로 기록한 것은 없다. '신라인들이 삼국을 통일했다고 생각했다'는 주장에 대한 반증례만 있는 것이다. 4 대 0이다.

원성왕 6년(790년)과 헌덕왕 4년(812년)에 '북국(발해)에 사신을 보냈다'는 『삼국사기』 기록 역시 '신라인들이 삼국을 통일했다고 생각했다'는 주장에 대한 반증례이다.[81] 발해를 '북국'이라고 명확히 기록함으로써 발해를 국가적 실체로서 인정한 것인데, 이 지역을 신라인들이 '자신들이 통일한 땅'으로 생각했을 리는 없다. 2 대 0이다.

마지막으로, 통일 전쟁 이후 신라의 국경선을 구체적인 지명과 함께 거론한 자료에서 '대동강~원산만 라인 이남'이라고 한 것은 3건이었고, '고구려까지 통일했다'고 기록한 것은 한 건도 없었다.

총 스코어는 그렇다면 '45 대 5'이다.[82] 무엇을 선택해야 할까? 반증례가 다섯 번에 그치는 주장일까, 아니면 45가지의 반증례에 부딪히는 주장일까? 오컴의 면도날을 거론하지 않아도 상식선에서 쉽게 판단할 수 있는 문제이다. 예를 들어 야구나 축구에서 45 대 5의 스코

---

81 네이버 '원문과 함께 읽는 삼국사기'.

82 '신라인들이 삼국을 통일했다고 생각했는가, 생각하지 않았는가'를 독자들이 한눈에 살필 수 있도록, 50개 관련 자료를 표에 담아 부록으로 실었다. 이 책 352~357쪽 참조.

어가 됐는데, 5점을 얻은 팀을 택할 도박사는 없는 것과 마찬가지다. 그래서 『삼국사기』와 『삼국유사』는, 신라가 망한 뒤 신라의 역사를 '세 시기'로 구분할 때 "나라 사람들이" 태종 무열왕은 신라사에 한 획을 그은 임금으로 보았지만 문무왕은 언급조차 없는 것으로 기록한 것이다.[83]

지금까지 살핀 것이 이 책에서 말하려는 핵심이다. 이제 필자의 주장을 뒷받침할 '신라인들의 기록' 19건[84]과 '고구려인들의 기록' 13건, '백제인들의 기록' 5건, 그리고 『삼국사기』와 『삼국유사』의 관련 기록들을 하나씩 구체적으로 살필 것이다. 전수 조사를 통해 얻은 신라와 고구려, 백제 자료들을 하나씩 면밀하게 검토하여, 신라인들이 삼국을 통일했다고 생각한 것이 아니라 원래 삼한의 의미인 한반도 중남부 지역보다 북쪽으로 조금 더 넓어진 삼한을 통일했다고 생각했음을 밝혀보기로 하자.

---

83 『삼국사기』'경순왕 조'와 『삼국유사』'왕력'. 원문과 번역문은 네이버 '원문과 함께 읽는 삼국사기', '원문과 함께 읽는 삼국유사' 참조.

84 앞에서 밝혔지만 '신라인들의 기록'은 신라인들이 직접 작성한 것이 확실한 기록만 말한다. 『삼국사기』나 『삼국유사』에 적힌 것은 여기에 포함시키지 않고 따로 검토했다. 이는 '고구려인들의 기록'이나 '백제인들의 기록'에도 마찬가지로 적용된다.

선대의 오래된 짐을 정리하다가 존재조차 모르던 귀중한 유물이나 '잊고 싶은 과거의 역사'를 찾게 되는 경우가 있다. 기대조차 않거나, 전혀 모르던 것을 갖거나 알게 된 것이니 이럴 때의 기쁨이나 아쉬움은 더 크다.

'신라인들이 삼국을 통일했다고 생각했는지'를 알아보기 위해 신라인들이나 고구려, 백제 유민들의 기록을 읽어나가면서 필자 역시 그런 경험을 종종 했다. 전혀 생각지 못했던 것, 기대하지도 않았던 것을 처음으로 알게 되는 경우였다. 그럴 때마다 내 알량한 지식의 창고에 '흔치 않은 보물, 혹은 뇌관'이 들어온 것 같은 느낌이었다.

보론 1 •••

조선(朝鮮)의 후예라고 생각했던 신라와 고구려인들

'민족주의는 서구 근대의 산물'이라는 말을 종종 한다. 민족주의는 근대 국민국가의 탄생과 궤를 같이하는 것이라는 주장이다. 그래서 우리나라의 민족주의 역시 이런 관점에서 바라봐야 한다는 지적을 하는 이들도 있다. 주로 서양사를 전공한 분들에게서 나오는 이야기이다.

이런 주장을 들을 때마다 들었던 의문이 하나 있다. '민족주의'라는 명확한 용어를 사용하지 않았더라도 그와 '비슷한 생각'을 하고 있었다면 어찌 되는 것인지. 예를 들어 아주 어린 아이가 엄마에게 "사랑한다"는 말(시니피앙)을 못한다면, 그는 엄마를 사랑하지 않는다는 뜻(시니피에)일까? 엄마가 없으면 울고 찾는 것, 그것이야말로 어린 아이가 엄마를 "사랑한다"고 외치는 것이 아닐까? 시니피앙이 없다고, 시니피에도 없는 것인가?

우리나라의 민족주의도 이런 관점에서 바라본다면 어떨까? 민족주의라는 명확한 용어는 없었지만, 그와 비슷한 집단적인 생각 혹은 관념이 있었다면 이것은 근대 서구에서 탄생한 민족주의와 과연 얼마나 같고 다른 것일까?*

신라인들이나 고구려, 백제 유민들이 남긴 기록을 살피면서 필자는 '우리 민족주의의 뿌리'가 생각보다 깊다고 느꼈다. 숱한 신라인과 고구려 유민들이 자신들을 '조선의 후예'라고 기록한 대목에서다.

예를 들어보자. 〈월광사 원랑선사탑비〉**의 문장은 '당나라 빈공과 급제자' 출신인 김영(생몰년 미상)이 진성여왕의 명을 받고 지었다. 여기서 김영은 "달마대사가 중국에서 선법을 전하였다. 널리 퍼져서 산과 골짜기에 가득 차고 넘치어 두루 흘러가 땅끝 하늘 끝까지 다 하였네(이는 조선, 즉 신라 땅까지 선법이 퍼진 것을 뜻한다)"라고 한 뒤 "조선은 동쪽으로 해 뜨는 곳과 접했는데, 옛 현인들은 이곳을 복된 땅이라고 일컬었네"라고 이야기한다. 조선의 옛 영토를 차지하지 못했음과는 별개로, 신라인들은 자신들을 조선의 후예라고 인식했음을 시사한다. 이 글이 왕명을 받아 지었기에 왕의 '결재'가 반드시 뒤따랐을 것임을 생각한다면, 이는 김영뿐 아니라 신라 왕실도 받아들인 생각이었을 것이다.

김영보다 몇 해 앞선 당나라 유학 선배로 추정되는 최치원 역시 조선과 신라의 관계를 암시했다. 「관에서 내리는 곡식 등을 사양하겠

---

*   이런 문제제기를 한 대표적인 역사학자로 노태돈 서울대 명예교수(한국고대사)를 들 수 있다. 그는 많은 저작에서 전(前) 근대기의 우리나라에 '한반도(그리고 때로는 만주)에 사는 사람들'을 '다른 지역에 사는 사람들'과 구별하는 '우리의식'이 있었으며, 이는 넓게 보면 '민족주의'로 볼 수 있다고 지적한다. 필자는 노 교수의 주장에 백 퍼센트 동의하는 입장이다.
** 판독문과 번역문은 '국립문화재연구소 문화유산연구지식포털' 인용.

다며 (당나라) 양양의 이 상공에게 올린 글(上襄陽李相公讓館給啓)」에서
다. 그는 이 편지에서 "엎드려 생각하건대, 저 최치원은 사군의 한미
한 종족이다(伏念致遠 四郡族微)"라고 이야기한다.* 자신을 사군(四郡),
그러니까 한사군의 후예라고 얘기한 것이다. 한사군은 한(漢)나라가
조선을 멸망시킨 뒤 설치한 것이므로 이 역시 신라가 조선의 후예임
을 암시한 것으로 볼 수 있다. 물론 최치원은 김영처럼 신라가 조선
의 후예라는 식으로 직접적으로 이야기하지는 않았다. 최치원은 조
선을 멸망시킨 한나라가 설치한 한사군의 후예라는 식으로 이야기
함으로써 '신라인은 한나라, 그러니까 중국에 오래전부터 복속해온
국가'라고 이야기한 것으로 볼 수도 있다. 그러나 어쨌든 최치원 역
시 신라를 조선과 연관시킨 것은 분명하다.

　신라가 조선의 후예라는 인식은 『삼국사기』에도 나타난다. 『삼국
사기』「신라본기」'박혁거세(재위 서기전 57~서기 4년) 조(條)'에는 "예전
에 조선의 유민들이 산골에 나뉘어 살면서 여섯 개의 마을을 이루고
있었다. (……) 이것이 (신라의 전신인) 진한 6부가 되었다"라고 기록돼
있다.** 신라인들은 자신들을 조선의 후예라고 처음부터 생각했던 것
이다. 이는 중국의 역사서 『삼국지』의 기록, 그러니까 "조선의 준왕이
중국 연나라에서 망명한 위만으로부터 공격을 받아 왕위를 빼앗기자
(서기전 194년), 바다를 이용해 한(韓)으로 도망친 뒤 그곳에서 스스로
한(韓)나라의 왕이라고 칭했다"***는 대목과도 맥이 닿아 있다.

---

* 　원문과 번역문은 '한국고전종합DB'에서 인용.

** 　네이버 '원문과 함께 읽는 삼국사기' '박혁거세 조' 인용.

*** 『(국역)中國正史朝鮮傳』(국사편찬위원회, 1986년) 47~49쪽.

그런데 자신들을 조선의 후예라고 생각한 것은 신라 왕실과 지식인만은 아니었다. 멸망 뒤의 고구려인들도 자신들을 조선의 후예로 생각했음을 알려주는 기록이 남아 있는데, 그 예는 신라보다도 많다. 연개소문의 셋째 아들인 천남산의 묘지명은 그를 "요동의 조선인이다"라고 기록했고, 고구려 출신 장군인 고질(高質)·고자(高慈) 부자(父子)의 묘지명도 그들을 '조선인'으로 각각 기록했다. 보장왕의 손자인 고진(高震) 역시 묘지명에 '조선의 귀족'으로 묘사돼 있다.* 보장왕이 당나라에 끌려간 뒤 '요동주도독 조선왕'에 봉해진 것도 이런 맥락과 연관돼 있을 것이다.

고구려나 신라의 지배자 혹은 지식인 집단이 스스로를 '조선인' 혹은 '조선의 후예'라고 자칭한 것을 유물을 통해 확인하면서 민족주의는 근대 이후 유럽의 산물이라는 역사 인식론이 우리나라 역사를 해석하는 데 얼마나 타당한지 의문이 든다.

현재 독일에 해당하는 동프랑크 왕국의 왕 오토(912~973년)가 교황에게서 프랑크 제국의 왕이 아니라, 자신의 선조와 아무 상관없는 로마의 후예라는 의미의 신성로마 제국(962~1806년) 황제 칭호를 받고 기뻐한 뒤 근 천여 년 가까이 신성로마 제국이 이어진 것을 보면, 유럽의 민족주의는 분명 근대의 산물일 수밖에 없다. 그렇지 않고서야 어찌 현재의 독일인에 해당하는 오토와 그 후예들이 로마 제국의 황제임을 자랑스럽게 생각할 수 있었겠는가?

---

* 천남산과 고자, 고진의 묘지명 판독문과 번역문은 '국립문화재연구소 문화유산연구지식포털' 인용. 고질 묘지명의 판독문과 해석문은 민경삼의 「신출토 고구려 유민 고질 묘지」(『신라사학보』 제9호, 2007년 4월)에서 인용.

그러나 조선의 옛 땅을 대부분 차지했던 고구려의 후예들이 스스로를 조선인이라고 칭한 것이나, 연나라 망명객 위만에게 서기전 194년 왕위를 빼앗긴 조선의 준왕이 한반도의 중남부에 자리했던 한(韓)으로 넘어와 왕이 됐다는 사실을 기억하며 신라인들이 스스로를 조선의 후예라고 생각했다는 것은 시사하는 바가 적지 않다. 이 땅의 민족주의 혹은 민족주의적 발상의 뿌리는 근대보다 훨씬 이전으로 소급될 수밖에 없다고 필자는 생각한다.

고조선(古朝鮮)은 없었다!

덧붙여 필자를 포함해서 우리 사회는 우리 최초의 국가였던 조선을 고조선으로 부르는 악습을 하루빨리 바꿔야 할 것이다. 모든 한국사 교과서에도 조선은 고조선으로 기술돼 있다. 그러나 중국 한(漢) 왕조의 침략으로 서기전 108년에 몰락한 나라는 고조선이 아니라 조선이었다. 당시의 역사를 기록한 중국 측 어느 사서에도 고조선이라는 명칭은 당연히 없다. 조선일 뿐이다.

고조선이라는 명칭이 생긴 것은 조선이 몰락하고 근 1,400년 뒤 일연이 『삼국유사』를 집필하면서였다. 일연은 서기전 194년 연나라 망명객 위만이 요즘 말로 치면 쿠데타를 통해 조선의 왕권을 탈취하자 이를 '위만 조선'이라고 일컬었다. 그리고 위만 조선 이전의 조선을 편의상 고조선이라고 불렀다. 이것이 고조선이라는 명칭이 생겨난 배경이다. 그 뒤 1392년 이성계의 조선이 개국하면서 우리 최초의 국가에 대한 이름은 '편의상' 고조선으로 바뀌게 된 것이다.

원래 있던 이름을 후대의 편의를 위해 바꾸는 것은 옳지 못하다. 법적으로는 말할 것도 없고 상도의(商道義)로 봐도 상호를 먼저 쓴 사람에게 우선권을 부여하는 것이 일반적이다. 우리 민족 최초의 국가였던 조선과 이성계가 개국한 조선이 정 헷갈린다면, 이성계가 개국한 조선을 '후(後)조선' 등으로 바꾸어야 할 것이다. 우리 역사에 고조선이라는 나라는 없었다. 조선이 있었을 뿐이다. 이 책에서 고조선이라는 국호를 사용하지 않은 것은 그런 까닭이다.

2

우리는
삼국이 아니라
삼한을 통일했다!

'신라인들의 기록'으로 본
신라인들의 통일과 국경에 대한 인식

'통일과 국경에 대한 인식'과 관련한 신라인들의 기록부터 살펴보자. 이 문장들은 신라시대 비(碑)에 신라인들이 직접 새겼거나, 신라시대 탑 안에 유물을 넣을 때 신라인들이 적은 글이거나, 혹은 최치원의 문집 등에 기록된 것이라는 점에서 후대의 가필이나 왜곡이 사실상 불가능한 자료들이다. 이 가운데 141쪽 이후 등장하는 최치원의 글은 왜곡의 가능성은 없을지라도 어쨌든 신라시대가 아니라 후대에 다시 간행된 최치원의 문집에 실린 문장이므로, 뒤에 따로 모아 작성 시기 순으로 분류했다.

문무대왕릉비⁸⁵

1. 곧바로 어지러운 9주를 다스려 바로잡고 동쪽을 정벌하고
    서쪽도……(이하 마멸)
    直九合一匡 東征西○……

2. 위엄과 은혜는 혁혁히 빛나, 저 아득히 먼 옥저(沃沮)와 예(穢)
    까지 찾아와 역(役)을 청하였네.
    威恩赫奕茫茫沮穢聿來充役

문무왕을 기려 682년에 세운 비이다. 조각난 상태에서 일부만 전해
지고 있다. 현재 남은 비문에는 '통일'과 관련한 명확한 언급은 없
다. 신라가 어느 지역을 통합했느냐에 대한 구체적인 언급도 비문
에는 남아 있지 않다. 다만 문무왕의 공덕을 기리면서 그가 "곧바
로 9개 주(나라)를 다스려 바로잡고 동쪽을 정벌하고, 서쪽도……"
라고 칭송한 것이나, 오늘날 함경도 지역으로 생각되는 옥저 그리
고 예(穢)⁸⁶의 백성들이 찾아와 "(신라에서) 노역에 종사했다"고 표현
한 것이 보인다. '통일'에 대해 명확히 기록한 것은 아니지만, 이 정
도라면 '통일 군주'로 문무왕을 꼽았다고 보는 것도 무리는 아닐
듯하다.

특이한 것은 '동정서○(東征西○)'이라는 표현이다. ○자는 문맥상

---

85 판독문과 번역문은 '국립문화재연구소 문화유산연구지식포털' 인용.

86 '穢'라고 판독됐는데, '濊'와 동일한 뜻이다.

문무대왕릉비 ⓒ 국립경주박물관 제공

'벌(伐)' 혹은 '토(討)'로 보는 것이 합리적일 것이므로, 이 문장은 "동쪽과 서쪽을 정복했다"는 뜻이 될 것이다. 이 표현은 문무왕이 죽으면서 신하들에게 남긴 유언과도 비슷한데 '한 글자'가 다르다.

『삼국사기』문무왕 21년 기록에는 문무왕이 죽으면서 신하들에게 "과인은 어지러운 운을 타고나 전쟁의 시대를 만났다. 서쪽을 정벌하고 북쪽을 토벌하여(西征北討) 영토를 평정"했다고 말했다고 적혀 있다.[87] 『삼국사기』는 분명 문무왕의 유언이라면서 '서정북토'라고 표현했다. 이것이 방위상으로는 맞다. 백제는 신라의 서쪽에, 고구려는 신라의 북쪽에 있었으니 말이다. 한데 왜 〈문무대왕릉비〉는 신라 북쪽의 옥저까지 언급했으면서, 문무왕의 정복 대상지로서 '북쪽' 대신 '동쪽'이라고 표현했을까? 정확한 방위 개념 대신 수사적으로 '정복자 문무왕'의 업적을 기린 것일까? 그렇다면 이 표현에 큰 의미를 둘 필요는 없다. 아니면, '고구려는 우리가 통합한 땅이 아니다'라는 신라인들의 내면이 반영된 것일까? 그래서 신라인들은 문무대왕릉의 비에 그의 공덕을 기록하면서 정벌 대상지에서 '북쪽'이라는 표현을 쓰지 않은 것일까? 판단은 독자의 몫이다.

---

87 네이버 '원문과 함께 읽는 삼국사기' 문무왕 21년 기록.

청주 운천동 사적비[88]

삼한을 통합하여 땅을 넓혔으며, 창해에서 위세를 떨치시니

合三韓而廣地居滄海而振威

1982년 충북 청주시 운천동에서 발견됐다. 당시 마을 공동 우물터에서 빨랫돌로 쓰고 있었다. 이 지역에 있던 어느 사찰의 창건과 관련한 내용을 담고 있어서 사적비(寺跡碑)라고 부르게 됐다. 오랜 세월로 인한 마멸로 비문을 읽기가 어렵지만, 판독된 글자 중 '수공 2년'이라는 중국의 연호가 적혀 있어 686년 직후 건립된 것으로 학계는 추정하고 있다.

비문 중 "삼한을 통합하여 땅을 넓혔으며, 창해에서 위세를 떨쳤치시니"라는 내용이 있다. 신라인들이 직접 기록한 문장 중 '삼한을 통일했다'는 내용이 등장하는 것은 이 비가 가장 오래됐다는 게 학계의 일반적인 평가이다. 이 비문에서 말하는 '삼한'은 어디였을까? 통일 전쟁 뒤 신라가 통합한 지역이었을까, 아니면 고구려까지 포함한 삼국을 의미하는 것일까?

학계의 정설대로라면, 이 비문을 작성할 당시(686년 직후 추정) 신라 영토는 '대동강~원산만 라인 이남'이었다. 당시 신라는 고구려 멸망 이후 자신들이 차지하게 된 옛 백제 땅과 고구려 최남단 지역을 당으로부터 지키기 위해 당과 '8년 전쟁'을 힘겹게 치른 직후였다. 그 결

---

88   판독문과 번역문은 '국립문화재연구소 문화유산연구지식포털' 인용.

청주 운천동 사적비 ⓒ 국립청주박물관 제공

과 대동강~원산만 라인이 당과의 국경으로 사실상 확정됐다. 물론 고구려의 옛 땅 대부분은 당이 차지한 상태였다. 그렇다면 이 비문에서 '삼한'이 고구려의 옛 지역 모두를 포함하는 뜻을 담고 있는 것이 가능할까? 부정적인 생각이 들 수밖에 없다.

성덕대왕 신종[89]

> 이에 우리나라가 한 고을이 되었다.
>
> 爰有我國合爲一鄕

일명 에밀레종으로 알려진 종이다. 신라 성덕왕(재위 702~737년)의 명복을 빌기 위해 771년에 제작한 종이다. 676년 이후 상황을 묘사하며 "우리나라가 한 고을이 됐다"는 문장을 종에 새겼다. 이 문장을 통해 신라인들의 통일 의식 혹은 통일에 대한 자부심을 분명하게 엿볼수 있다. 이와 동시에 고구려의 옛 땅을 통일 지역에서 배제시킨 신라인들의 내면 혹은 통일 전쟁 이후 신라인들이 가지고 있는 삼한에 대한 지리적 범위를 읽을 수 있다.

이 종을 만들 당시 고구려의 옛 땅은 발해가 차지하고 있었다. 신라는 당의 요청으로 733년 발해의 남쪽 변경을 침공한 적도 있었다. 이 종을 만들었던 771년, 발해는 요즘 말로 하자면 신라에게 '적성 국가'

---

89 판독문과 번역문은 '국립문화재연구소 문화유산연구지식포털' 인용.

성덕대왕 신종 © 국립경주박물관 제공

였다. 한데 발해를 무시한 채 발해가 다스리던 지역까지 삼한에 포함시켜 '한 고을'이 됐다고 이야기할 수 있었을까? 만약 삼한에 고구려의 옛 땅이 포함된다면, 이 종을 만들 당시 삼한은 신라와 발해라는 남북의 왕조로 분열돼 있는 셈이다. 그렇다면 "우리나라가 한 고을이 되었다"는 자부심 넘치는 문장은 사실과 다른 것이 된다. 삼한에 고구려의 옛 땅을 포함시키면 이 같은 모순이 따른다. 그런 점에서 성덕대왕 신종은 8세기 후반기 신라인들의 통일과 국경에 대한 인식, 그러니까 신라는 한반도 중남부보다 조금 넓은 삼한 지역을 통일했고, 그 통일은 현재도 유지되고 있다고 생각했음을 알려주는 유물이다.

이차돈 순교비[90]
(백율사 석당비)

가히 삼한에 통할 수 있고 또한 사해를 넓힐 수 있다.

可通三韓 亦廣四海

이차돈의 순교(527년)를 기리며 818년(추정)에 건립한 비이다. 비문 내용에 따르면 법흥왕(재위 514~540년)이 "불교를 나라에 전파해 유행시킨다면 나라는 풍요롭고 백성이 평안해져서 가히 삼한에 통할 수 있고 또한 사해를 넓힐 수 있다"고 하자, 이차돈은 자신의 목을 베어

---

90 판독문과 번역문은 '국립문화재연구소 문화유산연구지식포털' 인용.

이차돈 순교비 ⓒ 국립경주박물관 제공

신기한 일이 벌어지면 사람들이 불교를 믿을 것이라며 순교했다고 한다. 이 비에 따르면, '삼한에 통하고 사해도 넓힌다'는 표현은 법흥왕이 한 것으로 기록돼 있다. 서기 6세기 초반에 법흥왕이 저런 말을 정말로 했을지, 아니면 후대에 '이차돈 순교 설화'로 덧붙여진 것인지 명확히 알 수가 없다. 법흥왕이 저 말을 정말로 했다면, 그는 삼한이라는 표현을 명확한 기록으로 남긴 최초의 '한국인'이 된다.

이 비에 새긴 삼한은 어디였을까? 법흥왕이 사용한 삼한은 한반도 중남부만 지칭하게 된다. 애초 삼한의 지리적 범위가 한반도 중남부였으며, 법흥왕 치세인 6세기 전반기에는 중국에서도 삼한에 고구려를 포함시키지 않았기 때문이다. 818년 이 비를 세울 당시 삼한이라는 표현에도 고구려의 옛 땅이 포함되기는 힘들다. 818년 고구려의 옛 땅은 이미 발해가 차지하고 있었기 때문이다. 삼한에 고구려가 포함된다면, 발해의 건국으로 삼한은 분열된 셈이 되는데 이런 상태에서 '삼한이 통합됐다'고 이야기할 수는 없기 때문이다.

김입지가 비문을 지은 성주사비[91]

1. 한이 솥발처럼 셋으로 나뉘어 대립했을 때, 백제에서 신라의 왕태자에게 (무언가를) 바쳐서……

   韓鼎足之代 百濟國獻王太子……

---

91 판독문과 번역문은 '국립문화재연구소 문화유산연구지식포털' 인용.

2. 진한의 서울에······

辰韓京邑······

충남 보령시 미산면에 위치한 성주사에 건립한 비였다. 현재 완전하게 전해지지는 않고 비편만 여러 조각 남았다. 비문을 지은 김입지(생몰년 미상)는 825년 5월 신라왕자 김흔을 따라 당나라로 건너가 유학생활을 했고, 귀국하여 태수 등을 지낸 인물이다. 이 비문은 신라 후기의 승려인 낭혜화상(801~888년)의 공덕과 그가 성주사에 머물게 된 배경 등을 적었다. 건립 시기는 비문 내용으로 볼 때 낭혜화상이 당나라에서 귀국한 뒤인 845년 이후이며, 857년 사망한 신라 귀족 김양(金陽, 808~857년)이 등장한다는 점에서 845~857년 사이로 학계는 보고 있다.[92]

비문에 적힌 "한이 솥발처럼 셋으로 나뉘어 대립했을 때, 백제에서 신라의 왕태자에게 (무언가를) 바쳐서(韓鼎足之代 百濟國獻王太子)"라는 표현에 주목해야 한다. 鼎(정)은 고대에 썼던 제사용 도구로, 발이 세 개 달린 솥을 말한다. 훗날 국가나 왕위 혹은 제왕의 업적을 은유하는 표현으로도 썼다. 그렇다면 이 문장은 "한(韓)이라는 나라가 세 발이 달린 솥[鼎]처럼 대립했을 때에 백제에서 신라의 왕태자에게 (무언가를) 바쳤다"는 뜻이다. 이 문장에서 '韓(한)'은 3개 국으로 나뉜 것으로 암시돼 있고, 그중 두 나라는 문맥상 신라와 백제로 볼 수밖에 없다. 그렇다면 나머지 하나의 국가는 어디일까? 애초 삼한은 한반도 중남

---

92 '국립문화재연구소 문화유산연구지식포털' 〈성주사비〉 설명문 참조.

김입지가 비문을 지은 성주사비(비편) ⓒ 동국대 박물관 제공

부만을 지칭하는 것이었으니, 이 비에서 표현한 '한(韓)'의 나머지 하나의 국가는 가야로 봐야 하는 것이 아니냐고 주장할 수도 있을 것이다. 그러나 이 비를 9세기 중엽에 세웠음을 고려한다면 타당한 해석은 아니라고 본다. 9세기 때의 신라가 '삼국'을 언급하면서 떠올렸던 나라는 고구려와 백제였을 가능성이 가장 크다.

그렇기에 이 비문에는 '삼한'이라는 표현이 명확히 등장하지는 않지만, 한반도 중남부를 지칭했던 '삼한'에서 신라, 고구려, 백제 삼국을 지칭하는 의미로서의 '삼한(三韓)'의 용례를 암시하는 최초의 신라 유물로 볼 수 있을지도 모른다. 또 "한이 솥발처럼 셋으로 나뉘어 대립했을 때(韓鼎足之代)"라는 표현이 과거형임을 생각한다면, 지금은 "한(韓)이 하나로 합쳐졌다"는 의미가 내포된 것으로 생각할 수도 있다. 이를 통해 신라의 삼국 통일론을 입증하는 유물로 이 비문의 역사적 위치를 승격시킬 수 있을지도 모른다. 하지만 반론도 가능하다.

우선, 이 비문에서 표현된 '韓(한)'에 고구려가 포함된다는 명확한 근거는 없다. 또 삼한에 고구려가 포함된다 하더라도 '(고구려가 포함된) 삼한을 신라가 통일했다'는 내용은 현재 남아 있는 비문 어디에도 없다. 예를 들어 '삼한 중 고구려는 당을 거쳐 발해의 영토가 됐으며, 신라가 백제를 병합했다'고 이 비문을 쓴 김입지가 생각했을 수도 있다. 뒤에 다시 살피겠지만, 김입지보다 대략 50년 후배였을 최치원은 여러 문장에서 "예전의 고구려가 발해가 됐다"고 증언하고 있다. 이런 식으로 생각한다면 '예전에는 삼한이 솥발처럼 서 있었지만(韓鼎足之代), 이제 삼한 중 신라만 남았고 고구려는 발해가 됐다'고 얼마든지 생각할 수 있다.

이 비가 건립된 9세기 중엽의 지정학적 상황을 다시 생각해보자. 발해가 신라의 북쪽에 자리하고 있었다. 신라는 당의 요청을 받아들여 733년 발해의 남쪽 변경을 침입했으며, 원성왕 6년(790년)과 헌덕왕 4년(812년)에 "북국(발해)에 사신을 보냈다(使北國)"고 『삼국사기』는 기록했다. '사신'이라는 표현에서도 알 수 있듯, 신라는 발해를 국가로 인정했던 것이다. 정식 국가가 아닌 곳에 외교 사신을 보낼 이유는 없으니까 말이다.

그렇다면 "한이 솥발처럼 셋으로 나뉘어 대립했을 때"라는 표현에서 '고구려와 백제까지 신라가 통합했다는 의미로 삼한 통일'을 떠올릴 사람이라면, '고구려의 옛 땅을 차지한 발해를 신라가 국가적 실체로 인정한 현실' 사이에서 발생하는 모순도 살펴야 한다. 삼한에 고구려까지 포함시킨다면, 삼한은 결국 신라와 발해라는 이국 체제로 분열됐음을 인정해야 하기 때문이다. 하지만 '신라인들의 기록' 어디에도 삼한의 통일이 깨졌다고 적은 것은 없다.

이 비문에는 "진한의 서울에(辰韓京邑)"라는 문장도 등장한다. 그러나 비문이 조각난 상태여서 문장이 매끄럽게 이어지지 않는다. 현재로서는 어떤 의미에서 진한이 등장했는지 알기는 불가능하다.

대안사 적인선사탑비[93]

삼한에서 아주 빼어난 곳이었다.

三韓勝地

전남 곡성군 죽곡면 대안사에 있는 탑비로, 신라 후기 승려 적인선사 혜철(785~861년)을 기리기 위해 세웠다. 글은 당나라에 사신으로 다 녀왔던 최하(생몰년 미상)가 왕명을 받아 썼다. 비문 끝에 적힌 "함통 (咸通) 13년 임진 8월 14일에 세웠다"는 내용으로 보아 872년에 세웠 음을 알 수 있다. 비문에는 혜철 스님이 대안사가 "삼한에서 아주 빼 어난 곳(삼한의 승지)"에 자리 잡았음을 알고 이곳에 머무르며 포교했 다는 내용이 적혀 있다. 이 비문에서 삼한은 한반도 중남부, 정확히 는 통일 전쟁 뒤 신라가 차지한 지역만을 가리키는 것으로 봐야 한 다. 발해가 고구려의 옛 땅을 차지한 9세기 후반에 신라 승려인 혜철 이 '적성 국가'인 발해까지 두루 살핀 뒤 이곳을 "삼한에서 아주 빼어 난 곳"이라고 표현했을 가능성은 없기 때문이다.

---

93 판독문과 번역문은 '국립문화재연구소 문화유산연구지식포털' 인용.

대안사 적인선사탑비 ⓒ 국립경주박물관 제공
신라시대에 세웠던 원래 탑비는 훼손됐으며,
현재 탑비는 구례 화엄사에 보관됐던 탑비문을 바탕으로 후대에 다시 세운 것이다.

황룡사 9층목탑 찰주본기[94]

해동의 여러 나라가 그대의 나라에 항복하고 (……) 삼한을 통합
하고

海東諸國渾降汝國 (……) 果合三韓

선덕여왕(재위 632~647년) 시절에 세운 황룡사탑이 기울자 신라 48대
임금 경문왕(재위 861~875년) 때인 872년 탑을 수리한 내용을 기록
한 글이다. 신라의 승려인 자장대사가 당나라에서 귀국하려 할 때인
7세기 전반기에 당의 원향선사가 자장대사에게 황룡사에 9층탑을
세우면 해동의 여러 나라가 모두 신라에 항복할 것이라고 했다. 자장
대사가 귀국해 선덕여왕에게 이를 알려 탑을 세웠다. 그 결과 신라는
삼한을 통합했다는 내용이다. 이 문장에서 삼한은 어디였을까?

　당나라 승려인 원향선사가 애초 동쪽 바다의 여러 나라가 신라에
항복할 것이라고 예언했던 것은 7세기 전반기였고, 그 예언이 실현
된 것은 7세기 중반이었다. 그 사실을 황룡사 9층목탑 찰주본기에
기록한 것은 872년이었다. 설사 7세기 전반기의 원향선사가 '신라에
항복하게 될 해동의 여러 나라'에 고구려를 포함시켰을지라도, 9세
기 후반기의 신라인들이 삼한에 고구려까지 포함시켜서 '우리가 고
구려의 옛 땅까지 통합했다'고 생각했을지는 지극히 의문이다. 그 이

94　판독문과 번역문은 '국립문화재연구소 문화유산연구지식포털' 인용.

황룡사 9층목탑 찰주본기 © 국립경주박물관 제공

유는 앞에서 여러 차례 살핀 바 있으니 생략한다.

보림사 보조선사탑비 [95]

실로 또한 삼한에서 불교의 전파를 도운 것이다.
實亦裨聖化於三韓

보조선사 체징(804~880년)을 기려 884년에 세운 탑비에 적은 문장이
다. 신라 말기 명필로 꼽힌 김언경(생몰년 미상)이 글을 지었다. 스님을
추모하며 스님이 "삼한에서 불교의 전파를 도왔다"고 기록했다. 여
기서의 삼한에 고구려 혹은 고구려의 옛 땅까지 포함될까? 탑비문
어디에도 보조선사 체징이 발해 땅에서 포교 활동을 했다는 기록은
없다. 누차 얘기했지만, 당시 신라와 발해의 적대적 관계로 미뤄봤을
때 이 탑비의 삼한에도 옛 고구려 지역은 포함되지 않는 것으로 볼
수밖에 없다. 서기 9세기 말기에 신라인들이 사용한 '삼한'에는 고구
려의 옛 땅이 포함되지 않는 것이다.

---

95 판독문과 번역문은 '국립문화재연구소 문화유산연구지식포털' 인용.

보림사 보조선사탑비 ⓒ 국립경주박물관 제공

쌍계사 진감선사탑비[96]

성스러운 당나라가 네 개의 군(고구려를 지칭)을 차지했다.

聖唐囊括四郡

신라 후기의 승려로 불교 음악인 범패를 대중화시킨 진감선사 혜소
(774~850년)를 기린 탑비다. 탑비문에 "헌강대왕(재위 875~886년)께서
혜소 스님의 시호[97]와 탑 이름 등을 내리셨다. (……) 그런데 비석을
세우기도 전에 헌강왕이 갑자기 승하하시고 현 임금(정강왕)이 즉위
하시니……"라는 내용으로 볼 때 정강왕(재위 886~887년) 때 쓴 것임
을 알 수 있다. 비문 끝에 "887년 7월 어느 날에 비를 세웠다"고 기록
돼 있다.[98] 최치원이 왕명을 받아 글을 지은 뒤 글씨까지 직접 쓴 것
으로 유명하다. 왕명을 받아 지었으니 요즘으로 친다면 공문서로 봐
야 할 것이다. 즉 이 글에서 드러나는 신라인들의 통일과 국경에 대
한 인식은 최치원 개인의 것만이 아니라 신라 왕실에서도 받아들이
고 있었던 '신라 지배층의 인식'이라는 뜻이다.

여기서 최치원은 진감선사의 선조에 대해 이렇게 묘사한다.

---

96 판독문과 번역문은 '국립문화재연구소 문화유산연구지식포털' 인용.

97 죽은 이의 공덕을 기려 추증한 호.

98 이를 통해 건립 날짜까지 살핀다면, 『삼국사기』에 헌강왕이 886년 7월 5일 사
망했고, 정강왕이 그 직후 즉위해 서기 887년 7월 5일 사망했다고 기록했으니,
문장은 886년 7월 6일 이후 887년 7월 5일 이전에 작성됐다고 생각할 수 있다.

쌍계사 진감선사탑비 ⓒ 국립경주박물관 제공

선사의 조상은 중국 사람으로 산동 지방의 고관이었다. 수나라가 군사를 일으켜 요동을 정벌하다가 고구려에서 많이 죽었다. 몇몇 수나라 병사들은 항복하여 변방의 백성(문맥상 '고구려의 백성'으로 번역하는 게 옳을 듯하다)이 됐다. 나중에 성스러운 당나라가 네 개의 군을 차지하게 되자(聖唐囊括四郡), (변방의 백성이 됐던 수나라 병사들은) 지금 전주 금마 사람이 됐다.

진감선사의 조상이 수나라의 고구려 침공 때 종군했다가 고구려에 항복한 뒤, 훗날 신라가 당의 침략으로부터 한반도 중남부를 지켜냈을 때 전주에 왔다는 내용이다. 우리가 주목할 것은 "성스러운 당나라가 네 개의 군을 차지하게 되자"라는 표현이다. 문맥으로 보면 "네 개의 군"은 한사군 지역, 그러니까 조선의 옛 땅으로, 삼국시대로 치면 고구려 영토를 말한다. 왕명을 받아 지은, 요즘으로 치면 대통령의 지시를 받아 지은 공문서에서 최치원은 고구려를 멸망시키고 그 땅을 차지한 것은 신라가 아니라 당이라고 명확히 표현한 것이다. 왕이 작성을 지시한 문서에서 이 같은 표현을 썼다는 것은 신라 왕실도 '당의 고구려 흡수'를 받아들였다는 뜻이 된다. 신라의 지식인들은 물론 신라 왕실도 신라는 삼국을 통일한 것이 아니라는 사실을 명확히 인식하고 있었던 것으로 볼 수밖에 없다. 이런 식의 통일과 국경에 대한 인식에서 '삼한 통일'에 고구려 혹은 고구려의 옛 땅이 포함됐을 수가 없다.

월광사 원랑선사탑비[99]

1. 태종대왕께서 (……) 삼한에서 전쟁을 그치게 하고 통일을 달
   성하신 때에

   太宗大王 (……) 止戈三韓之年垂衣一統之日被

2. (대사가 입적하실 때) 이름이 온 삼한에 펴졌으며

   名播三韓

3. 달마대사가 중국에서 선법을 전하였다. 널리 퍼져서 산과 골짜
   기에 가득 차고 넘치어 두루 흘러가 땅끝 하늘 끝까지 다하였네
   (……) 조선은 동쪽으로 해 뜨는 곳과 접했는데 옛 현인들은 이
   곳을 복된 땅이라고 일컬었네

   沙達摩兮傳心中華 散滿兮山盈谷溢 周流兮地角天涯 (……) 朝鮮
   兮東接扶桑 昔賢兮稱玆福

원랑선사(816~883년)를 기려 건립한 탑비이다. 탑비문 마지막에
890년 9월 15일에 세웠다고 적혀 있으니 그 직전에 문장을 작성했
음을 알 수 있다. 당에서 외국인을 대상으로 시행한 과거인 빈공과에
급제하고 897년 당에 사신으로 갔던 김영(金穎, 생몰년 미상)이 진성여
왕의 명을 받고 글을 지었다. 이 역시 지금으로 치면 대통령 비서실
의 공문서쯤 되는 셈이다.

　이 탑비문 역시 '삼한'의 지리적 범위는 신라가 통일 전쟁 이후 실

99　판독문과 번역문은 '국립문화재연구소 문화유산연구지식포털' 인용.

월광사 원랑선사탑비 ⓒ 국립경주박물관 제공

제로 통합한 지역을 가리키는 것이며, 신라인들은 고구려가 아니라 백제를 통일했다고 생각했음을 명확히 알리고 있다. "태종대왕(무열왕)께서 (……) 삼한에서 전쟁을 그치게 하고 통일을 달성하신 때에"라는 문장을 통해서다.

태종 무열왕이 사망한 때는 661년. 백제는 망했어도 고구려는 건재했던 시점이다. 그런데 비문은 "무열왕이 삼한에서 전쟁을 그치게 했다"고 적고 있다. 삼한에 고구려가 포함되지 않음을 신라 왕실과 지식인들은 〈쌍계사 진감선사탑비〉에 이어 이 탑비문을 통해서도 다시 밝힌 것이다.

앞서도 말했지만, 태종 무열왕 때에 삼한이 통일됐다고 신라 왕실과 지식인들이 생각했음은 『삼국사기』 신문왕 12년(692년) 기록이나 『삼국유사』 '태종 춘추공'에서도 보인다. 당 태종과 신라 태종의 이름이 같으니 신라 태종의 이름을 빨리 바꾸라는 중국의 지적에 신라는 태종 무열왕의 공이 큼을 거론하면서 (김)춘추는 삼한을 통일했으니 그 이룩한 공적이 적다고 할 수 없다고 답한 것이다. 여기서도 삼한은 신라가 실제 통합한 지역을 지칭하는 것이었다. 고구려의 옛 땅은 신라가 차지한 최남단을 제외하고는 삼한에서 제외된 것이며, 그랬기에 통일을 이룩한 왕으로 무열왕이 꼽힌 것이다. 신라인들은 한국사학계의 '일치된 의견'과는 달리 자신들이 삼국을 통일했다고 생각하지 않았으며, 삼한에 고구려 전역을 포함시키지도 않았음을 이 탑비문은 다시금 알려주고 있다.

주목할 것은 김영이 〈원랑선사탑비〉에 "달마대사가 중국에서 선법을 전하였다. 널리 퍼져서 산과 골짜기에 가득 차고 넘치어 두루 흘러가 땅끝 하늘 끝까지 다하였네(이는 조선, 즉 신라 땅까지 선법이 퍼진 것을 뜻한다)"라고 이야기한 뒤 "조선은 동쪽으로 해 뜨는 곳과 접했는데, 옛 현인들은 이곳을 복된 땅이라고 일컬었네"라고 적었다는 점이다. 신라가 조선의 옛 영토를 차지하지 못한 것과는 별개로 신라인들이 자신들을 조선의 후예라고 인식했음을 드러내는 문장이다. 고구려 유민들의 묘지명에도 자신들을 조선의 후예라고 생각했음을 드러내는 문장이 더러 있다. 이 땅의 '민족주의' 혹은 '민족주의적 감정'의 뿌리가 생각보다 깊음을 알려주는 대목이다. 이에 대해서는 이 책 94~99쪽 보론에서 이미 살폈으니, 독자들이 참조하시기를 바란다.

성주사 낭혜화상탑비[100]

1. (태종의 아들 김인문이) 당나라가 예맥을 정벌할 때에 공이 있어서 임해군공에 봉해지고

   唐醻伐獩貊功封爲臨海君公

2. 옛날 태종 무열왕께서 을찬으로 예맥을 무찌를 군사를 당나라로부터 빌리기 위하여

   昔武烈大王爲乙粲時爲屠獩貊乞師

3. 선조(김춘추)께서는 고구려와 백제라는 두 적국을 평정하여

   先祖平二敵國

---

100 판독문과 번역문은 '국립문화재연구소 문화유산연구지식포털' 인용.

신라 말기의 승려 낭혜화상 무염(801~888년)을 기려 왕명을 받아 최치원이 글을 지었다. 888년 11월 17일 무염 스님이 돌아가시고 2년이 지나 비문을 짓게 됐다는 문장으로 볼 때 비문 작성 시점은 890년 말로 추정된다. 비문에 따르면, 낭혜화상 무염은 태종 무열왕의 8대손이었다. 비문에는 그의 선조인 태종 무열왕이나 무열왕의 둘째 아들인 김인문(629~694년)에 대해 이야기하면서 신라의 통일과 국경에 대한 인식과 관련한 묘사가 세 차례 등장한다. 이 중 두 문장은 고구려와 백제 정벌의 주력군을 당나라로 표현한다. "(김인문이) 당나라가 예맥을 정벌할 때에 공이 있어서 임해군공에 봉해지고"와 "태종 무열왕께서 예맥을 무찌를 군사를 당나라로부터 빌리기 위하여"가 그런 예이다.

물론 이 문장에서 예맥이 고구려를 말하는지 혹은 백제를 말하는지, 아니면 두 국가 모두를 말하는지 명확하지 않다. 삼한이 그러하듯, 예맥도 때에 따라 고구려나 백제 혹은 두 나라 모두를 지칭하는 경우가 종종 있기 때문이다. 하지만 이 탑비에 등장하는 '예맥'은 고구려와 백제 두 나라를 모두 지칭하는 것으로 보는 편이 나을 듯하다.

우선 "(김인문이) 예맥을 정벌할 때에 공이 있어서 임해군공에 봉해졌다"는 문장을 먼저 살피면, 김인문이 임해군공에 봉해졌다는 사실은 『삼국사기』 '문무왕 조'(674년과 675년 기록)와 『삼국사기』 '김인문 전'에 적혀 있다. 이때는 이미 백제와 고구려가 모두 망한 시점이었다. 따라서 이 문장에서 예맥은 두 나라 모두를 지칭하는 것으로 보는 것이 타당할 것이다. "태종 무열왕께서 예맥을 무찌를 군사를 당나라로부터 빌리기 위하여"에서의 예맥은 『삼국사기』나 『삼국유사』의 관련 기록을 참고하면 해석이 달라질 수 있다. 태종 무열왕이

성주사 낭혜화상탑비 ⓒ 국립경주박물관 제공

648년 당나라에 건너갔을 때 『삼국사기』는 "백제를 칠 군사를 보내 달라"고 부탁한 것으로 돼 있고, 『삼국유사』는 "고구려를 칠 군사를 보내달라"고 부탁한 것으로 돼 있다. 그러나 〈낭혜화상탑비〉에서는 이 문장 바로 다음에 "선조(태종 무열왕)께서 두 적국을 평정하여"가 등장하는 것으로 보아 이 탑비에서 쓴 '예맥'이라는 표현은 고구려와 백제 두 나라를 지칭하는 것으로 봄이 타당할 것이다.

최치원의 갈팡질팡

'예맥'을 언급한 앞의 두 문장으로만 본다면, 최치원은 고구려와 백제 멸망의 주력군으로 분명 당나라를 들고 있다. 그러나 최치원은 바로 다음 문장에서 낭혜화상의 선조인 태종 무열왕이 고구려와 백제라는 두 적국을 평정했다고 적었다. 동일한 글 속에서 상반되는 통일과 국경에 대한 인식이 드러나는 것이다. 물론 태종 무열왕이 고구려를 평정한 적은 없다는 점에서 이 문장은 역사적 사실과 다르다. 명백히 최치원이 잘못 기록한 것이다. 최치원은 앞서 살핀 〈쌍계사 진감선사탑비〉에서는 "당나라가 네 개의 군(고구려의 땅)을 차지했다"고도 적었다. 도대체 최치원의 생각은 무엇이었을까?

최치원은 신라의 '삼한 통일' 혹은 '삼국 통일'과 관련해서 이중적 사고 또는 정리되지 못한 생각을 가졌던 것은 아닐까? 그 때문에 작성 시기에 따라, 아니 같은 글에서도 '신라의 통일'과 관련해서 모순되는 표현이 자주 등장했던 것은 아닐까? 그렇기에 "당나라가 고구려의 땅을 차지했다"고 이야기하다가, "태종 무열왕이 고구려와 백제를 평정했다"고 사실과 다른 이야기마저 한 것은 아닐까? 다시 살펴 겠지만, 문집에 담긴 최치원의 글 중에는 발해를 맹비난하는 내용으로 당나라 황제나 당나라 고위 관료에게 보낸 글이 여러 편 있다. 이 글들을 종합해서 찬찬히 살펴보면 최치원이 말하는 '신라의 통일'은 '신라의 한반도 중남부 통일'로 해석할 수밖에 없도록 한다.

천재 중의 천재로 꼽히는 최치원이지만 '신라의 통일'과 관련해서는 논리적으로 갈팡질팡하고 있음을 알 수 있다. 최치원의 글들 중 어느 한 문장만 인용해서 '신라인들은 통일에 대해 이렇게 생각하고 있었다'라고 이야기할 수 없음을 확인시켜주는 것이다. 결국 최치원의 통일과 국경에 대한 인식은 그의 글을 종합적으로 검토한 뒤 '통계적으로' 이야기하는 것이 옳다. 예를 들면 "최치원이 신라의 통일이나 국경과 관련해서 다섯 번은 Ⓐ라고 이야기했고, 두 번은 Ⓑ라고, 그리고 한 번은 Ⓒ라고 이야기했으므로, 통계적으로 볼 때 최치원의 통일과 국경에 대한 인식은 Ⓐ라고 봄이 타당하다"고 주장하는 것이 정확한 것이다.

9세기 말이 돼서야 등장하는 '삼국 통일'

봉암사 지증대사탑비[101]

1. 옛날에 우리나라가 솥발처럼 셋으로 나뉘어 대치했을 때

---

[101] 판독문과 번역문은 '국립문화재연구소 문화유산연구지식포털' 인용.

昔當東表鼎峙之秋

2. 옛날에는 조그맣던 삼국이 이제 크게 한집이 됐다.

昔之蕞爾三國 今也壯哉一家

현재까지 전하는 우리 기록 중 '신라의 삼국 통일'이 최초로 적힌 유물이다. 지증대사(824~882년)를 기려 924년에 건립한 탑비이다. 비문을 지은 사람은 최치원이다. 비문에 따르면 헌강왕은 서기 885년 당나라에서 막 귀국한(885년 3월 귀국) 최치원에게 지증대사를 기리는 문장을 지으라고 했다. 최치원은 차일피일 문장 작성을 늦췄다. 결국 비문을 작성한 시점은 893년 무렵으로 추정된다. 비문에 적힌 최치원의 관직명이 '하정사'[102]인데, 『삼국사기』'최치원 전'에는 그가 893년에 하정사로 임명됐다고 기록돼 있기 때문이다.

비문에는 "옛날에 우리나라가 솥발처럼 셋으로 나뉘어 대치했을 때"라고 한 뒤 "백제에는 소도 의식이 있었고, 고구려에서는……"이라고 잇따라 적고 있다. 솥발처럼 대치한 세 나라가 각각 고구려와 백제 그리고 신라임을 명확히 밝힌 것이다. 그러고는 "옛날에는 조그맣던 삼국이 이제 크게 한집이 됐다"라고 기록했다. 다른 모든 신라인들의 기록에서처럼 '삼한이 한집이 됐다(三韓一家)', 혹은 '삼한이 하나가 됐다(一統三韓)' 식으로 적은 것이 아니라 '삼국이 한집이 됐다(三國一家)'라고 명확히 기록한 것이다.

책에 남은 것이든 유물에 남은 기록이든, 현재 남아 있는 우리나라

---

102 賀正使, 새해 첫날 중국 황제에게 인사를 드리기 위해 보낸 사신.

봉암사 지증대사탑비 ⓒ 국립경주박물관 제공

의 모든 기록 중 신라가 '삼한'이 아니라 '삼국'을 통일했다고 명확히 적은 최초의 것은 최치원이 지은 〈지증대사탑비〉이다. 그런 점에서 이 탑비는 기념비적인 유물일 수밖에 없다.

그럼에도 여전히 걸리는 것은 '통일'과 관련한 최치원의 이중성이다. 그는 세 개의 탑비에서 자신의 통일과 국경에 대한 인식을 드러냈다. 앞서도 살폈지만, "당나라가 고구려 땅을 차지했다"(〈진감선사탑비〉, 886~887년쯤에 지음), "당나라가 예맥을 정벌했다", "무열왕이 예맥을 무찌를 군사를 당나라로부터 빌리기 위하여", "선조(태종 무열왕)께서 고구려와 백제라는 두 적국을 평정하여"(이상 〈낭혜화상탑비〉, 890년 말 무렵 지음)라는 표현이 있었다. 그러다가 〈지증대사탑비〉에서는 "삼국이 이제 한집이 됐다"고 기록하고 있다. '통일'과 관련한 그의 논지는 앞서 지적했듯이 일관성이 부족하며 혼란스럽다.

이런 이중성 혹은 혼란스러움은 발해와 관련해서 최치원이 작성한 외교 문서 혹은 당나라 고위 관료들에게 보낸 편지 등을 보면 더욱 두드러진다. 고구려의 옛 땅 대부분을 차지한 발해라는 '정치적 실체'를 눈앞에 두고서 작성한 글에서 최치원은 신라가 고구려의 옛 땅은 차지하지 못했음을 인정할 수밖에 없었다. 이는 뒤에서 다시 살피겠다.

진경대사탑비[103]

(진경대사의) 먼 조상인 흥무대왕(김유신)은 신선이 사는 오산과 우리 바다의 정기를 타고났다. 문신의 자질을 하늘에서 주었기에 재상의 집에서 태어났으며, 무신의 지략을 갈고 닦아 왕실의 권위를 높였다. 평생토록 ○○하여 고구려와 백제가 멸망해 안정되고, 토군의 사람들이(즉 고구려와 백제 사람들이) 능히 세 조정을 받들어 멀리 진한의 풍속을 따랐다.

遠祖興武大王 鼇山稟氣 鰈水騰精 握文符而出自相庭 携武略而高扶王室 ○○終平 二敵永安 兎郡之人 克奉三朝 遐撫辰韓之俗

신라 최말기의 선승이자 명장 김유신의 후손인 진경대사(855~923년)를 기리기 위해 924년 건립한 탑비다. 글은 신라 54대 임금인 경명왕(재위 917~924년)이 직접 작성했다.

탑비에는 대사의 선조인 김유신의 공적을 언급하며 두 적국, 그러니까 고구려와 백제 땅에서 전쟁이 그쳤고, 토군[104] 지역의 사람들이 진한, 그러니까 신라의 풍속을 따랐다고 기록돼 있다.

"고구려와 백제가 멸망해 안정되고(二敵永安)"라는 표현을 '신라의 삼국 통일'로 보려는 이도 있을 것이다. 하지만 비문의 전체 흐름을

---

103 판독문과 번역문은 '국립문화재연구소 문화유산연구지식포털' 인용.

104 한사군의 하나였던 현도군을 말한다. 그렇다면 상식적으로는 고구려 지역으로 봐야 할 것이다. 그러나 문맥으로 보면 고구려뿐 아니라 백제도 포함하는 것으로 보는 것이 타당할 듯하다.

진경대사탑비 ⓒ 국립경주박물관 제공

본다면 이는 억측일 수 있다. 이 문장은 김유신의 공적을 이야기하면서 따라 나온 문장이다. 산과 바다의 정기를 타고난 김유신이 나라를 위해 평생 힘썼으며, 고구려와 백제 땅에 평화가 찾아왔다는 것이다. 하지만 '고구려와 백제를 멸망시켜 안정을 찾게 한 주체(혹은 세력이나 인물)'가 무엇(누구)인지는 밝히지 않았다. 문장 구성으로만 본다면, 이 문장의 주어는 김유신이 돼야 한다. 그러나 신라인이 남긴 어떤 기록에도 통일을 이룬 사람으로 태종 무열왕을 압도적으로 많이 꼽았지 김유신을 꼽은 경우는 한 차례도 없다. '신라인들의 기록'이든 『삼국사기』나 『삼국유사』의 기록이든, 김유신은 태종 무열왕 곁에서 통일을 이루도록 도운 사람으로만 묘사됐다. 신라왕인 경명왕이 탑비 문장을 지으면서 "통일을 이룬 이는 김유신이다"라고 했을 가능성은 따라서 희박하다. 그렇다고 이 문장의 주어로, 즉 고구려와 백제를 멸망시킨 사람이나 세력으로 태종 무열왕이나 당나라 어느 한쪽으로 생각하는 것도 곤란하다. 그렇게 볼 확실한 근거는 없다.

〈진경대사탑비〉에 등장하는 "고구려와 백제가 멸망해 안정되고"라는 표현은 '김유신의 활약에 대한 찬양, 그리고 그런 과정을 거치면서 고구려와 백제가 멸망했다' 정도로 이해하는 편이 타당하다고 본다.

지금까지 살핀 13편의 자료는 탑비나 종에 새긴 글, 혹은 탑을 수리할 때 적어 넣은 금석문이었다. 앞으로 살필 6편의 자료는 모두 최치원이 작성한 글로, 후대에 간행된 최치원의 문집에 실린 것이다. 후대에 간행된 것이지만 최치원의 원래 문장을 훼손하거나 왜곡시킬 만한 표현을 더했을 가능성은 없기에 '신라인들의 기록'에 넣었음을 밝힌다. 다만 앞선 13편은 '신라인이 직접 적어서 현재까지 전하는 확실한 신라인들의 기록'이지만, 앞으로 살필 6편은 어찌 됐든 후대에 간행된 것이다. 같은 '신라인들의 기록'이라 해도 차이를 둬야하겠기에 '신라인들의 기록'의 맨 마지막에 넣었다. 여섯 편의 자료는 모두 시기 순으로 정리했다.

예부에서 상서를 맡고 있는 배찬에게 올린 글[105]

(與禮部裵尚書瓚狀)

1. 옛날의 고구려가 지금의 발해로 바뀌었다.
    則知昔之句麗 則是今之渤海
2. (상서 배찬이 신라인인 최치원 자신의 이름을 발해인보다 앞서게 했음을
    감사하다고 누차 표현한 뒤) 이 영광이 삼한에 멀리 퍼지게 됐다.
    光榮遠播於三韓

「예부에서 상서를 맡고 있는 배찬에게 올린 글」은 최치원이 당나라 예부에서 상서를 맡고 있는 배찬에게 874년에 시행된 빈공과에서 자신을 수석으로 뽑아준 것에 대해 감사하다며 올린 글이다. 보낸 시기는 빈공과 합격자 발표 직후일 것이다. 이 편지를 이해하기 위해서는 당나라가 외국인에게 시행하던 빈공과를 둘러싼 신라와 발해의

---

105 원문과 번역문은 '한국고전종합DB' 인용.

대립 관계를 먼저 알아야 한다.

발해가 건국한 뒤 신라와 발해는 긴장 관계에 있었다. 군사적으로만 긴장 관계에 있었던 것이 아니다. 빈공과 수석을 어느 나라 사람이 하느냐를 놓고도 양국은 다툼을 벌였다.

최치원이 합격하기 2년 전인 872년 당나라 관료 최항이 주관해서 치러진 빈공과 시험에서 발해인 오소도[106]와 신라인 이동(李同)이 합격했다.[107] 이동은 신라에서 촉망받는 유학생이었다. 『삼국사기』「신라본기」경문왕 9년(869년) 기록에는 유학생 이동 등 3인을 당에 유학 보냈는데, 책 사는 데 보태라고 은 3백 냥을 하사했다고 기록할 정도였다.[108] 신라에 숱한 문인과 장군이 있었지만, 신라의 역사를 기록한 정사(正史)인 「신라본기」에 이름을 올린 사람은 몇 되지 않는다. 그런데 일개 유학생의 이름을 「신라본기」에 적어놓은 뒤 책값에 보태라며 돈까지 듬뿍 주었다는 사실을 기록한 것이다. 이동에 대한 신라 왕실의 기대를 한눈에 알 수 있는 대목이다. 그리고 이동은 유학한 지 단 3년 만에 빈공과에 떡하니 합격한다. 그런데, 수석은 발해인

---

106 오소도에 대해 최치원은 「예부에서 상서를 맡고 있는 배찬에게 올린 글」과 헌강왕을 대신해서 쓴 「헌강왕이 당나라 강서에 사는 대부 직함을 가진 고상에게 보낸 글」에서 烏昭度라고 기록했다. 반면 『고려사』 '최언위 전(傳)'은 烏炤度라고 기록했다.

107 발해인 오소도와 신라인 이동이 빈공과에 합격한 연도가 언제였는지는 최치원의 글 등 우리 기록에 보이지 않는다. 이에 대해 송기호 서울대 교수는 『발해정치사연구』(일조각, 1995년) 166~168쪽에서 중국의 각종 기록을 검토함으로써 이들의 합격 연도가 872년임을 고증했다.

108 네이버 '원문과 함께 읽는 삼국사기'.

已復禮讓窺窬樂共陟丘堂自古已來斯榮無比縱
使廉嫗粉骨莫報傳家邊裔當谷彎陵邊永傳盛事幸
國兼習先王之道恭稱君子之鄉安當喜善若驚矧
敢以儒爲歲旱欲邀恩札感謝者知罔密烟塵遙
興道路多阻未伸素懇已至後時空餘異口同音遙
陳善祝雖頻禪禪蠆蠆誠惟望早離避地之
遊速展滯川之葉永安區宇再洗焱穢不獨海外之
禱祠實爲天下之幸甚

與禮部裵尚書瓚狀

昔者句驪衞國負險驕盈殺主虐民違天迎命太宗
文皇帝震赫斯之威怒除蠆蠆毒親率六軍遠
迥萬里翦行天罰掃海隅句麗旣息狂颺勞收遺
燼別謀誅聚遷福國名則知昔之句麗則是今之渤
海富國自貞觀中偏荷殊恩求安遠俗仍許桑津之
學者偉隨城趨赴於金馬枕市之生徒有賁髦志疲
名獻賦遠趁昇仙得到於巨鼇山
上無何異俗亦恭同科自大中初一後一此春歷
試但務懷柔此實修文德以來之又乃不念舊惡
肯有以見聖朝則恩渙含垢渤海則志切蒸嘗旣非
莫往莫來則亦何先何後然至故靖恭崔侍郎主貢

之年寶薦及第者兩人以渤海烏昭度爲上有同靑
魯而肥杞謹驗鄭昭而宋聾瀚之汰之雖甘沙礫居
後時於止則止善誘週尚書高懸藻鑑榮垂科旣照瞻
寶術於倒置伏遇尚書高懸藻鑑榮垂科旣照瞻
以無差固推心而有待前統迥巡官殿中侍御史崔
致遠技獲側詛生先咄牛心得爲鷄口兄與
辨侯卑長不令趨將懷抉實至公得雪前耻變化
渙資於一顧光榮遠播於三韓自此已來未之或攺
途絶橫新之奠益嘶刜楚之恩今則崔致遠奉使言
歸懷材行用粗有可取無厚所知示使蝶水儒流鳩

林學植競勵觀光之志皆增變化之心斯乃尚書洞
詔九流稽損四敎善誘風行於關里漢仁波及於互
鄉欲知舉國懷恩惟願經邦佐聖無愿露章遂爲
霞拜謁難期膽饗交極但過金風之爽卽遺恩音徹
每吟珪月之晞光空勞夢想馮足代申拜賜之誠惟恨非盡言之具

與靑州高尚書狀

伏以尚書道習記書家傳渭風靡加以察俗則地猶開
日彰撫室東海之波遠方風廓初以密資閫南山之霧威德
欽訓兵則各示慶鈴自分憂於匪岱之藩能變俗於

오소도였다. 최치원은 이를 두고 '신라의 수치'라고까지 언급하며 치를 떨었다.[109] 그리고 2년이 지난 874년 당나라 조정에서 상서를 맡고 있는 배찬이 주관한 빈공과 시험에서 최치원이 수석 합격하게 되자 감사의 표시로 최치원이 배찬에게 보낸 편지가 「예부에서 상서를 맡고 있는 배찬에게 올린 글」이었다.[110]

이 글에서 최치원은 "고구려의 미친 바람이 잠잠해진 뒤 잔여 세력이 타고 남은 찌꺼기를 모아 따로 집단 부락을 만들 것을 모의하고는 나라 이름을 도둑질했다"라고 발해를 맹비난한 뒤 "옛날의 고구려가 지금의 발해"라고 말했다.

그는 이어 '몇 년 전(872년) 발해인이 빈공과에서 (신라인을 제치고) 수석을 차지해서 모자와 신발의 위치가 거꾸로 바뀐 것 같았다. 신라로서는 치욕이었다. 그런데 이번 시험에서 신라인인 자신이 수석을 차지하게 됨으로써 이 영광이 삼한에 널리 퍼지게 됐다'라며 거듭 감사를 표한다.

이 장면에서 분명해지는 것이 있다. 최치원은 발해와 삼한을 지리적으로 명확히 구별하고 있다. 즉 고구려의 옛 땅은 현재 발해가 차

---

109 오소도가 수석을 차지한 872년의 빈공과 시험에 대해 최치원은 「예부에서 상서를 맡고 있는 배찬에게 올린 글」, 그리고 헌강왕을 대신해서 작성한 「헌강왕이 당나라 강서에 사는 대부 직함을 가진 고상에게 보낸 글」에서 신라인들이 느낀 모욕감을 묘사했다. 두 글의 원문과 번역문은 한국고전종합DB 인용.

110 재밌는 것은 유학한 지 3년 만에 빈공과에 급제했음에도 이후 이동의 행적에 대한 기록이 우리 사료에는 전혀 보이지 않는다는 점이다. 빈공과에 급제한 것보다 신라의 적국인 발해인에게 수석 자리를 내줬다는 점이 엘리트 중의 엘리트였던 이동의 발목을 잡은 것으로 보인다.

지하고 있는데, 자신이 빈공과에 수석 합격함으로써 그 영광이 자신의 나라인 삼한에 멀리 퍼지게 됐다고 기록했다. 이런 맥락이라면, 삼한은 한반도 중남부보다 약간 더 넓은 지역, 그러니까 신라가 실제로 통합한 지역을 의미하게 된다.

이 장면에서 "비록 신라와 발해가 적대적 관계로 있었지만, 최치원이 말한 삼한에는 발해도 포함될 수 있다"라고 주장할 수 있을까? 한국사학계의 정설은 7세기 이후 '삼한'은 옛 고구려의 땅까지 포함한다고 생각하고 있으니 이는 그냥 지나칠 일이 아니다. 마치 1953년 휴전 이후 한반도에 대한민국과 조선민주주의인민공화국이 대치 중임에도 대한민국 사람들 대부분이 언젠가는 두 나라가 통일돼야 할 '한 나라'라고 생각하는 것처럼, 최치원은 자신이 말한 삼한에 발해까지 포함시킨 것은 아닐까?

하지만 이런 주장은 논리적 근거가 없어 보인다. 최치원은 이 글에서 발해인 오소도가 신라인을 누르고 빈공과 수석을 차지한 것에 대해 "부끄럽다", "치욕스럽다", "모자와 신발이 있어야 할 위치가 거꾸로 뒤바뀌었다"라고 내내 얘기한다. 발해를 '내 나라' 안에 포함시킬 아량은 전혀 보이지 않는다. 물론 발해 역시 빈공과에 누가 수석을 했느냐를 두고 신라에 양보할 생각은 전혀 없었다.

872년 실시된 빈공과에서 수석을 한 발해인 오소도의 아들 오광찬은 906년에 치러진 빈공과에서 신라 유학생 최언위 다음 성적으로 붙었다. 이에 대해 오소도는 "제가 빈공과를 볼 때 신라인 이동보다 이름이 위에 있었으니, 이번에도 제 아들 광찬의 이름이 최언위보다 위에 있어야 한다"고 당나라 조정에 말했다. 그러나 당 조정은 최

언위의 성적이 오광찬보다 좋았기에 묵살했다.[111]

　이런 기록을 보더라도 발해 역시 신라를 무척 싫어했던 것으로 보인다. 한데 최치원이 수석을 했다고 발해에서 좋아했을 리가 있을까? 그런 사정을 뻔히 알고 있는 최치원이 그럼에도 내가 수석을 한 소식이 신라는 물론 발해에까지도 영광스럽게 퍼졌다라고 했을까? 최치원이 이 글에서 말한 '삼한'은 결국 고구려의 옛 땅을 차지한 발해 지역을 제외한 한반도 중남부 지역에 국한될 수밖에 없다. 통일과 국경에 대한 인식의 범위는 신라가 통합한 지역으로 한정될 수밖에 없는 것이다.

---

111 이상 『고려사』 '최언위 전'. 원문과 번역문은 네이버 '국역 고려사' 인용. 이 책 역시 인터넷에서 검색할 수 있다. http://terms.naver.com/list.nhn?cid=49629&categoryId=49629. 사족 하나만 달자. 『고려사』 '최언위 전'과 최언위가 빈공과에 합격한 연도를 비교하면서 필자는 깜짝 놀랐다. 『고려사』 '최언위 전'은 최언위가 태어난 연도는 기록하지 않은 채 944년 77세에 죽었다고 적었다. 역산하면 868년에 태어났다. 또 18세 때 당에 유학했다고 기록했다. 『고려사』의 기록이 맞다면 최언위가 당에 유학한 것은 885년이고 906년에 빈공과에 합격했으니 유학한 지 21년이 지난 시점이었다. 요즘 말로 치면 '초장수생'인데 당시 이것이 가능했을지 의문이다. 반면 최치원이 897년에 작성한 것으로 추정되는 「당에 유학생과 수령 등을 보내는 것을 당에서 허락해줄 것을 요청한 문서(遺宿衛學生首領等入朝狀)」에는 "최언위(이 글에는 최언위의 본명인 최신지[崔愼之]라고 적었다) 등을 유학생으로 보낸다"고 적혀 있다(한국고전종합DB 인용). 최치원의 글에 따른다면, 그리고 『고려사』의 기록처럼 최언위가 18세에 당에 유학했다면 최언위는 868년이 아니라 880년에 태어난 것이 된다. 고려사 '최언위 전'에 적힌 것으로 추산한 탄생 연도와 12년 차이가 난다. 최언위의 빈공과 합격 연도를 생각한다면 서기 880년 출생 설에 무게가 실리지만, 역시 추정일 뿐이다. 이 모든 것은 기본적으로 『고려사』에 적힌 최언위의 사망 연도를 통해 역산한 것이기 때문이다.

헌강왕이 당나라 강서에 사는 대부 직함을 가진 고상에게 보낸 글[112]

(新羅王與唐江西高大夫湘狀)

예전의 고구려가 오늘날 발해가 됐다.

惟彼句麗 今爲渤海

헌강왕이 877년 치러진 당나라 빈공과를 주관한 대부 고상에게 보낸 감사 편지다. 헌강왕의 이름으로 보낸 것이지만 최치원이 작성했기에 최치원의 문집에 실렸다. 이 글 역시 발해인 오소도가 수석을 차지했던 빈공과를 두고 주변 모든 국가의 조롱거리가 됐고 신라로서는 수치였다라고 기록한 뒤, 고상이 주관한 빈공과에서 신라 유학생 박인범과 김악이 급제하고 발해인이 아무도 붙지 않은 사실에 대해 감사를 표했다.

이 글 앞부분에서 최치원은 당나라가 위엄을 떨쳐 고구려에 대해 하늘의 벌을 대신 내리고 바닷가를 숙청했다며 (신라는 언급하지 않은 채) 당이 고구려를 멸망시켰다고 기록한 뒤 "예전의 고구려가 오늘날 발해가 됐다"고 적었다. 당에 의해 고구려가 몰락한 뒤 고구려의 옛 땅에 발해가 성립됐음을 인정한 것이다.

한국사학계의 주장처럼, 신라인들이 '삼한을 통일했다'에서의 '삼한'에 고구려를 포함시켰다면, 고구려를 계승한 발해라는 존재는 신라인들에게 속칭 '멘탈 붕괴'의 대상이 된다. 또 논리적으로 자기모

---

[112] 원문과 번역문은 '한국고전종합DB' 인용.

所司令雖孚文德元年放歸限滿學生大學博士金
紹游等例勒金茂先等幷首領軍隨賀正使級飡金
顥船次還蕃庶使偏裨戍規無詳十駑之役劂鶏新
刃聊呈一劌之能臣義重枉三情瀝懇百冒犯宸嚴
無任激切屛營之至

新羅王與唐江西高大夫湘狀

昔貞觀中太宗文皇帝手詔示天下曰今欲巡幸幽
薊問罪遼碣盡爲句麗曠俗千紀亂常逐振天誅爾
清海徵武功既建文德丕修因許遠人亦隨貢士以
此獻遠家而無媿家邊界而有期惟俟句麗今烏渤

○孤雲先生文集卷之一　　　　　　　　　　王

海愛從近歲繼忝高科斯乃鍊外方義表大誠表大
國無私之化躍涉於賤鶏貴賤或類於披沙揀金靖
秣崔侍郞披寶貢兩人以渤海烏照度爲首辞非同
苦卅之傳早已難甘何恨枉劉海照
謂敷揚糠粃當能餔啜糟醨旣致四陲之識永貽一
國之恥伏過大夫手提蜀秤心照秦臺作蟾桂之主
人顧鶏林之士子特令朴仁範金渥兩人雙作飛龍
對躍龍門許列靑襟同趨絳帳不容醜虜有玷仙科
此實奉太宗逐惡之心守宣尼擇善之旨振嘉聲於
驚出浮音氣於緄漠伏以朴仁範苦心爲詩令渥克

순에 빠진다. 발해는 어렵게 통일한 삼한을 분열시키고 통일을 깨뜨린 국가이기 때문이다.

하지만 신라나 발해는 물론, 중국 등 한반도 주변국 그 어느 역사적 자료에도 "발해가 신라를 배반하고 독립했다"라고 기록한 것은 없다. 고구려의 후예들이 (말갈과 연합하고 당에 반란을 일으켜) 발해를 세웠다는 식으로 기록하고 있다.[113] 그렇기 때문에 발해는 초기의 모든 전쟁을 당나라와 치러야 했다. 『삼국사기』만 봐도 「신라본기」에 발해가 처음으로 등장하는 것은 발해가 698년에 건국하고 30여 년도 더 지난 733년(성덕왕 32년 기록) 때였음은 앞에서도 여러 차례 살폈다.

생각해보자. 한국사학계의 주장처럼 신라인들이 고구려를 포함한 삼한을 '통일했다'고 생각했다면 어떻게 고구려의 옛 땅을 차지한 발해의 건국에 대해 신라인들은 이토록 무관심할 수 있었을까? '신라인들의 기록'에서는 말할 것도 없고, 어찌 『삼국사기』에 발해의 건국에 대해 단 한 줄도 언급이 없을까?

이는 신라인들이 삼한을 통합했다고 기록했을 때의 '삼한'에는 고

---

113 발해의 건국을 '신라의 분열'이라는 측면에서 언급한 '신라인들의 기록'은 없다고 앞에서도 밝혔다. 다만 최치원은 발해가 고구려의 후예라는 사실은 여러 기록에서 남겼다. 「예부에서 상서를 맡고 있는 배찬에게 올린 글」, 「헌강왕이 당나라 강서에 사는 대부 직함을 가진 고상에게 보낸 글」, 「태사 시중에게 올린 글」, 「발해가 (당나라가 마련한 외교석상에서) 신라보다 상석에 앉지 못하도록 당 황제가 조치한 것에 대해 감사하며 효공왕이 올린 표문」 등 4건의 글이 그런 경우이다.

『삼국사기』에는 발해의 건국에 대해서는 전혀 언급이 없다. 반면 『삼국유사』는 '말갈과 발해'에서 각종 옛 기록을 인용하며 발해를 "말갈의 별종(渤海乃靺鞨之別種)"이면서 고구려의 후예로 기술했다.

구려, 혹은 고구려의 옛 땅이 포함되지 않았음을 의미하는 것이다. 그랬기에 신라인들에게 발해의 건국은 '삼한 통합 국가'로서의 신라의 정체성에 어떤 영향도 끼치지 않았던 것이다. 이 때문에 발해의 건국에는 별다른 기록조차 남기지 않았던 것이다.

신라는 발해의 성립을 내심 바랐는지도 모른다. 고구려와 백제가 멸망한 직후 한반도 전체를 자신의 영토로 삼으려는 당의 마각을 경험하며 역사 이래 가장 어려운 싸움을 8년 가까이 겪었던 신라로서는 당과의 '완충지대'가 필요했을지도 모른다. '삼한 통일'에 가장 방해가 됐던 것은 발해가 아니라 당이었기 때문이다. 신라인들이 그토록 열망했던 '삼한 통일'에서 삼한은 당 태종이 648년 당나라를 방문한 김춘추에게 했던 약속처럼 '평양 이남의 백제 땅'에 국한됐던 것인데, 이를 방해하려던 세력은 다름 아닌 당이었기 때문이다. 이는 추후 『삼국사기』 기록을 검토하면서 다시 한 번 살피기로 하자.

당 황제가 조서 두 함을 내린 것에 감사를 표시한 정강왕의 표문[114]
(謝賜詔書兩函表)

(서기전 3~서기전 2세기의 중국이 혼란스러울 때에 중국인들이 한반도로 많이 넘어왔던 것으로 미뤄 볼 때) 진한(辰韓)이라는 이름은 진한(秦韓)의 잘못이다.

---

114 원문과 번역문은 '한국고전종합DB' 인용.

是以辰韓誤秦韓之名

당 황제가 신라에 조서를 보낸 것에 대해 정강왕이 감사함을 표시하며 올린 표문이다. 문장 중간에 "신(臣)[115]의 돌아간 형인 정(晸)"이라는 글귀가 있어서 표문을 올린 이는 정강왕임을 알 수 있다. 『삼국사기』에는 헌강왕의 이름은 정(晸)으로 경문왕의 맏아들이었으며, 정강왕은 경문왕의 둘째 아들, 그러니까 헌강왕의 동생으로 기록돼 있다.[116] 헌강왕이 죽자 그의 친동생인 정강왕이 즉위한 것이다. 그렇다면 이 글은 정강왕 즉위 직후인 886년 7월 이후 최치원이 정강왕의 이름으로 대필한 것임을 알 수 있다.

최치원은 이 글에서 진(秦)나라와 한(漢)나라가 교체되면서 중국이 혼란스러웠던 서기전 3~서기전 2세기 때에 중국인들이 한반도로 많이 넘어왔다는 것을 이야기한 뒤 "진한(辰韓)이라는 이름은 진한(秦韓)의 잘못이다"라고 이야기한다. 신라를 어떻게 해서든 중국 왕조인 진(秦)나라와 연관시키려 한 신라 왕실의 의도를 엿볼 수 있다.

특히 이 글 중간에는 "(황소의 난이 진압돼) 황제께서 (피난처인) 성도[117]에서 황궁으로 돌아오셨다는 기별을 받았는데 (신라 왕실은 그 소식을 듣고) 기쁨을 가누지 못했다"라고 적고 있다. 신라의 멸망 직전까지도

---

115 신라왕은 당 황제에게 자신을 칭할 때 '신하'라고 했다. 이는 고구려나 백제도 마찬가지였다.

116 『삼국사기』「신라본기」 '헌강왕 조'와 '정강왕 조'. 원문과 번역문은 네이버 '원문과 함께 읽는 삼국사기' 인용.

117 成都, 쓰촨성 청두를 말함.

二年方受大朝寵命封爲渤海郡王邇來漸見侔恩
遐聞抗禮臣海羨潘同列所不忍言屬闔閭用和以爲
前誡而渤海沐之沙礫區以雲泥莫慎守中惟圖犯
上恥爲牛後覬作龍頭安有陳論初無息忌豈拘
於隔座是昧禮於降階伏惟陛下居高勃瑣視彼孔
昭念臣蕃之曠或鼠而可稱牛雖蕣莾而非悵察彼彼
之蔍飽腹而高殿鼠有憚而恣貪承許同事梯航名
令倒置冠履周命之仍舊周禮假周禮夏
位不同等衰斯狂臣國受秦官秩品彼假新柳且名
卿而乃近至先朝駿露優龍戎狄不可厭也彭舜其

不獲奉詣天朝

謝賜詔書兩函表

僅等言臣以兄故國王臣最先蒙陪臣試殿中監金
賀斬集賊菁巢伏蒙聖恩許降勅書兩函別賜獎飾
臣等言本表慶賀先皇帝西幸變福歸闕仍別付表稱

猶病諸遠攀膝國之平自取爲王之誚向非皇帝陛
下英襟獨斷神筆橫批則少權花鄉廉讓自沉櫂矢
國毒媲祖之嘉言同曉自此八裔絕躁求之望萬邦
東曹媲祖之嘉言同曉自此八裔絕躁求之望萬邦
無安動之徒確守成規靜銷紛競臣伏限統我海徼

者爲輪上處礜祥飛來分輝滋絶域之愛感化激佳
城之恨中媲臣以當國昔者周秦質代燕趙多厚佳
入猶合浦珠移去壯士若延津劍化來膏興邑洛助
守藩隔是以辰韓誤秦聲之名樂浪擾浪之字但
爲孤書餘幾猶隨避地之徒師古成規父昧移風之
衛是處衢亍尋之變何人傳五色之毫國語孝經殊
氓生知老教雅善秦言茂才何翅錦銹普話則實
餘袞求故得身文耀俗心畫超倫每慚烏鳥外之臣
惟願逐壺中之客形于歌咏嘆噫至如虞松五

守之難免求於鍾會谷永萬傑之易見賞於王充末
過已知顙希自試頃希先皇帝龍狩錦川言歸
絳闕又聞東諸齊驅虎豹鵰鵰鸕難勝州酇歸
歡冀寫由衷之觀兼奏口絕技詞雄粗殊西北
之流龍期至海旦未撣東南之美敢望動天而仰蒙
睿慈俯念忠款遠飛還詔特越常規鸞鳳雙重佩影
指籠山之路虯龍一札聯行八蝶水之鄉是乃有天
降無價之珠繫國爲不朽之榮伏觀詔首卽文曰必
在東心彌固服義不忘勉修正朔之儀用契車書之
美其使赫曦之績首冠於他方霈需之恩常溥於一闡

사사조서양함표(謝賜詔書兩函表)

신라 왕실과 지식인들이 당나라에 어떤 외교적 자세로 임했는가를
알려주는 대목이다.

당나라에 대한 신라 왕실의 태도가 시종일관 이와 같았다는 것을
고려한다면, 7세기 후반기 신라가 당나라 사신에게 "태종 무열왕이
삼한을 통일했다"고 표현할 때의 '삼한'이 어디를 가리키는 것인지
는 다시 한 번 분명해진다. 고구려의 옛 땅이 포함됐을 가능성은 사
실상 없다고 봐야 한다. 당나라에 항상 '약세'를 보인 신라 측에서, 당
나라가 당시 차지하고 있던 지역을 신라가 차지했다고 이야기할 수
는 없었을 것이기 때문이다.

태사시중에게 올린 글[118]
(上太師侍中狀)

1. 삼가 아뢴다. 동해 밖에 세 나라가 있었는데, 마한과 변한과 진
   한이다. 마한은 고구려이고, 변한은 백제이며, 진한은 신라이다.
   伏以東海之外有三國 其名馬韓卞韓辰韓 馬韓則高麗 卞韓則百濟
   辰韓則新羅也

2. 정관(중국의 연호, 627~649년) 시절에 우리 당 태종황제께서 여
   섯 군대를 친히 거느리고 바다를 건너 하늘의 뜻을 받들어 (고
   구려에) 벌을 내렸다.

---

118 원문과 번역문은 '한국고전종합DB' 인용.

貞觀中 我太宗皇帝親統六軍渡海 恭行天罰

3. 우리 무열대왕이 견마의 노력을 다해 이 나라의 난을 평정하는
   것을 돕겠다며 당 조정에 알현을 청한 것은 이때부터였다. 그
   럼에도 고구려와 백제가 예전처럼 나쁜 짓을 일삼자 무열왕은
   고구려와 백제 정벌을 위한 향도가 되겠다고 자청했다.

   我武烈大王 請以犬馬之誠 助定一方之難 入唐朝謁 自此而始 後
   以高麗百濟踵前造惡 武烈王請爲鄕導

4. 고종 황제 현경 5년(660년)에 소정방에게 조칙을 내려 열 개 도
   (道)의 강병과 누선[119] 1만 척을 이끌고 가서 백제를 대파하게
   했다. (……) 총장 1년(668년)에는 영공 이적[120]에게 명하여 고
   구려를 격파하게 하고

   至高宗皇帝顯慶五年 勑蘇定方統十道强兵 樓船萬隻 大破百濟
   (……) 摠章元年 命英公李勣破高句麗

5. 고구려의 잔당이 북쪽에 있는 태백산 아래에 모여서 국호를
   발해라고 했다.

   高句麗殘孽類聚 北依太白山下 國號渤海

6. 오늘날에 이르기까지 3백여 년 동안[121] 한 지방이 무사하고 창

---

119 樓船, 이층으로 집을 지은 배.

120 당나라가 고구려를 멸망시킬 때 최선봉에서 활약했던 영국공(英國公) 이적(李
勣, 594~669년)을 신라인들은 때로 '영공'으로 높여 불렀다. 『신당서』나 『구당
서』에는 이적에게 내린 봉호(封號, 임금이 내려준 호)를 '영국공'이라고 기록했
다. 영공 혹은 영국공이라는 봉호는 황제가 내려준 일종의 이름이다. 요즘 말로
하면, 홍길동이라는 이름 대신 '홍 장관'이라고 부르는 식이다.

121 정확히는 2백여 년간이다. 각주 49번 참조.

해가 편안한 것은 바로 우리 무열대왕의 공이라고 할 것이다.

至今三百餘年 一方無事 滄海晏然 此乃我武烈大王之功也

최치원이 885년 신라로 귀국해 활동하다가 당나라에 사신으로 파견됐을 때 당나라의 태사시중(재상)에게 "신라 사신단에 숙식과 이동의 편의를 제공해달라"며 올린 글이다. 『삼국사기』 '최치원 전'에 따르면 이 글을 쓴 시기는 893년 이후 정도로 기록돼 있다.[122]

이 글은 여러 면에서 논쟁거리를 던진다. 아울러 최치원의 정리되지 않고 혼란스러운 통일과 국경에 대한 인식을 극명하게 보여준다.

우선 이 글에서 최치원은 "마한은 고구려이고 변한은 백제이며, 진한은 신라"라고 이야기한다. 삼한이 삼국으로 변했다고 기록한 것이다. 한국사에서 '삼한=삼국론'을 최초로 펼친 이는 최치원이었던 것이다. 그리고 이 논리에 따른다면 '삼한 통일'은 '삼국 통일'과 같은 의미일 수밖에 없다. 많은 역사학자들이 최치원의 이 글을 논거로 삼아 신라인들도 '삼한=삼국'을 받아들였으며, 따라서 '삼한 통일'과 '삼국 통일'은 동일한 것이라고 주장하고 있다.

그런데 그는 다시금 (마한이 변해서 생긴) 고구려의 잔당이 발해로 바뀌었다고 이야기한다. 그러고는 "오늘날에 이르기까지 3백여 년 동안 한 지방이 무사하고 창해가 편안한 것은 바로 우리 무열대왕의 공이라고 할 것이다"라고 말한다. 통일을 이룬 왕으로 태종 무열왕을 꼽은 뒤, 신라의 통일이 계속 이어지고 있다고 이야기하는 것이다.

---

122 『삼국사기』 '최치원 전'. 네이버 '원문과 함께 읽는 삼국사기' 인용.

臨淄之境乘夷而作牧豈裕千駟馬之名指管妄
以為寶敎五殺羊之禮美聲能大斯命匪遙佇連
耀於六陛承施恩於千里某依栖宇下密邇臺中裨
海雖溟順風斯托永言瞻稱不揖斯須其他并令所
司各具公牒證曰

上太師侍中狀

伏以東海之外有三國其名馬韓卞韓辰韓馬韓則
高麗卞韓則百濟辰韓則新羅也言昔者濟金盛之
時強兵百萬南侵吳越此撓幽燕齊魯為中國巨蠹
隋皇失馭由於征遼貞觀中我太宗皇帝親統六軍

〈孤雲先生文集卷三〉
五

渡海肅行天罰高麗良威請和文皇受降回蹕我武
烈大王請以犬馬之誠助定一方之難八唐朝謂我
此而始後以高麗百濟前造張武烈王請兵鄉導
至高宗皇帝顯慶五年粉蘇定方統十道強兵樓船
萬艘大破百濟以其地置扶餘都督府招輯遺氓
莅以漢官以臭味不同屢聞離叛遂徙其人於河南
摠章元年命英公勣破高句麗置安東都督府至
儀鳳三年徙其人於河南隴右高句麗殘孽類聚北
依太白山下國號渤海開元二十年怨恨天朝將兵
掩襲登州殺刺史韋俊於是明皇帝大怒命內史高

品荷行成大僕卿金恩蘭發兵過海攻討仍就加我
王金某烏正太尉持節充寧海軍事鷄林州大都督
以冬滾雲厚蕃漢苦寒湫命廻軍至于三百餘年一
方無事滄海晏然此乃我武烈大王之功也今致遠
儒門末學海外凡材謬奉表章來朝輸土凡有誠懇
禮合按陳伏見元和十二年本國王子金張廉風飄
至明年下岸浙東某官發送入京中和二年八月使
金直諒烏叛臣作亂道路不通遂於楚州下岸遷遊
至楊州得知聖駕幸蜀高太尉差都頭張儉監押送
至西川已前事分明伏乞太師侍中俯降台恩特

〈孤雲先生文集卷三〉
王六

賜水陸券牒令所枉供給舟船熟食及長行鹽馬
料并差軍將監送至駕前此所謂太師侍中姓名亦
不可知也不度涯分貫瀆嚴威下悄不任戰恩戀德
兢惕戰懼之至

啓

上襄陽李相公讓館給啓

遠啓伏以孔聖絕根乃興識於濫矣孟軻傳食曾
致開於泰乎斯乃志在屬厭心無苟得每尊言於知
足常勵節於貴躬伏念致遠四郡族微七州學淺俯
習先王之道雖自勤修俯瞻夫子之牆固難窺詞今

상태사시중장(上太師侍中狀)

이 지점에서 최치원의 혼란이 선명하게 드러난다. 최치원뿐 아니라 모든 신라 사람들은 '신라가 삼한을 통일했다'는 데 이의를 달지 않았다. '신라의 삼한 통일'은 숱한 신라인들의 기록에 등장한다. 한데 최치원은 이 장면에서 '신라인으로는 최초로' 이렇게 말한다. 마한이 변해서 고구려가 됐고, 고구려의 잔당이 모여 발해가 됐다고. 그러고는 이렇게 덧붙인다. '통일을 이룬 왕은 태종 무열왕이었고, 그가 이룩한 통일은 지금도 유지되고 있다.' 그렇다면 '신라의 삼한 통일'은 도대체 어떤 의미가 되나?

그의 논리상의 모순점을 필자가 질문자가 되어 최치원과 가상의 대화 형식으로 하나씩 짚어보자.

최치원 태종 무열왕이 삼한을 통일했다.

필자 그럼 고구려는 뭐가 되나? 삼한에는 당연히 고구려가 포함되지 않는 거네?

최치원 아니, 마한이 변해서 고구려가 됐어!

필자 그럼 어떻게 삼한 통일을 이룬 왕이 태종 무열왕이 되나? 무열왕이 죽은 661년에는 고구려가 국가로 존재하고 있었는데?

최치원 어쨌든 그래. 그리고 고구려가 변해서 발해가 됐어.

필자 그럼 삼한의 한 축인 옛 마한 지역은 신라가 잃어버린 거네? 그 땅을 발해가 차지했으니까. 그럼 삼한은 다시금 분열된 것이네?

최치원 아니, 신라의 삼한 통일은 맞아. 그것은 현재도 유지되고 있어. 봐, 우리나라는 무열왕의 통일 이후 3백여 년간 평안하잖아!

필자 마한이 변해서 발해가 됐는데, 어떻게 삼한 통일이야? 백번 양보해도 삼한의 재분열이지. 한데 왜 귀하는 삼한의 재분열이라는 표현을 단 한 번도 쓰지 않아?

최치원은 신라의 통일과 국경에 대한 인식에서 무논리의 극치를 보여준다. 우리 역사상 최고의 천재 중 한 명으로 꼽히는 최치원이 왜 이런 무논리에 빠졌을까?

676년 신라는 당의 마각을 물리치고 평양 이남의 한반도 중남부 지역을 통일했다. 그런데 최치원의 「태사시중에게 올린 글」의 논리대로라면, 신라가 마한의 후예인 고구려까지 포함한 삼한을 통일했는데 고구려의 잔당들이 신라에 반란을 일으키며 발해가 됐다! 그의 논리대로라면 삼한은 다시금 분열됐다는 이야기가 된다. 마한이 고구려가 됐고, 옛 마한을 포함한 삼한을 신라가 통일했는데 고구려의 땅(마한의 땅)을 발해가 차지했으니 당연히 삼한의 통일은 깨진 것이다.

한데 왜 고구려의 잔당이 신라에 반란을 일으키며 발해가 된 과정에 대해 최치원은 물론 어느 신라인도 현재 남아 있는 사료 어디서도 언급하지 않았던 것일까? 마한이 고구려로 변했다면, 발해 역시 마한이며 698년 발해가 건국했을 때 '삼한 통일'은 깨진 것이다. 한데 최치원은 물론 어떤 신라인들의 기록에도 "발해의 건국으로 삼한의 통일이 깨졌다"라고 적은 글은 없다.

한술 더 떠 최치원은 이 글에서 "오늘날에 이르기까지 3백여 년 동안 한 지방이 무사하고 창해가 편안한 것은 바로 우리 무열대왕의 공이라고 할 것이다"라고 이야기함으로써 '삼한의 통일과 편안'은 이 글을 쓰고 있는 893년쯤에도 여전히 유지되고 있다는 식으로 기록하고 있다. 도대체 최치원은 무슨 이야기를 하고 있는 것일까?

최치원은 이 글에서 태종 무열왕, 즉 김춘추는 고구려와 백제 정벌을 위해 당나라의 '향도(鄕導)'가 되겠다고 자청했다고 적었다. '향도'는 좋게 말해 길을 안내하는 사람이지만, 나쁘게 이야기하면 '앞잡이'이다. 신라를 괴롭히는 고구려와 백제의 멸망을 위해 훗날 일국의 왕이 될 사람조차 당나라의 '향도'를 자청할 정도였다. 그 정도로 신라는 고구려와 백제의 멸망에 지대한 힘을 쏟았다. 한데 이 글에서 보이는 최치원의 논리대로라면, 마한의 옛 땅에서 반란이 일어나 발해가 되고 삼한 통일을 이룩한 신라가 다시 분열됐는데도 최치원은 '삼한의 통일과 편안'은 유지되고 있다고 강변하고 있는 것이다.

'삼한'과 '삼국' 그리고 '통일'과 관련한 최치원의 역사·지리 인식상의 혼돈은 이처럼 쉽게 확인할 수 있다. 그는 마한이 고구려로 변했고, 고구려가 발해로 변했다고 이 글에서 이야기했으면서도 〈쌍계사 진감선사탑비〉에서는 "성스러운 당나라가 네 개의 군(고구려)을 차지했다"고 했고, 「예부에서 상서를 맡고 있는 배찬에게 올린 글」에서 배찬이 자신을 874년 빈공과에서 수석으로 뽑아줌으로써 삼한의 땅에 이 영광이 멀리 퍼지게 됐다고 했다. 그의 모든 글에서 삼한은 여전히 '통일'된 상태로 묘사되고 있다.

그러면 발해는? 발해인 오소도가 신라인을 제치고 당나라 빈공과에서 수석을 차지했을 때 최치원이 '신라의 수치'라고 여러 차례 언급했던 것으로 봐서 최치원에게 발해는 '신라에게 통합된 땅'은 아니었다. 결국 '삼한'은 7세기 중엽 이후 신라가 차지한 영토, 그러니까 '평양 이남'의 한반도 중남부 지역이었을 뿐이다. 그렇기에 자신이 빈공과 수석을 했을 때 그 영광이 발해를 포함하지 않은 삼한 지역에 퍼질 수 있었던 것이다.

한데 최치원은 〈봉암사 지증대사탑비〉에서는 "신라가 삼국을 통일했다"라고 기록하기도 했다. 반면 또 다른 탑비문이나 당나라에 보낸 글에서 여러 차례 백제와 고구려를 멸망시킨 것은 당나라라고 이야기하기도 했다. '통일'과 관련해서 신라가 영웅으로 떠받드는 태종 무열왕, 즉 김춘추는 당나라의 향도였을 뿐이라고도 했다.

「태사시중에게 올린 글」에서 보이는 삼한과 삼국의 관계, 그리고 고구려와 백제를 누가 멸망시켰는가에 대한 그의 장황하고 앞뒤가 맞지 않는 여러 문장을 보노라면, 최치원의 신라의 통일과 국경에 대한 인식에서 일관성을 찾기란 불가능함을 확인할 뿐이다. 바로 그 점에서, 「태사시중에게 올린 글」에 등장하는 "마한은 고구려"라는 글귀 하나만으로 신라인들은 삼한을 삼국으로 생각했으니 삼한 통일이나 삼국 통일은 같다고 주장하는 것은 최치원의 비논리와 모순의 한 단면만 극단적으로 수용한 것일 뿐이다.

발해가 (당나라가 마련한 외교석상에서) 신라보다 상석에 앉지 못하도록 당 황제가 조치한 것에 대해 감사하며 올린 표문[123]
(謝不許北國居上表)

이 표문 내내 최치원은 발해를 북국(北國)으로 표현하면서 발해는 본디 고구려의 조그마한 부락으로, 고구려의 유민과 말갈이 합세해 세운 나라라고 비난한다.

897년 7월 발해가 당나라에 왕자 대봉예를 보내며 '당나라와 외국 사신이 만나는 자리에서 발해가 신라보다 상석에 자리하도록 요청한다'는 글을 올렸다. 이에 대해 당나라는 '외국 사신의 위치는 현재의 국력으로 평가하는 게 아니라 그동안의 관례대로 하는 게 당연하다'며 발해의 요청을 묵살했다. 이에 대해 신라 효공왕이 감사의 편지를 당 황제에게 보냈는데, 이를 최치원이 대신 작성한 것이 이 표문이다.

이 글에서 최치원은 발해를 '북국'이라 부르며, 애초 발해는 고구려의 조그마한 부락으로 출발해 온갖 악행을 일삼다가 나라를 세울 때 추장 대조영이 신라로부터 '대아찬'이라는 벼슬도 받았다고 적었다. 요즘 말로 한다면, 개국 당시에는 신라로부터 벼슬을 받기도 한 보잘것없는 발해가 그로부터 2백 년 가까이 지나 신라보다 나은 대접을 당나라로부터 받으려 하니 괘씸했는데, 당 황제께서 '교통정리'를 해주시니 감사하다는 글이었다.

신라가 발해를 언급할 때 '북국'으로 불렀음은 『삼국사기』 원성왕

---

123 원문과 번역문은 '한국고전종합DB' 인용.

山益境三師之秩故請東海惟欽百行之先所冀諸
疾章則永作國章孝子傳則少禆家傳希騏於以親
九狄叔坦庶幾刻鏤於有懷二人臣嶢仰止伏限畢
栖四郡追慚九原不獲奔諸天庭泣謝雲陛

謝不許比國居上表

臣某言臣得當番宿衛院狀報去乾寧四年七月渤
海賀正王子大封裔進狀請許渤海居新羅之上伏
奉勑旨國名先後比不引強弱而稱朝制等威含
以感衷而改宜仍爲指準此宣示者編飛漢詔綸揮
周班積新之愁歡既銷棠棣之懽競轉筠天照膽

孤雲先生文集卷上

何地容身中朝臣顧貴不忝其本是戒浮虛書稱
克愼厥猷惟防禦越己自櫻其海尤
臣謹按渤海之源流也句驪未滅之時本爲疣部
落靺鞨之屬囊衆有徒是名粟末小蕃嘗逐句驪內
徙其首領乞四羽及大祚榮等至武后臨朝之際自
營州作孽而逃輕據丘始稱振國時有句驪遺燼
勿吉雜流菉音則嘯義則喧張黑水始與
契丹濟惡旋扰突厥通謀萬里耨苗累拒渡遼之轍
十年食葚晚陳降漢之旗初建邑居來憑陵援其會
長大祚榮始受臣藩第五品大阿餐之秩後至先天

二年方受大朝寵命封爲渤海郡王邇來漸見佸恩
遽聞抗禮臣藩稱藩同列所不忍廣簡用和以爲
前誠而渤海汰之沙礫區以雲泥莫愼于中惟圖犯
上恥爲牛後觊作龍頭姿有喙論初無爰忌乎拘欷
於隔座是昧禮於降階伏惟陛下居高勣涉視遠孔
昭念臣番之驥或鼠而鼸而恣貪求許同蕈梯航不
之麼飽腹而高颺鼠可稱牛雖靡而非梁煉夏
令倒置冠德開當府之仍舊駛周命之惟揶揄且名
位不同等衰斯柱臣國受奉官極品俊番假頹禮夏
卿而乃近至先朝駿優寵戎狄不可厭也兗奔其

孤雲先生文集卷上

猶病諸逵擊縢國之爭自取葛王之誚向非皇帝陛
下英襟獨斷神筆橫批則必權花鄉廉讓自沉楷矢
國毒彌愈感今者遠紹興越漢文之渡意融春罷省
東曹覷祖之嘉言同曉自此八裔絕躁求之望萬邦
無妄動之徒確守成規靜銷紛競臣伏限統戎海徼
不獲奔諸天朝

謝賜詔書兩函表

臣某言臣以兄故國王臣最先臺陪臣試殿中監金
僅等奉表慶賀先皇帝西幸鑾駕歸闕仍別付表稱
賀斬梟賊黃巢菓伏蒙聖恩許降勑書兩函別賜獎飾

사불허북국거상표(謝不許北國居上表)

© 한국고전종합DB

6년(790년) 3월 기록과 역시 『삼국사기』 헌덕왕 4년(812년) 9월 기록에서도 확인할 수 있다.[124] "사신을 북국으로 보냈다"라고 적었기 때문이다. 이 장면에서 '북국'의 의미를 찬찬히 살펴보자. 오늘날 우리가 대한민국과 조선민주주의인민공화국을 각각 남한이나 북한이라고 부를 때, 그 속에는 통일이라는 의미가 내포돼 있다. 두 나라 모두 독립된 주권국이지만 언젠가는 통일돼야 할 나라이므로 '남쪽의 한국'과 '북쪽의 한국'이라는 의미에서 남한과 북한이라 부르는 것이다. 북한에서 남한과 북한을 남조선, 북조선이라 하는 것도 같은 맥락이다.

신라가 발해를 북국이라 부른 것도 이런 의미였을까? 신라와 발해가 분립돼 존재했던 시절을 '남북국시대'라고 일부 한국사학자들이 부르는 것처럼, '신라와 발해가 남북으로 나뉘어졌지만 언젠가는 통일돼야 한다'는 의미에서 신라가 발해를 '북국'으로 불렀을까?

한마디로 오산이다. 이 문장에서 '북국'은 '북쪽의 오랑캐 국가', 즉 '북적(北狄)이 세운 국가'라는 뜻이다. 『삼국유사』 '효성왕'에는 "733년 당나라 사람들이 북적(北狄)을 치기 위해 신라에 군사를 요청했다"[125]는 기록이 나오는데, 이때의 북적이 발해이다. 신라를 '남국(南國)'으로 부르는 것의 대칭적 표현으로 발해를 '북국'으로 부른 것이 아니라는 뜻이다. 최치원은 이 글에서 신라를 '당나라의 신하의 나라'(신국[臣國] 혹은 신번[臣蕃])로 여러 차례 부르며 발해와 차별을 두고 있다. 발해와 대비해서 신라를 '남국'이라고 부른 적도 없다. 이 글

---

124 네이버 '원문과 함께 읽는 삼국사기' 인용.

125 네이버 '원문과 함께 읽는 삼국유사' 인용.

뿐 아니라 어떤 신라 기록에도 신라와 발해를 각각 남국과 북국으로 대비해서 부른 적이 없다.

신라와 발해가 9세기 후반에 서로에게 적대감을 가졌음은 여러 차례 살폈다. 하지만 어떤 신라 기록에도 '발해가 신라 땅에서 배반을 일으켜 나라를 세웠다'는 표현은 없다. 그리고 발해의 성립에 대해 '우리 땅이 다시금 분열됐다'고 안타깝게 기록한 문장도 없다. 지금까지 확인된 어느 신라 기록에도 발해가 통일 혹은 통합의 대상이 된 경우는 없다. 이는 신라인들이 한 차례도 '발해가 차지한 땅', 즉 고구려를 통합했다고 생각한 적이 없음을 드러내는 것이다. 그리고 그 상태에서 충분히 만족했음을 나타내는 것이다. 그 땅은 그저 '오랑캐가 차지한 땅'이었을 뿐이다. 신라의 '통일과 국경에 대한 인식'을 종합적으로 살펴볼 때 '삼한 통일'이라고 했을 때의 '삼한'에는 고구려의 옛 땅이 들어가 있지 않았다는 뜻이 된다.

당에서 공부하는 학생을 신라로 보내주기를
당나라 조정에 부탁하는 글[126]
(奏請宿衛學生還蕃狀)

신이 삼가 생각건대 신라는 진한(秦韓)이라고 칭해지고……

右臣伏以當蕃地號秦韓……

***

[126] 원문과 번역문은 '한국고전종합DB' 인용.

효공왕이 당나라에서 공부하는 학생 김무선 등 네 명을 신라로 보내주기를 당 조정에 요청한 글로 최치원이 대필한 것이다.

　이 글은 효공왕 즉위 직후인 898년에 지은 것으로 추정된다. '신의 돌아가신 아버지인 정(晸)이 김근을 경하부사[127]로 삼아 당 조정에 보냈을 때 유학생으로 보낸 김무선 등이 공부한 지 이미 10년의 기한이 찼으므로 하정사인 급찬 김영의 배에 태워서 신라로 보내주소서'라는 표현을 통해서이다.

　『삼국사기』 헌강왕 조에 따르면 헌강왕의 이름은 정(晸)이었다. 또 헌강왕의 아들로 왕이 된 이는 효공왕밖에 없는 것으로 『삼국사기』에 기록돼 있다. 효공왕은 진성여왕에게서 897년 6월 왕위를 물려받는다.

　헌강왕이 보낸 '경하부사'는 『삼국사기』 기록을 토대로 볼 때 황소의 난이 평정된 것을 기념하기 위해 885년(헌강왕 11년 10월)에 보낸 사신단을 말하는 것으로 보이며, '이로부터 이미 10년이 지났으니 하정사의 귀국 배편으로 유학생을 보내주소서'라는 표현으로 볼 때 문장 작성 시기는 효공왕 즉위 직후인 898년으로 추정되는 것이다.

　「당 황제가 조서 두 함을 내린 것에 감사를 표시한 정강왕의 표문」에서처럼, 최치원은 이 문장에서도 신라는 '辰韓(진한)'이 아니라 '秦韓(진한)'이라고 이야기한다. 신라와 중국의 역사적 관련성을 다시금 강조한 것이다. 신라는 그런 방식으로 중국 왕조에 대응할 수밖에 없었다. 그것이 패권 국가를 대하는 상대적 약자의 존립 방식이었다. 이는 지금 살피고 있는 「당에서 공부하는 학생을 신라로 보내주기를

---

127 慶賀副使, 무언가를 축하하기 위해 보낸 사신.

有絃歌之聲以此臣番鴻漸者隨陽是急蟻衛者蕉
蠅切競攜持而避亂領葡萄以投仁臣今差前件
學生等次首領充倹令隨賀正使守君部侍賦級餐
金顏船次赴闕習業兼充宿衛衍其舊慎之一年輒材慚
美價而業嗣良弓用之則行利有依住輒以多烏貴
者宣示遠赴於禮乎金鵄則已均湾況譚書糧則竊
生枉中華歷於兩代可承堂橫色塹家聲臣敢以與
觀洪恩且千里之行蒙賚賓猶炎於三日十年萬活濟
竊惟仰於九天幸遇聖朝誕敷文德伏乞愍撑鍾之

孤雲先生文集卷之一　二十

判官檢校祠部中崔元八朝學生麥鄴峯事例新
生飢特賜宣下鴻臚寺准云龍紀三年隨賀登極使
無力遊學碧乞有心秉慈於磁石引針周慈於浮埃
京兆府支絵迄月書糧兼乞冬春賜陽時服所其身
資給學無憂設拄枉中蹄異暗投不媿旅蒇而下更
霑榮於俠續終免苦於易衣臣以目想潤舊鞠鑑賢
乘仰趨丹陛俯表青襟實貴儒宗輕淺宸鑑無住望
恩懷德技歇切璀之至

表請宿衛學生四人今錄年

新羅國當國先臣表奏宿衛習業學生四人今錄年

限已滿伏請放還謹錄姓名表聞如後
右臣伏以當番地號奏韓道欽郇蔦然尚殷父師之
歌難和熱則梯航執禮每願勤修邊豆司柱潑慚愕
批若慮耗關中之米無因接席上之珍故臣公父先
朝之日差發前件學生金茂先赴慶賀習業兼充宿衛
臣贈太傅段遺陪臣試殿中監金僅充慶賀使便八
其集逸雀匡裕二人金僅雨叩王階請罷學問之恩
允許得雨雕採遵浩雲鴻定乘大成收二物衙泥海藈
久汚雕採遵浩雲鴻定乘大成況乃國境尚多艱亂
家親切待放歸雖乘鴻定還舊路況乃國境尚多艱亂
冀試搏膠之功伏乞愍恤依故事特賜宣付當國

孤雲先生文集卷之一　王

金茂先楊穎
崔渙崔匡裕

당나라 조정에 부탁하는 글(奏請宿衛學生還蕃狀)」에서도 명확히 드러난다. 이 글에서, 효공왕은 자신을 당 황제의 신하라고 자칭했을 뿐 아니라, 신라를 '당나라의 신하 나라'라는 의미에서 번(蕃)이라고 표현하고 있다.

　지금까지 신라인들이 직접적으로 남긴 신라인들의 통일과 국경에 대한 인식과 관련한 19건의 '신라인들의 기록'을 살폈다. 이제 신라인들이 남긴 기록을 인용한 『삼국사기』나 『삼국유사』에는 신라인들의 통일과 국경에 대한 인식이 어떻게 기록돼 있는지 살펴보자. 비록 신라인들이 직접 쓴 글은 아니지만 두 책이 신라의 기록을 왜곡했을 가능성은 적다. 또 신라인들이 직접 쓴 사료인 '신라인들의 기록'을 제외할 때 신라인들의 사고를 『삼국사기』나 『삼국유사』처럼 잘 알려주는 자료도 현재로서는 없다. 그렇기에 두 책은 반드시 면밀하게 살펴야 한다.

가자미의 나라 신라

신라인들은 신라를 '가자미의 나라'라고 부르기도 했다. 김유신의 후
손인 진경대사를 기리기 위해 경명왕이 글을 쓰고 924년 건립한 〈진
경대사탑비〉에서 보이는 "우리 바다의 정기를 타고 났다"(鰈水騰精, 접
수등정)라는 표현에서 이를 알 수 있다.*

접(鰈)은 가자미류의 통칭이다. 우리가 흔히 회로 먹는 넙치(광어)
도 가자미목(目)에 속하는 물고기이다. 예부터 한반도 주변에서 가자
미류가 많이 잡히기도 했고, 신라의 생김새가 가자미와 비슷하다고
해서(옛 사람들은 그리 생각했나 보다!) '가자미의 나라'라는 의미에서 鰈
水(접수)라고 부른 것이다. 최치원이 신라 정강왕을 대신해서 쓴「당
황제가 조서 두 함을 내린 것에 감사를 표시한 정강왕의 표문」에서
도 당 황제의 조서가 신라로 온 것을 "접수(鰈水)의 고장으로 들어왔
으니"라고 표현한 것이 보인다.** 신라 이후 고려나 조선에서도 스스
로를 鰈海(접해), 鰈域(접역), 鰈疆(접강) 등으로 부르기도 했다.

물론 최치원은 효공왕 대신 작성한「발해가 (당나라가 마련한 외교석
상에서) 신라보다 상석에 앉지 못하도록 당 황제가 조치한 것에 대해
감사하며 올린 표문」에서 신라를 '무궁화 마을(槿花鄕, 근화향)'이라고
부르기도 했다.*** 신라를 '가자미'로만 부른 것은 아니었다.

---

* 　판독문과 번역문은 '국립문화재연구소 문화유산연구지식포털' 인용.

** 　원문과 번역문은 '한국고전종합DB' 인용.

*** 　원문과 번역문은 '한국고전종합DB' 인용.

··

자존(自尊)과 사대(事大) 사이에서

「발해가 (당나라가 마련한 외교석상에서) 신라보다 상석에 앉지 못하도록
당 황제가 조치한 것에 대해 감사하며 올린 표문」을 보면서 적지 않
은 독자들이 모욕감을 느낄지도 모르겠다. 지금 시각으로 본다면, 이
민족인 당나라 앞에서 '우리 민족'을 깎아내렸기 때문이다. 신라는
당나라를 우리 역사에 끌어들이고 한반도 북부와 만주를 중국에 내
어준 사대주의 국가라며 비판할 이도 있을 것이다. 그리고 이 글을
효공왕 대신 작성한 최치원에 대해서도 그의 지나친 친당(唐)적 행태
에 대해 비난할 사람도 있을 것이다. 하긴 그가 승려 낭혜화상을 기
려 지은 〈성주사 낭혜화상탑비〉에는 이런 내용도 적혀 있다.

> 훗날 태종이 된 김춘추가 648년 당나라에 갔을 때 당 태종께서 역
> 사서를 내려주시는 등 각별한 은총과 두터운 예우를 다하셨다. 이
> 때부터 우리나라가 미개한 나라에서 문명국이 됐다. 선조(김춘추)는
> 우리나라를 문명에 접하게 하셨고, 그의 8대손인 낭혜화상께서는
> 중국 유학 때 배운 것으로 우리나라를 교화시켜 이상적인 나라로
> 변화시켰다.*

요약하면, '중국 덕분에 신라가 미개한 나라에서 문명국이 됐다'는

---

* 판독문과 번역문은 '국립문화재연구소 문화유산연구지식포털' 인용.

내용이다.

천재 중의 천재였지만 세상을 개혁하겠다는 뜻을 이루지 못한 채 은거했기 때문인지 최치원에 대한 후대의 동정은 많다. 그러나 그가 요즘 시각으로 보면 '골수 사대주의자'라는 사실은 그리 회자되지 않는 듯하다.

한국사에서 사대주의의 원조 격으로 치부되는 사람이 김부식이다. 『삼국사기』에서 보이는 그의 친중국관 때문이다. 하지만 최치원의 글을 잘 읽어보면 그가 김부식 못지않은 사대주의자였다는 걸 알 수 있다. 최치원은 분명한 친당파였다. 그에게 신라는 당나라와 비교할 때 보잘것없는 변방의 땅이었다. 그랬기에 그는 신라를 당에 이은 '2등 국가'로만 쳐주기를 당나라 조정에 바랐다.

이는 발해도 마찬가지였다. 발해 또한 신라와 마찬가지로 당나라가 자신들을 당나라에 이어 '2등 국가'로 쳐주기를 바라며 신라와 싸웠다. 당나라가 주재하는 국제 외교석상에서 발해가 신라보다 앞에 있기를 바라는 글을 올렸던 이유도, 당나라가 외국인을 대상으로 치르는 과거인 빈공과에서 발해인이 신라인보다 좋은 성적을 받기를 바란다는 요구를 했던 것도 이런 이유에서였다.

이를 두고 최치원과 최치원에게 글을 작성하도록 한 신라 왕실, 그리고 발해까지 모두 사대주의에 절어 있던 집단이라고 비판할 수 있을까? 일부 연구자들의 표현처럼, 최치원이나 '지나친 사대주의적 입장'을 가진 김부식 등이 지은 글이나 책은 기록으로서 가치가 떨어진다고 이야기할 수 있을까?

그런데 이런 사대주의적 태도가 최치원이나 김부식에게만 해당하는 것이 아니라면 어찌 될까? 이를 위해 삼국시대를 살았던 사람들이 중국에 대해 어떤 태도를 보였고 중국과 어떤 관계를 맺고 있었는가를 '그들이 직접 남긴 기록'을 통해 살펴보자. 과연 삼국시대 사람들이나 그 후대 사람들은 소위 사대주의로부터 얼마나 자유로웠을까?

1971년 발굴로 세상을 떠들썩하게 했던 무령왕릉의 묘지석*은 무령왕을 이렇게 소개하고 있다. 영동대장군 백제사마왕(寧東大將軍 百濟斯麻王). '사마'**는 무령왕의 이름이다. 백제왕 앞에 왜 '장군'이란 호칭이 붙었을까?

521년(무령왕 21년) 무령왕은 중국 양(梁)나라에 사신을 보내 조공했다. 양 고조는 이에 무령왕을 '사지절도독 백제제군사 영동대장군 (使持節都督 百濟諸軍事 寧東大將軍)'에 책봉했다고 『삼국사기』는 기록했다.*** 여기에 등장하는 '도독'이나 '장군' 모두 중국의 황제를 모시는 벼슬아치이다. 백제인들이 백제가 중국과 완벽하게 대등한 나라라고 생각했다면 중국에서 내린 이런 벼슬을 가치 있게 생각하지 않았

---

* 죽은 이의 삶을 돌이나 토기 등에 기록한 뒤 묘지 안에 넣은 것.

** 『삼국사기』 '무령왕 조'에는 무령왕의 이름이 '사마(斯麻)'였다고 기록했다.(원문과 번역문은 네이버 '원문과 함께 읽는 삼국사기' '무령왕 조' 참조) 한데 무령왕의 이름이 왜 '사마'가 됐는지에 대해 일본의 가장 오래된 역사서인 『일본서기』는 웅략(雄略)왕 5년 기록과 무열(武烈)왕 4년 기록에서 이런 식으로 이야기한다. 무령왕의 어머니가 일본으로 가는 도중에 무령왕을 섬에서 낳았기 때문에, 섬의 발음을 따서 '사마'라고 했다.(『일본서기』, 전용신 역, 일지사) 현대 한국어 '섬'과 현대 일본어에서 섬을 의미하는 발음인 '시마', 그리고 무열왕의 이름이기도 한 '사마'를 통해 한일 고대사의 연관성을 따지는 것도 흥미로운 일이 될 것이다.

*** 네이버 '원문과 함께 읽는 삼국사기' '무령왕 조' 인용.

을 것이다. 아니 사신을 보내 조공하지도 않았을 것이다. 대등한 국가 간에 무슨 조공이 필요한가?

게다가 무령왕에게 관작을 내린 양 고조는 중국 통일 왕조의 황제도 아니었다. 중국 남부를 장악한 반쪽짜리 왕조의 지배자였다. 그러나 무령왕을 무덤에 모신 백제 조정은 '백제왕'이라는 표현 앞에 중국의 반쪽짜리 왕조에서 내린 벼슬 이름을 자랑스레 적었다. 이를 두고 당시 백제 조정은 죄다 "사대주의에 빠졌다"라고 비난할 수 있을까? 백제 조정이 자랑스레 무령왕 묘지석에 새겨 넣은, 중국으로부터 받은 관작을 김부식이 백제의 옛 기록을 인용해 『삼국사기』에 그대로 옮긴 것이 사대주의로 비난받을 일일까? 김부식은 삼국시대의 옛 기록을 『삼국사기』에 옮겨 적었을 뿐인데…….

신라 후기에 김헌정(생몰년 미상)이라는 귀족이 있었다. 9세기 초반 시중(요즘으로 치면 수상)을 지냈고, 아들이 훗날 희강왕(재위 836~838년)에 오르기도 했을 만큼 신라 후기 역사에서 주요 인물로 꼽힌다. 813년 경남 산청군 단성면 단속사에 신행선사라는 스님을 위한 비가 서는데 비문을 김헌정이 짓게 된다. 김헌정은 비문에서 자신을 '황제국 당나라의 위위경(궁중에서 병기 관리 등을 맡던 부서의 장관)이며 신라의 국상 병부령이자 수성부령(皇唐 衛尉卿 國相 兵部令 兼 修城府令)'이라고 소개하고 있다.* 자신은 신라 최고 관직에 오르고, 아들은 나중에 왕위에까지 오른 신라 최고 귀족이 자신의 직함을 소개하면서 당

---

*　〈단속사 신행선사비〉. 판독문과 번역문은 '국립문화재연구소 문화유산연구지식포털' 인용.

나라 벼슬부터 밝힌 것이다. 김헌정의 행동을 비난할 생각이라면, 이런 상상부터 해보시라. 서울대와 하버드대에서 각각 박사 학위를 받은 사람이 자신의 명함에 하버드대 학위부터 적는다면 "사대주의에 물들었다"고 비난할 사람이 몇이나 될까?

진경대사를 기려 세운 〈진경대사탑비〉의 문장은 앞서 말했듯 신라 54대 임금인 경명왕이 직접 지은 것으로 유명하다. 그런데 진경대사를 소개하는 탑비문의 첫머리는 "당나라 신라국의 돌아가신 국사인 진경대사탑비……(有唐 新羅國 故國師 諡 眞鏡大師 寶月凌空之塔碑)"로 시작한다. 그냥 '신라국'으로 하면 될 것을 경명왕은 굳이 왜 '有唐(유당)'이라는 표현을 썼을까? 어느 번역문에서도 '유당 신라국'에서 '유당'에 대한 명확한 번역을 하지 않고 있다. 그저 '유당 신라국'이라고 발음 그대로만 옮기고 있다. 이는 솔직하지 못한 자세이다.

신라 임금이 '유당'이라는 표현을 쓴 이유가 있었을 것이다. 그가 '매국노'여서 이런 표현을 쓴 것은 아닐 것이다. 기실 경명왕만 이런 것이 아니다. 최치원뿐 아니라 최언위 등 신라의 많은 지식인들이 숱한 탑비문을 작성하며 '유당 신라국'이라는 표현을 썼다. 이는 고려와 조선에도 이어졌다. '대송(大宋) 고려국'이니 '대원(大元) 고려국'이니 '유명(有明) 조선국'이니 하는 표현들을 비문 등에서 흔하게 볼 수 있다.

이 문장을 번역할 때는 지금처럼 '유당 신라국'이나 '대원 고려국' 등 발음 그대로 번역하지 말고 당시의 시각을 최대한 반영하면서 현대 문투로 바꿔야 한다고 본다. '유당'의 경우 '당나라의 영향 아래 있는'이라고 번역하든, 더 불편한 표현이지만 '당나라의 번국(신하의 나라라는 표현)'으로 번역하든 어쨌든 번역을 해야 한다. 신라는 물론 고구려나 백제의 임금들이 중국 황제에게 글(정확히는 신하가 임금에게 올리는 '표문'이다)을 올릴 때 자신을 '신(臣)'으로 불렀음을 우리는 숱한 기록에서 어렵지 않게 확인할 수 있다. 심지어 고구려 영양왕은 수나라의 1차 침공(598년)이 장마와 폭풍, 전염병 등으로 실패했는데도 사신을 수나라로 보내 자신의 불충을 사죄하며 '요동의 분토신'*이라고 자신을 낮췄다.** 신라 효공왕 역시 「당에서 공부하는 학생을 신라로 보내주기를 당나라 조정에 부탁하는 글」에서 자신을 당 황제의 신하라고 했고, 당나라의 신하국이라는 의미에서 신라를 '번(藩)'이라고 불렀음은 앞에서도 살핀 바 있다. 그 임금들 모두가 나라 팔아먹기에 정신이 팔려서 그런 행동을 하지는 않았을 것이다. 한국사가 낳은 최고 명장 중 하나인 김유신조차도 신라와 당을 '개와 주인'으로 비유하고, 병사들 앞에서 '대국인 당나라의 힘을 빌려 우리가 고구려, 백제 정벌을 위한 전쟁에 나서는데 두려울 게 뭐냐'고 얘기했음은『삼국사기』'김유신 전'만 봐도 알 수 있다.***

그들이 그런 행동을 한 데는 다 현실적인 이유가 있었을 것이다. 물론 '유당 신라국' 같은 표현을 쓰지 않은 신라 지식인들도 있었고, 연개소문처럼 강경하게 중국 통일 왕조에 대항한 이도 있었다. 그것은 그것대로 인정하고 높이 사면 된다. '유당'이니 '유명'이니 하는 표

---

* 糞土臣, '똥 덩어리처럼 쓸모없는 땅의 신하'라는 뜻.
** 『삼국사기』「고구려본기」 영양왕 9년(598년) 9월 기록. 네이버 '원문과 함께 읽는 삼국사기' 인용.
*** 네이버 '원문과 함께 읽는 삼국사기' 인용.

현을 비문에 썼다고 해서, 임금이면서도 중국 황제에게 '신'이라고 자칭했다고 해서 그들을 사대주의자로 싸잡아 배격하지는 말자는 것이다.

요즘처럼 국제법에 의지할 수도 없는 상태에서 기본적으로 힘으로 모든 국제 관계가 결정되던 시절, 신라와 발해는 과연 힘의 논리로 당나라를 상대할 수 있었을까? 오랜 분열을 끝내고 중국을 통일한 수나라가 대외적으로 가장 먼저 손볼 상대로 생각했던 것이 고구려였다. 하지만 고구려는 끝내 수나라가 원하는 만큼 고분고분하지 않았다. 결국 수나라는 네 차례의 고구려 원정을 단행했다. 고구려는 수나라 군대가 먹게 될까봐 들판의 곡식도 죄다 불태우고, 거짓 항복을 거듭하는 등 모든 수단을 동원해 어쨌든 수나라를 물리쳤다. 하지만 곧 등장한 당나라는 결국 고구려를 멸망시켰다. 598년(수나라의 고구려 1차 침공)부터 668년(고구려의 멸망)까지 벌어진 고구려와 중국 통일 제국 간의 '70년 전쟁'을 기억하고 있는 신라와 발해인들이 과연 힘의 논리로 당과 맞설 수 있었을까?

영국의 소설가 레슬리 폴 하틀리(1895~1972년)가 1953년에 발표한 소설 『The Go-Between』의 첫 문장이자, 나중에 이 문장을 1985년에 출간한 자신의 책 제목으로 그대로 인용한 미국의 역사지리학자 데이비드 로웬덜(1923~)의 표현처럼 "과거는 낯선 나라다(The past is a foreign country)". 하틀리가 "과거는 낯선 나라다"라고 표현한 뒤 이어지는 문장에서 얘기했듯 "과거에는 모든 것이 오늘날과 달랐다(They do things differently there)".

중국이 남북조로 분열됐던 시기의 국제질서와, 중원에 통일 왕조가 들어선 이후의 바뀐 국제질서 등에 대한 인식 없이 오늘날 나 자신이 받아들일 수 없다는 이유에서 나와 다른 태도나 입장을 보인 과거의 사람들을 '사대주의적'이라고 폄하하는 것은 과거에 대한 몰이해를 드러내는 일인지도 모른다.

안타까운 것은, 이보다 더한 고민을 21세기 한국 사회는 지속적으로 직면해야 할지도 모른다는 점이다. 낙후됐던 사회주의의 과거사를 뒤로하고 21세기 세계 제국으로 나아가려는 중국과, 중국을 견제하려는 미국 사이에서 우리는 어떤 태도를 취해야 할까? 고고도미사일 방어체계, 즉 사드 배치를 놓고 우리 사회가 보이는 고민은 어느 시대 어느 곳에나 존재했던 고민, 즉 강자 사이에 끼인 상대적 약자가 직면하는 선택의 어려움을 드러내는 일인지도 모른다. 차라리 한 곳이 압도적으로 강하다면 선택의 어려움은 없을 터인데…….

3

『삼국사기』와
『삼국유사』를 통한 검토

통일을 이룬 왕은
태종 무열왕!

'신라인들의 통일과 국경에 대한 인식'을 알기 위해서는 신라가 고구려와 백제를 멸망시키기 위해 640년대부터 당나라와 어떤 관계를 맺었는가부터 살펴야 한다. 신라가 당과 어떻게 손잡았으며 그 과정에서 어떤 관계를 맺고 있었는가를 살피는 것은 신라인들의 통일과 국경에 대한 인식을 제대로 이해하기 위한 필수 조건이기 때문이다.

  이를 알아보기에 앞서 한 가지 짚고 넘어갈 것이 있다. 이는 『삼국사기』를 검토하는 자세와 연관돼 있다. 『삼국사기』는 지나치게 중국에 대해 사대주의적으로 썼기 때문에 사료로 가치가 떨어진다거나, 믿을 바가 못 되니 비판적으로 읽어야 한다는 주장에 대한 것이다. 사료로 가치가 떨어진다고 본다면 그 연구자는 『삼국사기』 없이 우리 고대사를 연구하면 된다. 그러려면 고구려나 신라 그리고 백제에 대해 할 수 있는 이야기는 현재까지 전해지는 당시의 유물을 통해서 하는 수밖에 없다. 중국인이 쓴 역사서로 우리 역사를 연구할 수는 없는 노릇이다. 그것은『삼국사기』보다 우리 역사를 더 왜곡했을 가능성이 높으니까. 그랬을 때 우리 고대사 연구는 대부분 공백으로 남을 것이다.

필자 역시『삼국사기』를 비판적으로 읽어야 한다는 주장에 동의한다.『삼국사기』뿐 아니라 어느 책도 비판적으로 읽어야 한다. 하지만 '비판적 태도'와 '자의적 태도'는 다르다. 입맛에 맞으면 사료로 취하고 맞지 않으면 버리는 태도는 과학적 자세가 아니다. 특정한 책에서 어느 기록은 사료로 취하고 어느 기록은 취하지 않는다면, 왜 그런 선택을 했는지부터 설명해야 한다. 그렇다면『삼국사기』의 사대주의적 성격을 비판만 할 것이 아니라, 왜『삼국사기』가 요즘 눈으로 볼 때 사대주의적으로 씌었는가를 살피는 게 우선이 아닐까 싶다. 요즘 우리 눈으로 보기에 신라인들이 남긴 문장이나 행동이 사대주의적으로 보여도 신라인의 시각에서는 그런 태도가 당연한 것이었을 수도 있다. 신라인들은 그것을 역사서에 남겼는데 김부식은 그런 역사서를 취합해『삼국사기』를 편찬한 것이다.

예를 들어『삼국사기』「신라본기」에는 "고구려(혹은 백제)가 우리를 침입했다"는 내용이 여러 차례 나온다. 역으로「고구려본기」나「백제본기」에도 "신라가(혹은 백제가) 우리를 침입했다"는 기록이 적혀 있다. 김부식은 고려 사람인데 왜 신라나 백제, 고구려를 모두 '우리'라고 불렀을까? 이는 김부식이『삼국사기』를 편찬할 때 당시에는 남아 있던 신라나 고구려, 백제의 역사서를 그대로 베꼈기에 벌어진 일이었다. 그렇다면 우리가 김부식의 사대주의적 태도라고 못마땅해하는 상당 부분도 사실은 삼국시대 사람들에게 비난의 화살을 돌려야 하는 것이 된다. 김부식은 예전부터 내려오던 역사서를 정리해서 다시 기록한 것일 뿐이다. 그럼에도 김부식이 사대주의적 입장에 따라『삼국사기』를 썼기에 삼국시대 사람들의 말이나 행동을 왜곡했다고 생각한다면,『삼국사기』는 사료로서 가치가 전혀 없는 책이 된다.『삼국사기』의 그 어떤 기록도 김부식이 왜곡했다고 주장할 수 있으니 말이다. 그런 식이라면 우리는 고대사를 연구할 때『삼국사기』없이 연구하는 편이 나을 것이다.

　필자는 '『삼국사기』는『삼국사기』편찬 당시 전해지던 삼국의 옛 기록을 그대로 인용한 것'이라는 전제에 이 글을 쓰고 있음을 밝힌다. 다만 "내가 생각건대(論曰)……"라며 김부식이 논평한 내용은 김부식 개인의 생각이므로 이 책 서술에서는 인용하지 않았다. 이 글에서는 시기 순으로『삼국사기』와『삼국유사』에 기록된 자료들을 검토할 것이다.

　이 글에 적힌『삼국사기』와『삼국유사』의 모든 원문과 해석문은 네이버에 실린 '원문과 함께 읽는 삼국사기'와 '원문과 함께 읽는 삼국유사'를 인용했다. 그래서『삼국사기』나『삼국유사』를 이제부터 인용할 때는 인용 표시를 따로 하지 않을 것이다. 필요한 경우에는 필자의 해석으로 보완한 경우도 있음을 밝힌다. 그 과정에서 빚어지는 오류는 전적으로 필자의 책임이다.

당, 신라 합병의 마각을 일찌감치 드러내다

선덕여왕의 당 파병 요청
(643년)

『삼국사기』에 따르면, 선덕여왕 12년(643년) 9월 선덕여왕은 당에 사신을 보내 이렇게 고한다.

> 고구려와 백제가 신의 나라(臣國, 신라) 침범하기를 여러 차례 하여 수십 개의 성을 공격했습니다. 이제 두 나라가 군대를 연합하여 기필코 신의 나라를 빼앗고자 이번 9월에 크게 병사를 일으키려고 합니다. 이리 되면 신의 나라의 사직은 보전될 수 없을 것입니다. 삼가 대국(大國, 당)에 우리의 운명을 맡겨보려 하오니 약간의 병사라도 빌려주어 구원해주기를 바랍니다.

『삼국사기』에 따르면 신라는 611년(진평왕 33년) 수나라에 고구려 정벌을 청하는 병사를 요청한 바 있는데, 30여 년이 지난 시점에 다시 당나라에 고구려와 백제를 공격할 군사를 청했다. 여기서 선덕여왕은 세 차례나 신라를 '신의 나라(臣國)'라고 표현한다. 군신 관계를 명확히 한 것이다.

선덕여왕의 이런 요청에 당 태종은 세 가지 계책을 사신에게 제시했다고 『삼국사기』는 기록한다. 첫째는 당이 고구려를 공격해서 신라에게 1년여 정도 시간을 벌어주는 방법. 둘째는 당나라 군대의 옷과 신발을 신라군에게 보내는 방법. 고구려와 백제 군대는 신라군을 당나라 군대라고 착각해서 겁을 먹고 공격하지 못할 것이다. 셋째는 당의 왕족 중 하나를 신라로 보내 왕으로 삼고 당나라 군대를 보내 신라를 지키도록 하는 것이었다. 이에 대해 신라의 사신은 제대로 대답을 못 했다. 당 태종은 사신의 아둔함에 혀를 차고 병사 파견을 확답하지 않았다고 『삼국사기』는 기록했다.

여기서 눈에 띄는 것은 "당의 왕족을 보내 신라왕으로 삼는다"는 대목이다. 당은 이에 대한 표면상의 이유로 "선덕여왕이 여자여서 주변으로부터 업신여김을 받으니 당의 왕족을 보내는 것"이라고 했다. 그러나 신라가 여인국(女人國)이 아닌 이상 왕위를 이을 남자는 신라에도 얼마든지 있었다. 이는 고구려와 백제를 멸망시키기 이전부터 당은 신라까지 합병할 생각이 있었음을 암시하는 대목인지도 모른다. 실제로 668년 고구려가 멸망한 이후 신라는 만주뿐 아니라 한반도 전체를 장악하려는 당나라와 8년 동안 전쟁을 치르게 된다.[128]

---

128 당나라는 사실 백제 멸망 직후에도 신라를 칠 의도가 있었던 것으로 보인다. 삼국사기 '김유신 전'에는 백제를 멸망시킨 뒤 귀국한 소정방에게 당 황제가 왜 신라를 치지 않았느냐고 묻는 장면이 나온다. 소정방은 이에 대해 신라의 왕과 신하, 백성이 똘똘 뭉쳐 있어서 공격할 수 없었다고 답한다.

김춘추, 당에 백제 정벌을 요청하다

(648년과 659년, 『삼국사기』 기준)

『삼국사기』 진덕여왕 2년 기록(648년)과 『삼국사기』 '김유신 전'에는 김춘추가 당 태종을 알현한 자리에서 당에게 백제를 칠 것을 요청했다고 기록했다. 훗날 여러 '신라인들의 기록'에서도 언급된 것처럼, 나당 연합은 이 시점에 본격적으로 시작된 것으로 봐도 무방할 것이다. 신라가 통일을 이룬 676년 이후 신라인들이 직접 작성한 비문 등 숱한 문장에서도 김춘추와 당 태종의 만남(648년)에 역사적 의미를 부여하고 있다. 김춘추는 이로부터 11년이 지난 659년에도 당에 사신을 보내 백제를 칠 군사를 요청했다고 『삼국사기』는 기록하고 있다.[129] 『삼국사기』에 따르면 김춘추가 당에 군사를 요청한 것이 두 차례인데, 모두 백제를 칠 것을 요청한 것으로 기술돼 있다.

당 태종과 김춘추의 만남에 대한 『삼국유사』의 기록은 『삼국사기』와 조금 차이가 난다. 『삼국유사』 '태종 춘추공'에 따르면 "(김춘추가) 태자였을 때[130] 고구려를 치고자 군대를 요청하러 당나라에 들어갔다"고 기록하고 있다. 당 태종을 처음 만났을 때 김춘추가 태자였으

---

129 『삼국유사』 '태종 춘추공'에는 이를 659년이 아니라 660년에 벌어진 일로 적었다. 둘 중 어느 것이 옳은지는 판단할 수 없다.

130 『삼국유사』 원문에는 '在東宮時(재동궁시)'로 적혀 있다. 동궁은 태자가 거처하던 곳이므로 김춘추가 '동궁에 있었을 때'라면 그가 '태자였을 때'를 말하는 것이다.

며[131], 『삼국사기』에 적힌 것처럼 백제를 치는 것을 도와달라고 한 것이 아니라 고구려를 치라고 당 태종에게 부탁했다는 것이다.

후대의 신라인들이 직접 기록한 문장에서는 무열왕이 "고구려와 백제 정벌을 위해 당나라에 파병을 요청했다"는 식으로 기록하고 있다. 〈성주사 낭혜화상탑비〉에서는 "옛날에 태종 무열왕께서 예맥(고구려와 백제)을 물리칠 군사를 당나라로부터 빌리기 위해……"[132]라고 적었고, 최치원의 「태사시중에게 올린 글」에서도 "고구려와 백제가 나쁜 짓을 일삼자 태종 무열왕은 고구려와 백제 정벌을 위한 향도가 되겠다고 자청했다"[133]고 기록했다.

당 태종과 김춘추의 만남에서 김춘추가 백제를 쳐달라고 부탁한 것인지(『삼국사기』), 아니면 고구려를 치라고 부탁했는지(『삼국유사』), 아니면 둘 다였는지(후대 '신라인들의 기록')는 현재로서는 확인할 수 없다. 당 태종과의 만남 이후 11년이 지난 659년 김춘추가 당에게 다시금 백제를 칠 것을 요청했다는 『삼국사기』 무열왕 6년(659년) 기록과 『삼국유사』 '태종 춘추공' 기록(여기에는 660년에 백제 정벌을 요청한 것으로 기록됨), 그리고 김춘추의 '백제에 대한 사적 감정'을 고려한다면 김춘추가 648년 당 태종을 처음 만났을 때 (고구려는 몰라도) "백제만큼은 쳐달라"고 부탁하지 않았을까 생각한다.

---

131 『삼국사기』에는 김춘추가 태자가 된 적이 없는 것으로 기록됐다. 진덕여왕(재위 647~654년)이 후사가 없이 죽자 신하들이 회의(화백회의)를 통해 김춘추를 왕위에 올렸다고 기록하고 있다.

132 판독문과 번역문은 '국립문화재연구소 문화유산연구지식포털' 인용.

133 원문과 번역문은 '한국고전종합DB' 인용.

이 장면에서 김춘추의 백제에 대한 사적 감정이 왜 생겼는지 『삼국 사기』를 통해 살펴보자. 642년 8월 백제는 대야성(경남 합천)을 공격했 다. 성을 지키려다가 도독인 품석과 그의 아내도 죽었다. 품석의 아내 가 김춘추의 딸이었다. 『삼국사기』 진덕여왕 11년 기록에는 "김춘추 가 딸의 죽음을 듣고 하루 종일 기둥에 기대어 서서 눈도 깜박이지 않 았고, 사람이나 물건이 지나가도 알아보지 못할 지경이었다"고 되어 있다. 그해 겨울, 진덕여왕은 백제에게 보복하기 위해 고구려에 군대 를 빌려줄 것을 청했는데 그때 고구려에 가겠다고 자청한 이가 김춘 추였다. 하지만 고구려와의 협상에 실패했다. 절치부심하던 김춘추 는 그로부터 6년 뒤 병사를 청하기 위해 당에 사신으로 간 것이다.

이 모든 정황을 종합하면, 당 태종과 김춘추의 만남에서 정벌 대상 에 최소한 백제는 포함됐을 것이라고 보는 게 합리적이다. 백제에 대 한 김춘추의 사적 감정은 『삼국사기』 곳곳에 등장한다. 『삼국사기』 무열왕 6년 기록에 따르면, 백제가 자주 신라 변경을 침입하자 무열 왕은 이해 4월(『삼국유사』에는 660년으로 기록), 당에 사신을 보내 백제를 칠 병사를 보내줄 것을 요청했다. 그러나 반 년 가까이 당으로부터 아무런 기별이 없자 낙담했다. 그때 홀연히 죽은 신하 두 명(장춘[長 春]과 파랑[罷郎])과 비슷하게 생긴 사람이 나타나 "당 황제가 소정방에 게 내년 5월 백제를 정벌하도록 했다"는 말을 전하고 사라졌다. 무열 왕이 백제에 쌓인 감정이 얼마나 많았는지를 알 수 있는 대목이다.

후대 신라인들이 '삼한 통일'을 이룬 것으로 칭송하는 김춘추와 당 태종의 만남에 대해 살펴보자. 이에 대해 가장 자세히 기록한 것은 『삼국사기』 진덕여왕 2년(648년) 기록이다. 둘의 만남은 이렇게 요약

할 수 있다.

태종이 "가슴속에 품은 말을 해보라"고 하자 김춘추는 무릎을 꿇고 답한다.

> 신의 나라(臣之本國)는 저 모퉁이에 있지만 천자의 조정을 섬긴 지
> 여러 해가 됐습니다. 백제는 강하고 교활하여 여러 차례 침략을 마
> 음대로 하고 있는데 지난해에는 신라에 깊숙이 쳐들어와 수십 개의
> 성을 함락시켜 당나라를 뵐 길을 막았습니다. 만약 폐하께서 '천자
> 의 병사(天兵)'를 빌려주어 흉악한 적들을 없애지 않는다면, 우리나
> 라 백성은 모두 포로가 될 것이며 산과 바다를 거쳐서 조공을 드리
> 는 일도 다시는 바랄 수 없을 것입니다.

태종이 이를 옳다고 여겨 병사의 파견을 허락했다고 『삼국사기』는
적었다.

『삼국사기』 '김유신 전'에도 당시 상황이 언급돼 있다. 당 태종이
김유신의 명성을 듣고 그가 어떤 사람이냐고 물었다. 김춘추는 "김
유신이 재주와 지혜가 조금 있지만 천자의 힘을 빌리지 않는다면 백
제로부터의 우환을 제거할 수 없습니다"라고 답한다.

『삼국사기』나 『삼국유사』를 종합하면, 김춘추 역시 선덕여왕처럼
신라를 '신의 나라'라고 칭했음을 알 수 있다. 선덕여왕처럼 그 역시
당과 신라의 주종 관계를 명확히 표현한 것이다. 병사의 요청을 구하
는 김춘추의 태도 역시 선덕여왕과 마찬가지였다. 당이 병사를 보내
지 않으면 신라가 망한다는 식이다. 결국 백제를 멸망시킬 주력군은

당나라임을 신라 스스로 인정한 셈이다. 당나라 앞에서 신라는 이렇게 자신을 낮출 수밖에 없었다.

신라인들은 '통일 MVP'로 태종 무열왕을 꼽았고 문무왕은 신라사 시기 구분에서 언급조차 안 됐다!

앞서도 살폈듯 대부분의 신라인들은, 그리고 신라인들이 남긴 기록을 인용해서 만든 『삼국사기』나 『삼국유사』 역시 통일의 위업을 달성한 왕은 문무왕이 아니라 태종 무열왕이라고 꼽았다. 무열왕과 문무왕의 '승패'를 표현한다면 '7승 1무 3패'로 무열왕의 압승이었다. 통일 군주로 문무왕을 꼽은 것은 문무왕 자신의 말을 인용한 것이거나 그의 공덕을 기려 만든 비문밖에 없었다.

이 같은 인식은 신라 왕실과 지식인, 일반 백성을 가릴 것 없이 일치된 견해였다. 그랬기에 『삼국사기』나 『삼국유사』에서 신라사를 시기 구분할 때 태종 무열왕은 '신라 중대(中代)'나 '신라 하고(下古)'를 연 임금으로 기록된 반면, 문무왕은 언급조차 되지 않은 것이다. 신라인들은 현재 한국사 교과서의 기술과는 분명히 다르게 생각했다. 이는 신라인들이 통일을 이뤘다고 생각했던 지역은 전통적 의미의 삼한, 그러니까 한반도 중남부 지역에서 북쪽으로 조금 넓어진 지역으로 생각했음을 드러내는 것이다. 신라의 통일 전쟁 이후 '삼한'의 의미는 그렇게 굳어진 것이다. 그래서 신라인들은 통일을 이룩한 왕으로 문무왕이 아니라 태종 무열왕을 꼽았고, '삼국 통일'보다는 '일통삼한' 혹은 '삼한위일가'라는 표현을 썼던 것이다.

삼국유사에 '삼국 통일'이 등장하는 까닭은?

다만 이 장면에서 『삼국유사』에 때로 등장하는 '삼국 통일'이라는 표현에 대해 생각해보자. 뒤에 다시 살펴겠지만 『삼국유사』에는 '신라의 통일'이라는 뜻에서 삼국 통일이라는 표현이 딱 두 차례 등장한다.[134] 그중 '태종 춘추공'에 '삼국 통일'(정확히는 '一統三國'이라고 표현했다)이라는 표현이 '일통삼한'이라는 표현과 함께 처음으로 등장한다. "김유신을 얻어 태종 춘추공이 일통삼한을 이뤘다"라고 이야기하기도 했고, 태종 무열왕의 묘호 고침과 관련해서 "그가 삼국을 통일했기 때문에 태종이라는 묘호를 올렸다"라고 적기도 했다. 『삼국사기』는 옛 역사서를 인용해서 작성한 문장에서는 '삼국 통일'이라는 표현을 한 차례도 쓰지 않았지만, 『삼국유사』에서는 '일통삼한'과 같은 의미로 '삼국 통일'이라는 표현을 사용한 것이다.

신라인들이 태종의 묘호를 고치라고 신라를 찾아온 중국의 사신에게 『삼국유사』에서처럼 '삼국 통일'이라고 정말로 표현했는지, 아니면 『삼국사기』의 기록처럼 '일통삼한'이라고 표현했는지 필자가 명확하게 판정할 수는 없다. 『삼국사기』는 옳고 『삼국유사』는 그르다는 식으로 이야기하는 것은 분명 편견이다.

그러나 같은 사건에 대해 『삼국사기』와 『삼국유사』에 조금이라도

---

134 정확히 말하면 『삼국유사』에는 '삼국 통일'이라는 표현이 세 차례 등장한다. '태종 춘추공'과 '문무왕 법민'에 각각 한 차례 등장하며, 마지막으로는 '보양 스님과 배나무'에서 고려의 후삼국 통일이라는 뜻에서 썼다. 마지막 용례는 '신라의 삼국 통일'이 아니므로 이 책에서 다루지 않았다.

다르게 기록돼 있을 때 필자가 『삼국사기』에 더 믿음을 갖는 것은 사실이다. 태종 무열왕의 묘호 고침과 관련해서 신라인들이 '삼한 통일'이라고 했겠느냐, '삼국 통일'이라고 했겠느냐에 대한 판단도 그렇다. 물론 근거가 있다.

우선 '신라인들의 기록'에서는 '삼한을 통일했다'는 식의 표현, 그러니까 '삼한 통일'류의 표현이 다섯 차례(〈청주 운천동 사적비〉, 〈이차돈 순교비〉, 〈황룡사 9층목탑 찰주본기〉, 〈월광사 원랑선사탑비〉, "당나라가 고구려를 차지했다"고 기록한 〈쌍계사 진감선사탑비〉) 등장한다. 반면 '삼국을 통일했다'는 식의 표현은 〈지증대사탑비〉에서 한 차례 등장한다. 스코어로 친다면 5 대 1이다. 만약 신라인들이 삼국을 통일했다고 생각했다면 굳이 삼한을 통일했다는 식으로 표현하지 않았을 것이다. 삼국 통일이라는 표현을 더 자주 사용했을 것이다. 확률적으로 본다고 해도, 태종 무열왕의 묘호 고침과 관련해서 신라인들이 당나라 사신에게 '삼한 통일'이라고 표현했을 가능성이 높은 것이다.

둘째, 당시 당나라와 신라의 역학 관계를 생각할 때 '삼국 통일'이라는 표현을 쓰기 힘들었을 것이다. 『삼국사기』는 당나라 사신의 지적에 신라에서는 "두려움을 떨칠 수가 없다"는 입장을 밝혔다고 했다. 또 『삼국사기』나 『삼국유사』 모두 당시 신라가 "소국(小國)인 신라는……"이라며 자신을 낮추며 말했다고 기록하고 있다. 당나라 사신이 신라에 당도한 때를 돌이켜보자. 이때가 『삼국사기』의 기록처럼 692년이든 아니면 『삼국유사』에서처럼 681~683년이든 상관없다. 당시는 발해가 건국하기 이전이므로, 고구려의 영토를 당나라가 차지했던 때였다. 당시 신라가 당나라 사신에게 "태종 무열왕이 삼국을 통일했다"고 이야기했다면 "고구려는 우리 땅"이라고 이야기 한 것이 된다. 때로는 읍소하고, 때로는 저항하면서 당나라와 국가의 운명을 건 '8년 전쟁' 끝에 대동강~원산만 라인 이남을 지켜낸 신라였다. 그리고 몇 년 지나지 않아 당나라 사신이 와서 "태종 무열왕의 묘호를 고치라"고 요즘 말로 치면 '지적질'을 한 것이다. 이에 대해 "두려움에 떨며" 자신들을 "소국"이라고 자칭한 신라인들이 과연 당나라 사신에게 '고구려는 우리 땅'이라고 이야기할 수 있었을까? 당이 차지한 영토에 대해?

셋째, 태종 무열왕이 '삼국을 통일했다'는 것은 역사적 사실과 맞지 않는다. 무열왕은 백제의 멸망만을 목도한 임금이었다. '같은 사건'(무열왕의 묘호 고침)을 언급한 『삼국사기』는 『삼국유사』와 달리 신라 조정이 당나라 사신에게 '삼한 통일'이라고 답했다고 기록했다.

넷째, 『삼국사기』는 국가적 차원에서 기술된 정사(正史)인 반면 『삼국유사』는 일연 스님의 개인 저작이다. 때문에 『삼국유사』에는 아무래도 눈에 띄는 오류가 『삼국사기』에 비해 많이 발견된다.(이중 '신라인의 통일과 국경에 대한 인식'과 관련해서 발견되는 오류는 두 차례이다. 이 책 74쪽 주 69번과 252쪽 147번 참조)

다섯째, 몽골 강점기에 서술되다 보니 『삼국유사』에는 요즘 말로 치면 '민족주의적 정서'가 강하게 반영돼 있다. 『삼국사기』에는 전혀 언급되지 않은 단군을 이야기하면서, 환웅과 곰이 변한 여인이 결혼해 단군을 낳았고 단군이 산신이 됐을 때 나이는 1,908세였다고 기록하는 등(성서에 나오는 최장수 인물이 무드셀라인데, 그는 969세를 살았다. 단군에 비하면 절반밖에 살지 못한 것이다!) 과학적 관점에서 보면 『삼국유사』

의 신빙성이『삼국사기』에 비해 떨어진다.

　마지막으로,『삼국유사』를 보면『삼국사기』의 기록을 그대로 베낀 것도 많이 보인다. 그렇다면 태종 무열왕의 묘호 고침에서 등장하는 '삼국 통일'도 일연 스님이『삼국사기』등을 참고해서『삼국유사』를 서술하면서 자신의 '민족적 관점'이 녹아든 결과물이 아닐까 생각하는 것이다.

신라, 고구려 정벌의 조력군

당, 국상 중이던 신라에 "고구려 정벌 참여" 명령
(661년)

『삼국사기』문무왕 원년 기록과『삼국사기』'김유신 전'에 따르면, 661년 6월 당 고종은 소정방을 총사령관으로 삼아 고구려 정벌을 명령했다. 당시 당에 체류하고 있던 태종 무열왕의 아들 김인문을 신라로 보내 신라도 군사를 내어 고구려를 치는 데 합류하라고 명령했다. 당시 신라는 태종 무열왕이 사망(661년 6월)한 직후여서 말 그대로 '초상집'이었다. 원래 국상 중에는 전쟁을 하지 않는 법이다. 게다가 몇 달 전(661년 3~4월)에 벌어진 백제 부흥군과의 전투에서 신라가 패하면서(『삼국사기』태종 무열왕 8년 기록) 고구려보다는 백제 때문에 더 크게 골치를 앓고 있던 시점이었다. 김인문은 그럼에도 문무왕에게 "비록 상(喪)중이지만 당 황제의 칙명을 어기는 것은 큰 잘못이다"라고 말한다. 결국 신라는 당의 명령을 받아들여 군대를 파견하고 당이 먹을 식량도 제공하게 된다. 이후 벌어지는 당과 고구려의 군사적 대립에서 신라는 철저하게 '조력군'임을 알 수 있게 한다.

『삼국사기』 '김유신 전'에 나타나는 신라와 당의 관계

신라인들이 통일과 관련한 '수훈 갑(MVP)'으로 태종 무열왕 다음으로 꼽은 이는 단연 김유신이다. 왕의 직계 조상이 아니면서 왕(홍무대왕[興武大王])으로 추존된 유일한 신라인이 김유신이었다.[135] 태종 무열왕이 그의 도움을 받아 통일의 위업을 달성했다는 기록도 『삼국사기』와 『삼국유사』 곳곳에 등장한다. 『삼국사기』는 '김유신 전'에서 신라와 당의 연합 작전에서 그가 수행한 역할에 대해 상세하게 묘사하고 있다. 7세기 중엽 신라가 당에 군사를 요청하던 시절부터 676년 신라가 통일을 완성한 때까지 신라와 당의 관계에 대한 종합적인 모습은 『삼국사기』 '김유신 전'과 『삼국사기』 「신라본기」 문무왕 때의 기록에 가장 상세하게 설명되어 있다. 먼저 『삼국사기』 '김유신 전'을 통해 신라와 당나라의 관계에 대해 살펴보자. 굳이 필자가 부연 설명을 하지 않더라도 번역문만 보면 당에 대해 신라가 어떤 입장을 가졌는지 알 수 있을 것이다.

---

135 『삼국사기』 '김유신 전'에는 신라 홍덕왕(재위 826~836년)이, 『삼국유사』 '김유신'에는 경명왕(재위 917~924년)이 그를 홍무대왕에 추존했다고 각각 기록했다.

김유신, "당나라는 주인, 신라는 개"

① 660년 소정방이 백제를 멸망시킨 뒤 공이 많은 김유신과 김인 문(태종 무열왕의 아들)에게 자신이 재량껏 일을 처리하라는 황제의 명을 받은바 백제 땅을 김유신 등 신라 장군들에게 나누어 주려는 데 어떤지 물었다. 이에 대해 김유신은 이렇게 답한다.

> 대장군이 천자의 병사를 거느리고 와서 우리 임금의 소망에 부응 하고 이 작은 나라(신라)가 (백제에 대해) 갖고 있던 원수를 갚아주시 니 우리 임금과 온 나라의 신하와 백성들이 기뻐서 어쩔 줄을 모르 고 있습니다. 어찌 우리만 사리사욕을 챙기겠습니까.

② 당나라가 백제를 멸망시킨 직후, 부여에 진을 치고 신라를 침공 할 것을 은밀히 꾀하자, 태종 무열왕은 여러 신하를 불러 대책을 물었다. 어느 신하가 "신라인에게 백제 사람 옷을 입힌 뒤 역적 행 위를 하게 하면 당군이 반드시 공격할 것인데, 그 틈을 타 싸움을 벌이자"고 했다. 김유신도 이를 옳다고 했다. 태종 무열왕이 "당나 라 군대가 우리를 위하여 백제를 없앴는데 도리어 그들과 싸운다 면 하늘이 우리를 도와주겠는가?"라고 물었다. 김유신은 "개는 주 인을 두려워하지만 주인이 자기의 다리를 밟으면 문다. 어려움을 당하면 자구책을 마련해야 한다"라고 답한다.

③ 태종 무열왕의 사망 직후인 661년 6월 당나라는 고구려를 치는

김유신 장군 묘 ⓒ 오세윤 사진작가 제공

김인문(문무왕의 친동생) 묘 ⓒ 대전대 이한상 교수 제공

김인문 묘비 귀부 ⓒ 오세윤 사진작가 제공

데 신라도 협조하라고 명령한다. 그해 12월 김유신은 고구려로 진격하면서 병사들에게 이렇게 말한다.

> 고구려, 백제 두 나라가 오래전부터 우리를 침략해 백성을 해치고 포로로 데려가 죽였고, 어린애들은 노비로 부리기도 했다. 내가 지금 죽음을 두려워하지 않고 어려운 일에 나선 것은 대국 당나라의 힘을 빌려 두 나라를 멸망시켜 나라의 원한을 씻으려는 것이다.

④ 668년(문무왕 8년) 당 고종이 고구려 정벌에 신라도 참여할 것을 명했다. 문무왕은 김유신의 동생인 김흠순과 자신의 친동생인 김인문을 장군으로 임명해 고구려 공격에 나서게 했다. 문무왕은 그러나 김유신은 서라벌에 남겨놓았다. 김흠순은 김유신이 전쟁에 참여하지 않는다는 사실을 알게 됐다. 그는 김유신에게 전쟁에서 어떻게 하면 좋을지 물었다. 김유신은 이렇게 말했다.

> 우리나라는 충성과 신의를 다했기에 살아남게 됐고, 백제는 오만으로 인하여 멸망했으며, 고구려는 교만으로 인하여 위태롭게 되었다. 우리의 올바름으로 저들의 그릇됨을 친다면 뜻을 이룰 수 있다. 하물며 대국의 명석하신 천자의 위엄에 힘을 얻고 있는데 무엇이 걱정이냐!

⑤ 김유신이 사망하기 직전(673년) 문무왕이 그의 집을 찾아와 앞으로 어찌하면 좋을지 울면서 물었다. 김유신의 대답 중 주목할 부

분은 이렇다.

지금 삼한이 한집안이 되고 백성들 마음이 하나가 됐으니, 비록 태
평성대까지는 아니어도 조금 안정됐다고는 할 수 있습니다.

김유신, "고구려는 삼한이 아니다."

위의 내용을 하나씩 해석해보자. 당나라 총사령관 소정방은 백제를
멸망시킨 뒤 "백제 땅은 내 맘대로 하라는 황제의 명령이 있었다. 이
땅을 김유신 등 신라의 장군들에게 나눠 주려고 하는데 당신들 생각
은 어떠냐?"고 물었다. 신라왕은 안중에도 없는 행동이었다. 그럼에
도 김유신은 소정방에게 항의조차 못한 채 그저 땅을 받지 않겠다고
겸손하게 말했다. 신라와 당의 역학 관계가 축약된 셈이다.

당대의 명장 김유신에게도 당은 백제에 대한 신라의 원수를 갚아
준 나라였으며, 당의 힘을 빌려야 고구려와 백제를 정벌할 수 있으
며, 당과 신라의 관계는 주인과 개에 비유할 만한 정도였다. 김유신
은 이런 생각을 태종 무열왕이나 병사들 앞에서 공공연하게 표현했
다. 그의 말이 터무니없었다면 왕이나 병사들이 듣고 가만히 있었을
리가 없다. 『삼국사기』는 김유신의 말에 왕이나 병사가 힘을 얻었다
고 기록했다. 김유신의 표현은 당대의 신라인들이라면 받아들일 수
밖에 없는 말이었던 것이다.

이런 맥락에서 ⑤의 표현을 살펴보자. 김유신이 사망하기 직전인
서기 673년은 백제 부흥 운동은 완전히 종식됐지만 신라가 당과 한

반도 중북부에서 한창 다투던 시점이었다. 고구려 옛 땅은 최남단 일부만 제외하고는 이미 신라의 소유와는 거리가 멀었다. 신라는 고구려의 멸망 이후 대동강~원산만 라인 이남을 차지하고 지키기 위해 노력하고 있었다. 그럼에도 임종을 앞둔 김유신은 삼한이 통일됐으니 태평성대까지는 아니어도 큰 분란은 진정된 상태(可謂小康)라고 말했다. 이는 결국 김유신이 말한 삼한에는 고구려가 포함될 수 없음을 뜻하는 것이다. 고구려의 옛 땅에서 당과의 전쟁이 한창인데 '삼한'이 통일됐다고 표현했으니 '삼한'에서는 현재 전쟁이 일어나지 않고 있다는 뜻이다. 즉 김유신에게 '삼한'은 '신라와 옛 백제 지역'에 국한된 것이다. 그리고 이 말에 문무왕 역시 동조했음을 감안한다면, 이같은 생각은 김유신뿐 아니라 문무왕 등 당시의 신라 지배층이 받아들이고 있던 일반적인 생각이었음을 알 수 있다.

문무왕의 읍소
"백제 땅만 주세요!"

『삼국사기』 문무왕 조에 나타나는 신라인들의 내면

660년부터 676년까지 신라의 역사는 드라마 그 자체였다. 백제와 고구려가 몰락했지만 그 직후 당은 한반도 전체를 지배하려는 마각을 드러냈다. 이 시기는 사실상 문무왕의 치세(661~681년)와 겹친다. 문무왕은 대동강~원산만 라인을 국경선으로 할 것을 당나라에 읍소하기도 했지만[136] 한편으로는 당에 결연히 항쟁하면서 애초의 목표를 지켜낸다. 이 과정을 잘 기록한 것이 『삼국사기』 문무왕 조이다. 특히 신라와 당 사이에 오간 외교 문서나 서신까지도 세세하게 기록돼 있다. 고구려와 백제를 멸망시킨 뒤 신라와 당 사이에 어디를 국경선으로 할 것인가를 신라와 당이 미리 정했다는 사실도 여기에 기록돼 있다. '삼국이 아니라 삼한을 통일했다'고 자부심을 느꼈던 신

---

136 『삼국사기』에 적힌 문무왕의 말을 그대로 옮긴다면 문무왕은 통일 전쟁 이후 신라의 영토는 '평양 이남의 백제 땅'이 돼야 한다고 당나라에 밝혔다. 『삼국사기』 문무왕 11년 기록.

라인들의 '통일과 국경에 대한 인식', 그리고 신라와 당 사이의 관계의 실체를 제대로 알기 위해서는『삼국사기』문무왕 조를 꼼꼼히 읽을 필요가 있다. 이제 하나하나 살펴보자.

① 현경(顯慶) 5년(660년) 당 태종이 당나라 장수 소정방과 함께 백제를 정벌할 때 김법민(문무왕)이 종군하여 큰 공을 세웠다. (그 뒤 신라 태종 무열왕이 죽자 김법민이) 왕위에 올랐다.

문무왕이 백제 정벌에 종군했음을 알리는 기록이다. 신라인들도 전쟁의 주체를 당나라로 생각했음을 알 수 있다. "당 태종이 (……) 소정방과 함께 백제를 정벌할 때"라는 문장을 통해서다.

② 문무왕 원년(661년) 10월 29일, 왕은 당나라 황제의 사신이 경주에 왔다는 말을 듣고 (고구려와의 전장에서) 곧장 경주로 돌아왔다. (……) 김유신 등은 병사를 쉬게 하면서 다음 명령을 기다리고 있었는데 당나라 함자도 총관 유덕민이 와서 평양으로 군량을 보내라는 황제의 칙명을 전했다.

③ 문무왕 2년(662년) 임금이 유신에게 명하여 김인문과 양도 등 아홉 장군과 함께 수레 2천여 대에 쌀 4천 섬과 조 2만 2천여 섬을 싣고 평양으로 가도록 명했다.

②와 ③은 고구려와의 전쟁 주체는 당이었음을 알리는 기록이다.

신라는 군량을 보내기에 바쁜 상황이었다. 문무왕은 전장에 있다가도 당 황제의 사신이 경주에 오면 황급히 경주로 가야 했다.

④ 문무왕 2년 임금은 백제를 평정한 것을 축하하기 위해 담당관에게 명하여 크게 잔치를 베풀게 했다.

신라인들은 여러 기록에서 태종 무열왕이 '삼한을 통일했다'고 이야기했다. 문무왕 2년 기록은 당시 신라인들이 백제를 평정했다고 생각했음을 알려주고 있다. 백제 부흥군이 말썽을 부리고는 있어도 말이다. 이는 당시의 신라인들이 '백제 평정=삼한 통일'이라고 생각했음을 알려주는 대목이다. 이런 진술은 당나라와 전쟁을 목도하면서 사망(673년)한 김유신이 남긴 "삼한이 통일됐다"는 말과도 일치한다.

⑤ 문무왕 3년(663년) 4월, 당나라가 신라를 계림대도독부(鷄林大都督府)로 삼고 임금을 계림주대도독(鷄林州大都督)으로 삼았다.

당나라가 신라를 어떻게 생각했는지를 알려주는 대목이다. 신라를 '대도독부'로 생각했고, 신라의 왕을 대도독부를 다스리는 '대도독'으로 보았다. 쉽게 말하면, 군사 업무를 맡은 지방 관청과 기관장으로 신라와 신라왕을 생각했던 것이다. 신라와 당이 고구려를 사이에 두고 있었다면 문제가 없을 터이지만, 고구려가 멸망한 뒤 국경을 맞대고 있는 상황에서 당나라가 실제로도 이런 시각을 가졌다면 신라와 당의 갈등은 필연적일 수밖에 없다. 신라가 이를 명목상이 아니라 실제로 받아들이면, 요즘 말로 '주권'을 상실하는 것이 되기 때문이다.

⑥ 문무왕 4년(664년) 각간 김인문, 이찬 천존이 당나라 칙사 유인
원, 백제 부여융(백제 의자왕의 태자)과 함께 웅진(공주)에서 맹약을
맺었다.

맹약 내용에 대해서는 언급돼 있지 않다. 그러나 다음 해에 문무왕
이 직접 맺은 맹약을 보면 664년에 맺은 맹약도 내용은 크게 다르지
않았을 것으로 추정할 수 있다.

⑦ 문무왕 5년(665년) 8월, 문무왕은 당나라 황제의 칙사인 유인원
과 웅진도독으로 임명된 백제 부여융과 함께 공주 취리산에서 '평
화협정'을 맺는다.

백제의 옛 지역에서 일어나던 반란이 진압되는 등 안정돼가자 당
나라 황제가 부여융에게 조칙을 내려 백제의 잔당들을 무마하고 신
라와 화친하라고 한 것이다. 세 사람은 화친을 맹세하는 글을 남겼
다. 문장을 쓴 사람은 당나라 장군이자 문인인 유인궤라고 『삼국사
기』는 기록했다. 문무왕이나 부여융 역시 이 '평화협정문'을 따를 것
을 맹세하며, 그 표시로 흰 말을 잡아 그 피를 나눠 마셨다. 요즘 말로
한다면 당나라가 주재해서 만든 '신라, 백제 2개국 평화협정문'인 셈
이다. 한국사학계는 이를 '취리산 회맹(會盟)'이라고 부른다. 이 책에
서는 이해하기 쉽게 '취리산 합의'라고 부르기로 하겠다. 이 합의에

서 주목되는 부분을 축약해 인용한다면 이렇다.

> 부여융을 웅진도독으로 삼아 조상의 제사를 모실 수 있게 하고 옛
> 땅을 보전하도록 할 것이다. (부여융이 다스리는 나라는) 신라에 의지
> 하고 기대어 길이 우방이 돼야 할 것이다. 두 나라는 각기 지난날
> 의 묵은 감정을 풀어버리고 우호를 맺어 화친하며, 각각 천자의 명
> 을 받들어 영원히 당의 번국[137]으로서 복종해야 할 것이다. (……) 황
> 제의 말씀을 공손히 받들어 감히 어기는 일이 없도록 할 것이며, 맹
> 세를 한 뒤에는 모두 함께 지조를 지켜야 한다. 만약 맹세를 어기고
> 군사를 일으켜 (서로의) 변경을 침범한다면, 신명이 살펴보시고 온
> 갖 재앙을 내리셔서 자손을 기르지 못하고 사직을 지키지 못하며
> 제사가 끊어지고 남는 것이 없어질 것이다.

우리는 흔히 660년 백제가 멸망했고, 663년 백제 부흥군이 마지막
으로 나당연합군에 패전함으로써 백제가 역사 속에서 사라졌다고
이야기한다. 하지만 665년 최소한 당나라는 입장이 달랐음을 이 맹
세문에서 알 수 있다. 당은 백제를 '웅진도독부'라는 이름으로 잔존
시키려 했다. 이보다 2년 앞선 663년 당이 신라를 '계림대도독부'로
삼은 것과 마찬가지 맥락이다. 당은 백제나 신라나 이름만 바뀔 뿐
사실상 유지돼야 한다는 입장이었다. 근대 외교 용어로 치면 'status

---

137 蕃國, 중국의 변방에 존재하면서 중국에 복종하는 나라. 원래는 제후가 다스리
는 나라라는 뜻이었다

quo(현상 유지 정책)'인 셈이다. 다만 두 나라는 모두 '번국'이었다. 번국을 '오랑캐가 다스리지만 중국에 복속한 변방의 나라'라는 의미로 썼는지, '황제로부터 땅을 하사받은 제후가 다스리는 나라'로 썼는지 필자로서는 확실하지 않다. 어찌 됐든 두 나라 모두 당의 뜻을 거스르지 않고 복종하는 나라로 계속 유지돼야 한다고 본 것이다. 물론 두 나라의 관계에서 신라가 '형'인 것은 확실하다. 부여융에게 "신라에 의지하라"고 표현한 것에서도 알 수 있다. 맹세문은 더 나아가 신라나 백제가 서로의 국경을 침범한다면 속된 말로 천벌을 받을 것이라고 적고 있다.

어쨌든 문무왕은 이에 동의했다. 맹세의 표시로 흰 말의 피도 나눠 마셨다. 하지만 신라는 이 약속을 지키지 않았다. 결국은 신라가 백제를 완전히 흡수해버렸다. 사실상 백제를 이은 '나라'인 웅진도독부는 『삼국사기』에 따르면 672년에 신라에게 마지막 군사적 저항을 한 뒤 역사 기록에서 자취를 감춘다.

고구려가 망한 뒤 당은 신라에게 왜 '취리산 합의'를 지키지 않느냐고 여러 차례 질책했다. 이때 문무왕은 "태종 무열왕이 648년 당에 들어가 군사를 청할 때 현재 황제(고종)의 부친이신 당 태종께서 '평양 이남의 백제 땅은 신라에게 주겠다'고 하셨다"고 반론한다(『삼국사기』 문무왕 11년 기록. 671년). 이로 미뤄볼 때 문무왕은 '취리산 합의'에서 "백제를 국가로 인정한다"라고 약속했지만 애초에 지킬 생각이 없었던 것이다. 또 당과 함께 통일 전쟁을 일으킨 신라의 애초 목표 역시 '삼국 통일'이 아니라 '평양 이남의 백제 땅'의 흡수였음도 알 수 있다.

고구려가 건재했을 때는 '취리산 합의'를 지키지 않아도 큰 문제가 없었다. 그러나 고구려가 망하면서 신라와 당이 국경을 맞대게 됐을 때 상황은 달라질 수밖에 없었다. 한반도 중남부의 운명을 건 한판 승부는 피할 수 없었던 것이다.

⑧ 문무왕 6년(666년), 임금은 백제를 평정하였으므로 고구려를 멸망시키고자 당나라에 병사를 요청하였다.

⑨ 문무왕 7년(667년), 당나라 황제가 칙명으로 지경과 개원을 장군으로 삼아 요동(고구려)의 전장에 가도록 하였다. (……) 당 황제 고종이 신라 병사를 징발하여 다곡과 해곡 두 길을 따라 평양에 모이도록 하였다. 가을 8월, 문무왕이 대각간 김유신 등 장군 30명을 거느리고 경주를 출발했다. 9월, 한성정에 도착하여 당나라 총사령관인 영공(英公, 당 장수 이적[李勣]을 말한다)을 기다렸다. 10월 2일, 영공이 평양성 북쪽 2백 리 되는 곳에 도착하여 이동혜 촌주 대나마 강심에게 거란 기병 80여 명을 이끌고 아진함성을 거쳐 한성에 이르러 서신을 전하고 군사의 동원 날짜를 독려하도록 하였다. 문무왕이 그 말에 따라 11월 11일 장새에 당도했으나, 영공이 돌아갔다는 말을 듣고 문무왕의 군사 또한 돌아오게 되었다. (……) 12월, 당나라의 주둔 장군 유인원이 고구려 정벌을 도우라는 천자의 칙명을 전했다.

⑧와 ⑨를 통해 고구려 정벌의 주체는 당나라임을 여실히 느낄 수 있다. 신라는 독자적으로 고구려 정벌을 꾀하기 힘들었다. 당이 있어

야 했다. 고구려와의 전쟁에서 신라의 누구를 장군으로 쓸지도 당 황제가 결정했다. 병사들이 어디에 모일지도 당나라 황제가 결정했다.

⑩ 문무왕 8년(668년). 700년 사직의 고구려가 무너진 해였다. 이해 6월 12일 '취리산 합의문'을 작성한 유인궤가 황제의 칙명을 들고 왔다. 고구려 정벌의 시작이었다. 6월 21일 대각간 김유신을 포함한 수많은 장수에게 직함을 주며 고구려 원정을 카운트다운했다. 하루 뒤인 22일, 김인문 등이 병마를 이끌고 당나라 군영으로 갔다. 이어 27일, 문무왕이 경주에서 출발하여 당나라 군영으로 향했다. 7월 16일, 문무왕은 한성주에 행차하여 각 군사 지휘관들에게 당나라 군대와 모이도록 지시했다. 두 달 뒤인 9월 21일, 나당연합군이 합세해 평양을 포위했다. 보장왕은 먼저 연개소문의 아들 천남산 등을 보내 영공을 만나 항복을 청했다. 영공은 보장왕과 왕자 복남 덕남 그리고 대신 등 20여만 명을 이끌고 당나라로 돌아갔다. 나당연합군이 고구려를 평정할 때 문무왕은 한성을 떠나 평양으로 향하다가 힐차양이라는 곳에 이르렀는데, 당나라의 여러 장수가 (전쟁이 끝나) 이미 돌아갔다는 소식을 듣고 한성으로 되돌아왔다. 신라의 고구려 원정은 이렇게 막을 내린다. 이해 11월 5일, 문무왕은 포로로 잡은 고구려인 7천여 명을 이끌고 경주로 들어왔다. 다음 날, 문무 관료를 이끌고 선조의 사당에 참배하고 이렇게 아뢰었다.

삼가 앞선 임금의 뜻을 이어 당나라와 함께 의로운 병사를 일으켜 백제와 고구려의 죄를 묻고 원흉들을 처단하여 나라의 운명이 태평하게 되었습니다. 이에 감히 고하옵니다.

고구려 몰락 때의 상황을 묘사하면서『삼국사기』는 보장왕이 항복을 청한 대상은 신라가 아니라 당나라 총사령관 영공 이적이었다고 기록했다. 항복을 당나라에 했기에 보장왕 등 20여만 명의 고구려인들은 당나라에 포로로 끌려갔다. 문무왕은 평양으로 향하다가 전쟁이 끝났다는 말을 듣고 한성으로 되돌아갔다. 고구려를 몰락시킨 주체는 당나라였음을 말해준다.

⑪ 문무왕 9년(669년) 2월 21일, 문무왕은 신하들을 모아놓고 교서를 내렸다.

내용을 축약해 인용하면 이렇다.

지난날 신라는 고구려와 백제 사이에 끼어 북쪽에서 쳐들어오고 서쪽에서 침입하여 잠시도 편안할 때가 없었다. 선왕(태종 무열왕)께서는 백성들의 참혹함을 불쌍히 여겨 지체 높은 신분임에도 바다를 건너 당에 가서 병사를 요청하셨다. 이는 본래 두 나라를 평정하여 영원히 전쟁을 없게 하고, 몇 대에 걸쳐 쌓인 깊은 원한을 갚고, 백성들의 남은 목숨을 보전하고자 하심이었다. 선왕께서 비록 백제를 평정하였으나 고구려는 미처 멸망시키지 못하였는데 과인이 평정을 이루는 유업을 이어받아 마침내 선왕의 뜻을 이루게 되었다. 지금 두 적국은 이미 평정되어 사방이 안정되고 편안해졌다.

앞서도 살폈듯, 통일을 이룬 임금으로 문무왕을 꼽은 것은 신라인 중에는 문무왕 자신뿐이고 기록 가운데는 문무왕릉비문밖에 없다. 문무왕은 자신이 있었던 것이다. 이 교서만 보면 문무왕이 고구려와 백제를 신라가 평정했다고 기록한 것처럼 돼 있다. 그러나 취리산 합의를 보거나 이후 신라와 당나라 사이에 오간 문서만 봐도 이는 신하 앞에서 문무왕이 큰소리를 친 것임을 알 수 있다.

이 교서를 발표한 지 3개월이 지난 서기 669년 5월, 문무왕은 각간 흠순과 파진찬 양도를 당나라에 보내 사죄한다. 뜬금없는 사죄다. 왜 당나라에 고위 관료를 보내 사죄했는지 『삼국사기』 669년 기록에는 적혀 있지 않다. 그러나 다음 해인 670년 『삼국사기』 기록을 보면 의문은 풀린다. 이해는 신라와 당 사이에 본격적인 전쟁이 벌어진 시점이기도 하다.

⑫ 문무왕 10년(670년) 정월, 당 고종은 사신으로 온 신라인 흠순의 귀국은 허락하지만 양도는 억류해 감옥에 가두었다. 양도는 끝내 옥에서 죽었다. 문무왕이 백제의 토지와 백성을 빼앗아 차지하자 당나라 황제가 화가 나서 사신으로 온 이들을 억류했던 것이다.

문무왕은 신라와 백제의 'status quo', 그러니까 두 나라를 사실상 유지한다는 내용의 취리산 합의에 직접 참여한 인물이다. 하지만 신라는 합의서의 먹물이 마르기도 전에 백제를 흡수해버렸다. 당으로서는 격분할 일이다. 그 때문에 문무왕은 669년 사죄의 뜻을 전하려 흠순과 양도를 당에 사신으로 보낸 것이다. 하지만 당은 양도를 옥에서 죽도록 만들었다. 외교 관례를 따른다면 이는 대단한 국가적 모욕이다. 하지만 신라가 이 사건 때문에 당에 항의할 수는 없었다. 국력 차이, 군사력 차이 때문이었다. 신라가 당의 본토를 침공할 수 있는 능력은 없었다. 최상의 방책은 대동강~원산만 라인 이남을 지키는 일이었다.

670년 3월, 신라의 사찬 설오유가 고구려 태대형 고연무와 함께 각기 정예병 1만을 거느리고 압록강을 건너 옥골 ○○○(『삼국사기』 원문에 세 글자가 누락됐다)에 이르렀는데, 말갈의 병사들이 먼저 개돈양에 와서 기다리고 있었다. 4월 4일, 대적하여 싸워서 신라 병사가 크게 이겼다. 그러나 당나라 병사가 계속 당도했기에 신라 병사는 물러나 백성에서 지켰다(『삼국사기』 축약 인용).

고구려 멸망 뒤 처음으로 기록된 신라와 당의 전투이다. 신라가 고구려의 잔존 세력과 연합했음을 알려주는 대목이다. 신라와 고구려 잔존 세력의 연계와 관련한 기록은 이해 6월로 이어진다.

6월, 고구려인 모잠(검모잠을 말한다)이 유민들을 모아 패강(대동강) 남쪽에 이르렀을 때 당나라 관리와 승려 등을 죽였다. 이들은 신라로 향하던 중에 서해의 한 섬(사야도)에 이르러 고구려의 대신 연정토의 아들 안승을 만나 왕으로 추대했다. 이들은 신라에 사람을 보내 슬프게 고했다.

망한 나라를 일으키고 끊어진 대를 잇게 해주는 것은 천하의 공평한 도리이니 오직 대국(신라)이 그렇게 해주기를 바랍니다. 보장왕은 도의를 잃어 멸망당했지만 지금 저희들은 안승을 받들어 군주로 삼았습니다. 신라의 울타리가 되어 영원히 충성을 다하고자 합니다.

문무왕은 이들을 서쪽 지방인 금마저(현재의 익산)에 살게 했다.

670년 7월, 문무왕은 백제의 잔당이 배반할까 봐 대아찬 유돈을 웅진도독부에 보내 화친을 청했다. 그러나 웅진도독부는 이에 따르지 않고, 백제 고위 벼슬의 하나인 사마(司馬) 예군을 보내 신라를 엿보려 했다. 문무왕은 웅진도독부가 신라를 치려는 것을 알고 예군을 붙잡아 돌려보내지 않고는 병사를 일으켜 백제를 토벌했다. 웅진도독부 소속의 성 63곳을 쳐서 빼앗고 그곳의 사람들을 신라의 이곳저곳으로 [內地] 옮기도록 했다. 사실상 웅진도독부의 근간을 뽑고 꺾어버린 셈이다. 신라는 이어 고위 벼슬인 사찬 수미산을 금마저로 보내 안승을 고구려왕으로 봉했다. 왕으로 봉하는 글(책문)의 주요 내용은 이렇다.

(670년) 8월 1일 신라왕은 고구려의 후계자 안승에게 책봉의 명을 내린다. (……) 고구려 보장왕의 정당한 후계자로는 오직 그대가 있을 뿐이다. 사신을 보내 책명을 전하여 그대를 고구려왕으로 삼으니, 그대는 마땅히 유민들을 어루만져 이곳으로 모아들이고 옛 왕업을 다시 일으켜 영원토록 이웃나라로서 (신라와) 형제처럼 친하게 지내며 (신라를) 공경하고 공경할지어다(『삼국사기』 축약 인용).

고구려의 유민을 현재의 익산 지방으로 모은들 얼마나 모을 수 있었을까? 그럼에도 신라가 고구려 유민들에게 이런 태도를 취한 것은 본격적으로 다가온 당나라와의 전쟁에서 고구려 유민들을 우군으로 만들기 위함이었을 것이다. 백제와 고구려 잔존 세력을 대하는 신라의 태도가 달랐던 것도 이런 까닭이다. 신라가 사실상 차지한 백제의 옛 땅에 대해 당나라는 웅진도독부 설치 운운하며 신라의 영토임을 인정하지 않았다. 이러니 신라로서는 백제를 이은 웅진도독부는 인정할 수 없었다. 하지만 고구려의 옛 땅은 대부분 당이 차지한 상태였다. 옛 고구려 땅에서 고구려 부흥 운동이 일어나는 것이 신라 입장에서는 당과 전쟁을 치를 때도 유리한 것이다. 아군이든 연합군이든 많을수록, 그리고 적(당나라)의 전선이 확대될수록 신라에게는 좋은 것이니까! 이런 정황을 뻔히 알고 있는 신라로서는 백제의 옛 땅인 현재의 익산을 명목상으로 떼어 주고 고구려 유민들을 지원했다는 소리를 대외적으로 듣고 싶었던 것일지도 모른다.

신라가 676년 대동강~원산만 라인 이남을 당과의 국경으로 확정한 이후 20여 년 만에 발해가 등장했을 때 큰 관심을 보이지 않았던 것도 이런 이유였을 것이다. 첫째, 어차피 그 땅은 신라 땅이 아니다. 둘째, 거대 제국 당과 국가의 운명을 건 전쟁을 직접 치러보니 당과 국경을 맞대고 있는 게 그리 좋은 것만은 아니더라!

⑬ 문무왕 11년(671년) 1월, 문무왕은 백제의 남은 세력과 마지막 승부를 벌이기 위해 병사를 일으켰다. 웅진 남쪽에서 백제군, 더 정확히는 웅진도독부군과 싸운 것이다. 당나라 병사가 백제를 구원하러

온다는 말을 듣고 신라는 대아찬 진공 등을 보내 옹포를 지키도록 했다. 6월에는 신라 병사들이 백제 가림성(부여 임천면에 있는 성. 사적 4호)을 침입해 백제군이 못 먹도록 벼를 짓밟아버렸다. 당나라 병사와 석성에서 싸워 5천3백 명의 목을 벴다(『삼국사기』 축약 인용).

660년 백제가 몰락하고, 663년 백제 부흥군과 왜나라의 연합군이 나당연합군에 패배함으로써 백제의 역사가 종결된 것이라는 종래의 시각이 『삼국사기』에 따른다면 옳은 것이 아님은 앞서도 살핀 바가 있다. 671년 『삼국사기』 문무왕 11년 기록은 "당나라가 백제를 구원하기 위해 병사를 보냈다"라고 적었다. 백제 부흥 운동의 마지막 원군은 한국사 교과서에 기술된 것처럼 왜나라가 아니라 당나라였던 셈이다. 660년 의자왕의 항복 이후 10년 정도 지난 시점에서 신라와 당의 관계는 이처럼 악화될 대로 악화돼버렸다. 그 틈을 타서 백제 부흥군은 백제의 부활을 꿈꾸고 있었다. 그런 백제 부흥군 세력을 무시할 수 없었던 것인지, 신라는 백제의 군량미로 쓰일까 봐 들판의 곡식까지 짓밟아버렸다. 이 기록을 역사적 사실로 받아들일 수 있다면, 과연 백제의 멸망을 660년이나 663년으로 잡는 것이 타당한 것인지 의문이 들지 않을 수 없다.

이해 7월 26일, 당나라 총관 설인귀가 문무왕에게 글을 보냈다. 취리산 합의를 어긴 신라는 당 황제에 불충을 저질렀으며 이런 행동을 계속하면 사직이 위태로울 것이라는 경고였다. 이 편지와 이에 대한 문무왕의 답신은 676년까지 이어지는 신라와 당의 긴장 관계를 이해하는 데 무척 중요하다. 설인귀의 편지를 현대 문체로 짧게나마 요약해본다.

문무왕께서 변경의 성(백제)에 무력(武力)을 쓴다고 들었다. 이는 취리산 합의에 어긋나는 일이다. 문무왕의 선왕인 태종 무열왕은 나라를 통일할 것을 도모하시어 수많은 성을 전전하면서, 서쪽으로는 백제의 침략을 두려워하고 북쪽으로는 고구려의 노략질을 경계했다. 그래서 선왕께서는 나이 예순에 뱃길을 마다하지 않고 당으로 왔다. 천자가 계신 대궐 앞에 머리를 조아려 신라의 외롭고 약함을 말씀하시고, 고구려와 백제가 신라를 침략하는 것을 진정으로 밝히시니 듣는 모든 사람이 슬퍼했다. 그래서 황제께서 군대를 일으켜 연합해 싸우기로 했다. 신라를 위해 중국의 군사를 일으킨 것은 사실 이익도 적고 애만 타는 일이었지만, 우리는 신라에 신의를 잃을까 봐 걱정해서 계속 그리 했다.

적은 이제 없어졌다. 그런데 왕께서는 황제의 명을 어기고 백제와의 우호를 깨뜨리고 있다. 문무왕께서는 황하의 물이 마를 때까지 당 황제에게 충성을 다하겠다는 서약을 지켰어야 한다. 왕은 황제의 책명을 받고 신하라 칭하지 않았는가. 또 (신라가 고구려왕으로 책봉한) 안승은 나라를 맡는 중한 책임을 감당할 수 없다. 그런데 그를 외부의 응원 세력이라 믿고 있으니 이는 얼마나 잘못된 것인가?

황제의 은덕은 끝이 없다. 황제가 멀리서 이런 소식을 듣고도 쉽게 믿지 않으시고 나에게 사정을 알아보라고 명하셨다. 그러나 문무왕께서는 소를 잡고 술을 내어 당나라 병사를 먹이기는커녕 군사를 숨기면서 칼날을 갈고 있다.

당나라 병사들이 신라 땅에서 요새를 쌓으며 농사를 짓는다면 왕에게는 고질병이 될 것이다. 왕께서 왜 이렇게 일이 돌아가게 됐는지 사정을 분명하게 밝히라. 나는 황제에게서 직접 위임을 받았으니, 상황을 기록하여 황제께 보고한다면 일이 반드시 잘 해결될 것이다. 문무왕이 전에는 충의롭다가 이제는 반역하는 신하가 됐다. 나도 안타깝다. 그러니 문무왕께서는 겸손한 마음으로 다시 돌아가 순리를 따르라. 그러면 사직이 바뀌지는 않을 것이다.

설인귀의 이 편지는 7세기 후반기, 한반도에 대한 당나라의 외교 정책을 집약하고 있다. 당나라는 분명 백제의 온존을 바랐다. 신라가 백제를 지속적으로 공격한다면 "당나라 군대는 신라 땅에서 요새를 쌓으며 농사를 짓겠다"라고 했다. 당나라 군대를 영구 주둔시켜 신라를 군사적으로 위협하겠다는 이야기이다. 선덕여왕이 643년 당에 고구려와 백제를 공격할 군대를 요청했을 때 당 태종이 "당나라 왕족 중 한 명을 보내 신라왕으로 삼는 것"을 대책으로 내세웠던 장면이 겹쳐진다. 당나라는 668년 이후 신라, 고구려, 백제 3국을 '신하의 나라'인 번국으로 유지시켜 동북아 국제질서를 유지하려고 했던 것이다. 신라가 이를 받아들이지 않으면 군사적으로 해결하겠다는 의사를 표명한 것이 설인귀 편지의 핵심이었다.

편지에 적힌 것처럼 당나라가 '고구려와 백제의 온존'을 위해서였는지, 아니면 신라까지도 자신들의 땅으로 삼기 위해서였는지는 명확치 않지만 어쨌든 당나라는 신라를 침공했다. 만약 신라가 이 침공을 막아내지 못했다면 한반도의 이후 역사는 어찌 전개됐을까? 현대 한국인의 입장에서는 생각하기도 싫은 결과가 초래됐을 가능성도 있다.

이 장면에서 생각해봐야 할 것이 하나 있다. '중국 통일 왕조'의 한반도 침략사이다. 크게 보면 세 차례 침략이 있었는데, 모두 통일 왕조의 국가 성립 초기였다는 특징을 보인다. 첫 번째 침입에 해당하는 한의 조선 침입부터 보자.

한나라가 중국을 통일한 것은 서기전 202년이었다. 통일 초기, 자신들보다 군사력이 우위에 있는 흉노 때문에 애를 태우다가 한 무제(재위 서기전 141~서기전 87년) 때 연이어 흉노를 정벌하면서 북쪽 국경을 안정시켰다. 한나라는 이 과정에서 동북 방면으로도 눈길을 돌렸는데, 그것이 조선 침입이었다. 동북아 국제질서의 재편 과정에서 나온 것으로 결과는 한사군의 설치였다(서기전 108년).

한나라 몰락 이후 중국은 분열됐다가 수·당 제국이 이어지면서 수나라가 고구려를 네 차례 침략했다(598~614년). 중국 통일 왕조의 2차 침입에 해당한다. 이 역시 3백여 년 동안 분열됐던 중국 대륙에 통일 왕조가 들어서면서 동북아 국제질서를 재편하려는 의도에서 벌어진 일이었다. 고구려는 어찌 됐든 이를 방어했고, 수나라는 고구려 원정의 실패로 몰락한다. 하지만 수를 이어 들어선 당나라에게 백제에 이어 고구려가 멸망당한다. 당나라의 신라 침입은 중국 통일 왕조의 3차 침입 과정 속에서 나온 것으로, 수나라가 못 이룬 '동북아 국제질서 재편'을 당나라가 이어받은 것으로 볼 수 있다.

주목되는 것은 문무왕이 이끄는 신라가 당나라의 침입을 막아낸 이후, 중국 통일 왕조의 한반도 침입은 재발하지 않았다는 점이다. 물론 요나라의 고려 침입도 있었고, 후금의 조선 침입도 있었다. 그러나 침입 당시 요나라나 후금은 중국의 통일 왕조가 아니었다. 이들의 한반도 침입은 중국 대륙을 장악하기 위해 '배후'를 다진 것이었지, 고려나 조선 자체를 멸망시키기 위한 것이 아니었다. 후금이 두 차례의 호란을 통해 조선을 유린하고서도 조선을 멸망시키려 들지는 않았다는 것에서도 이를 알 수 있다. 혹자는 몽골의 고려 침입을 이야기할지 모르겠지만, 이는 중국 통일 왕조의 침입이 아니라 13세기에 세계 제국을 건설했던 몽골인의 침입이었다.

왜 당나라 이후 중국 통일 왕조의 한반도 침입은 재발하지 않았을까? 어느 한 가지 이유만으로 답을 찾는 것은 무리일지 모른다. 다만 정복 국가의 영토 확장에서 나타나는 보편적 특징을 살폈을 때, '직접 지배'로 인한 이익보다 손실이 클 때 영토 확장 시도는 멈춘다는 점은 기억할 필요가 있다. 만약 중국 통일 왕조의 주변국이 '충성'을 맹세한 상태에서 '지금 현 상태만 유지할 수 있도록 해달라'고 요청한다면 통일 왕조의 대응은 어떤 식이 될까? 이는 '중국 대륙에 막강한 군사·경제력을 가진 나라가 성립했을 때 한반도 국가는 어떤 태도를 취해야 하는가?'라는 요즘 우리의 고민과도 직결된다.

그 점에서 문무왕이 설인귀에게 보낸 답신은 우리가 되새겨야 할 글이다. 이 글을 찬찬히 읽노라면 문무왕이, 그리고 신라인들이 그 시대 최강국인 당나라를 맞아 나라를 지키기 위해, 대동강~원산만 라인 이남을 지키기 위해 얼마나 노심초사했는가를 단번에 알 수 있다. 21세기에 세계 제국으로 웅비하려는 중국을 우리가 어떻게 상대해야 하는가에 대해 시사하는 바가 많다. 하여, 길더라도 네이버에 실린 번역문을 그대로 싣는다. 일부 문장은 독자의 이해를 위해 약간 손질하였다.

선왕이신 무열왕께서 정관(貞觀) 22년(648년)에 당에 입조하여 태종 문황제의 은혜로운 조칙을 직접 받았다. 그 조칙에서 당 태종께서는 "내가 지금 고구려를 치려는 것은 다른 이유가 아니라, 신라가 두 나라 사이에 끼어 늘 침범을 당하여 평안한 날이 없는 것을 딱하게 여겼기 때문이다. 산천과 토지는 내가 탐하는 바가 아니며, 재물과 사람은 내가 이미 가지고 있는 것들이니, 내가 두 나라를 평정하면, 평양 이남의 백제 땅은 모두 너희 신라에게 주어 영원토록 평안하게 하리라"고 하시고는 계획을 지시하고, 군사를 낼 기일을 정하여 주셨다.

신라의 백성들이 이 은혜로운 조칙을 듣고서 사람마다 힘을 기르고 전쟁이 벌어졌을 때 도움이 되기를 기다렸다. 큰일을 마치기도 전에 당나라 태종 황제가 돌아가시고 고종 황제가 제위에 올라 선대 황제의 은혜를 이었으며, 인자한 베푸심이 지난날보다 더했다. 나의 형제와 아들이 금인(金印)을 품고 자주색 인끈을 달게 되니,[138] 영광스러운 총애의 지극함이 예전에 없던 일이었다. 그러므로 몸과

---

138 금인과 자주색 인끈은 당나라 황제로부터 벼슬을 받는 등 인정을 받았다는 의미이다.

뼈가 가루가 되어 부서질지언정 쓸모를 다하려 하였으며, 비록 간과 뇌가 들판을 덮더라도 만분의 일이나마 은덕에 보답하려 하였다.

현경(顯慶) 5년(660년)에 고종 황제께서 선대 태종 황제의 뜻을 끝맺지 못한 것을 유감으로 여기어 남겨둔 사업을 완성하기 위하여 배를 띄우고 장수들에게 명령하여 대규모의 수군을 일으켰다. 나의 선왕(무열왕)은 늙어 쇠약해져서 행군을 견디기 어려웠으나 전날의 은혜를 생각하여 억지로 국경까지 나와서, 나에게 병사를 이끌고 황제의 군대를 영접하게 했다. 동서에서 호응하고 수륙 양군이 함께 전진했다. 수군이 겨우 강어귀에 들어설 무렵에 육군은 이미 대규모의 적군을 격파하고 두 나라 군사가 함께 백제의 수도에 이르러 함께 백제를 평정했다(共平一國).

평정 후에 무열왕은 소정방과 의논하여 중국 병사 1만을 머물게 하였고, 신라도 무열왕의 아들인 인태에게 병사 7천 명으로 당나라와 함께 웅진을 지키게 하였다. 황제의 군대가 돌아간 후에 백제의 신하 복신이 백마강(금강)의 서쪽 지방에서 일어나 백제 유민을 모아 사비성(부여성)을 포위하고 핍박했다. 먼저 바깥 목책을 부수어 군수품을 빼앗고 다시 사비성을 공격하여 거의 함락될 지경이었다. 또 사비성 근처 네 곳에 성을 쌓아 포위한 채 지키고 있어서 사비성에 들고 나지도 못하고 있었다.

내가 병사를 이끌고 달려가 포위를 풀고 사방의 적을 한꺼번에 깨뜨려서 우선 사비성의 위급함을 구원했다. 또 군량을 수송하여 마침내 중국 병사 1만 명을 위기에서 구했으며, 남아 수비하던 굶주린 병사들이 자식을 바꾸어 잡아먹는 지경이 되지 않도록 하였다. 현경 6년(661년)이 되자 복신의 무리가 점점 늘어나서 강의 동쪽 땅까지 침범하였으므로, 웅진의 중국 병사 천 명이 가서 적을 공격하다가 오히려 적에게 깨져서 한 사람도 돌아오지 못하였다. 이 패배 이후로 웅진으로부터 오는 병사의 요청이 밤낮으로 계속되었다.

당시 신라에는 전염병이 많이 돌아 병마를 징발할 수 없었으나 고통스런 요청을 거절하기 어려워 마침내 병사들을 일으켜 주류성을 포위하였다. 적은 우리 병사가 적은 것을 알고 나와 공격하여 우리의 병마는 크게 손해를 입었고 이로움을 잃고 되돌아왔다. 남쪽지방의 여러 성들도 일시에 반란을 일으켜서 복신에게 복속하니 복신이 승세를 타고 또다시 사비성을 포위했다. 이에 따라 웅진으로 가는 길이 끊어져 소금과 된장까지 떨어졌으므로, 즉시 건장한 청년들을 모아 다른 길로 몰래 소금을 보내 궁핍해진 사비성의 병사들을 구원하였다.

이해 6월에 무열왕이 돌아가셨다. 장례를 겨우 마치고 상복도 미처 벗지 못했기에 병사를 보내지 못하고 있을 때에 황제가 조칙을 보내 병사를 일으켜 고구려로 보내라고 했다. 당나라 함자도 총관 유덕민 등이 와서 신라에게 평양으로 군량을 운반하라는 황제의 칙명을 전하였다. 이때에 웅진에서 사람을 보내와 사비성이 고립되어 위급하다고 전해왔다. 유 총관이 나와 함께 일을 상의하면서 "만약 먼저 평양으로 군량을 보낸다면 웅진으로 가는 길이 끊어질 것이 걱정입니다. 웅진 길이 끊어지면 그곳에 남아 있는 중국 병사가 곧바로 적의 손에 떨어질 것입니다"라고 말했다.

유 총관은 마침내 나와 동행하여 먼저 옹산성을 공격하였다. 옹

산을 점령하고 이어 웅진에 성을 쌓아서 웅진 가는 길을 열어 통하
게 하였다. 12월에 이르러 웅진의 군량이 떨어졌으나 먼저 웅진으
로 군량을 보내면 칙령을 어기게 되어 걱정이고, 평양으로 군량을
보낸다면 웅진의 군량이 끊길 것이 걱정이었다. 이런 까닭으로 노
약자를 시켜 웅진으로 운반하게 하고, 강건한 병사들은 평양으로
향하도록 하였는데 웅진으로 수송하던 도중에 눈을 만나서 사람과
말이 모두 죽어 백에 하나도 돌아오지 못하였다.

　용삭 2년(662년) 정월, 유 총관이 신라 양하도 총관 김유신 등과
함께 평양으로 군량을 보냈다. 당시에 궂은비가 한 달 이상 계속 내
리고 눈과 바람까지 불어 몹시 추웠기 때문에 사람과 말이 얼어 죽
어서 가져간 군량을 모두 다 전할 수는 없었다. 평양의 황제군은 돌
아가기를 원했다. 신라 병사도 양식이 떨어져 역시 회군하였는데,
군사들은 굶주리고 추위에 떨었으며 손발에 동상이 걸려 도중에
죽은 자가 이루 헤아릴 수 없을 정도였다. 행렬이 호로하(임진강으로
추정)에 이르렀을 무렵 고구려 병사가 뒤따라와 언덕에 나란히 진
을 쳤다. 신라 병사들은 피로하고 굶은 지 오래였으나, 적이 따라올
까 걱정이 되어 적이 강을 건너기 전에 먼저 강을 건너가서 교전했
는데, 선봉이 잠시 교전하는 사이에 적의 무리가 와해되고 말았으
므로 마침내 병사를 거두어 돌아올 수 있었다. 이 병사들이 집에 도
착하고 한 달도 못 되어 사비성에서 여러 차례 곡식을 요청하기에
앞뒤로 보낸 곡식이 수만 섬이었다.

　남으로는 웅진에 보내고, 북으로는 평양에 보내며 작은 나라인
신라가 두 군데나 공급을 하다 보니, 인력은 피로가 극에 이르고 소

와 말은 모두 죽었으며, 농사지을 시기를 놓쳐서 곡식이 익지 않았고, 저장해두었던 창고의 양식은 운송하느라 모두 떨어졌다. 신라의 백성들은 풀뿌리도 오히려 부족했으나 웅진의 중국 병사들은 식량이 넉넉하였다. 또 남아 있는 중국 군사들이 집 떠난 지가 오래되어 옷이 해어져 몸에 걸칠 온전한 옷이 없다고 하기에 신라에서 백성들에게 할당을 하여 계절에 맞는 옷을 보내주었다.

도호 유인원은 멀리 고립된 성에 주둔하여 사면이 모두 적이라 항상 백제에게 공격을 받고 포위를 당하였는데, 언제나 신라가 구원하여 풀어주었다. 1만 명의 중국 병사가 4년간 신라의 옷과 식량을 먹고 입었으니, 유인원 이하 모든 병졸과 장수의 가죽과 뼈는 비록 중국에서 났으나, 피와 살은 신라의 것이나 마찬가지였다. 중국의 은혜가 비록 끝이 없다고 하지만, 신라가 바친 충성도 또한 가볍게 여길 만한 것은 아니었다.

용삭 3년(663년)에 이르러 총관 손인사가 병사를 거느리고 와서 사비성을 구원할 때 신라의 병마도 역시 정벌에 참여하였다. 행군이 주류성 아래에 이르렀을 때 왜국의 수군이 와서 백제를 도우려 했다. 왜선 1천 척이 백강(백마강, 오늘날 금강)에 머물러 있었고 백제의 정예 기병들이 강가에서 배를 지키고 있었다. 신라의 정예 기병들이 중국 군대의 선봉이 되어 먼저 강 언덕의 진지를 쳐부수니 주류성은 대적할 용기를 잃고 곧바로 항복했다. 남쪽 지방이 평정되자 군대를 돌려 북쪽 지방을 정벌했는데 백제 잔존 세력인 임존성 한 곳이 고집스럽게 항복하지 않았다. 두 군대가 힘을 합하여 그 성을 함께 공격하였으나 그들이 성을 굳게 지키며 강력히 저항하였기 때문에 깨뜨릴 수 없었다.

신라는 즉시 회군하고자 했다. 그러나 당나라 두 대부(杜大夫, 대부는 벼슬 이름)가 "칙명에 의하면 백제를 평정한 후에 모두가 모여 맹약을 맺으라 했다. 비록 임존성 하나가 항복하지 않았지만 신라와 백제는 곧바로 모여 맹약을 해야 한다"고 말했다. 황제의 칙령대로라면 백제를 완전히 평정한 이후에 맹약의 모임을 가져야 했다. 게다가 임존성이 평정되지 않았으므로 완전하게 평정했다고 할 수도 없었다. 또 백제는 행동이 간사하고 속임수가 많아서 이랬다저랬다 반복을 잘하니 지금 모여서 맹약을 하더라도 뒤에 가서 매우 후회할 일이 생길 것이 걱정되므로 맹약을 중지하겠다고 신라는 황제에게 주청했다.

인덕 원년(664년)에 황제가 다시 엄한 칙령을 내려 맹약하지 않은 것을 나무랐으므로, 나는 즉시 웅령에 사람을 보내 제단을 쌓아놓고 모두 함께 모여 맹약을 맺었다. 그리고 맹약을 한 지역을 두 나라의 경계로 삼았다. 모여서 맹약을 맺은 일은 비록 신라가 원한 바는 아니었지만 감히 칙령을 어길 수 없었던 것이다. 또 다시 취리산에 제단을 쌓고 칙사 유인원과 마주하여 피를 입술에 바르고서 산과 강에 맹세하기를, 경계를 확정하고 봉토(封土)로 세워서 이를 영원히 국경으로 삼아 백성들이 살면서 저마다 생업을 꾸리도록 하기로 하였던 것이다.

건봉 2년(667년) 대총관 영국공(英國公. 고구려 정벌 총사령관 이적[李勣])이 요동을 친다는 말을 듣고, 나는 한성주에 가서 그곳에서 병사를 보내 국경에 모이도록 하였다. 신라의 군대가 홀로 쳐들어갈 수는 없어서 우선 세 차례 첩보병을 보내고, 배를 잇따라 띄워서 중국 군대의 상황을 살피도록 하였다. 첩보병이 돌아와서 한결같이 말하기를 "중국 군대가 아직 평양에 도착하지 않았다"고 하기에, 우리는 우선 고구려의 칠중성을 쳐서 길을 열어 통하게 해놓고 중국 군대가 오기를 기다리기로 하였다. 칠중성이 거의 깨질 무렵에 영공(영국공 이적)의 사자인 강심이 와서 "대총관의 명령을 받았는데, 신라의 군대가 꼭 성을 공격할 필요는 없으니 빨리 평양으로 군량을 공급하라고 하셨습니다"라고 말했다. 그래서 명령대로 군대를 모아 행군하여 수곡성에 이르렀는데, 중국 군대가 이미 회군하였다는 말을 듣게 되어 신라 군대도 즉시 빠져나왔다.

건봉 3년(668년) 대감 김보가를 시켜 바닷길로 들어가 영공의 명령을 받아 오도록 했는데, 신라 군사는 평양에 모이라는 분부를 받아 왔다. 5월에 이르러 유우상이 와서 신라의 군대를 징발하여 함께 평양으로 갔다. 나도 역시 한성주로 가서 군사들을 검열하였다. 이때 우리와 중국 군대 모두가 사수에 집결하니, 연개소문의 아들 남건도 출병하여 승부를 결정짓고자 하였다.

신라 군대가 단독으로 선봉이 되어 먼저 큰 진영을 격파하니 평양성의 예봉이 꺾이고 기세가 위축되었다. 그 후에 영공이 다시 신라의 정예 기병 5백 명을 뽑아 먼저 성문으로 들어가 마침내 평양을 격파하고 커다란 공훈을 세웠다. 이에 신라 군졸과 장수들이 모두 "정벌을 시작한 지 이미 9년이 지나 힘이 다하였으나 마침내 두 나라를 평정하여 여러 대에 걸친 오랜 소망을 오늘에야 이루었구나. 나라는 충성을 다한 은혜를 입을 것이요, 백성들은 힘을 다한

상을 받게 될 것이다"라고 말하였다.

　그러나 영공이 슬그머니 말하기를 "신라가 이전에 군대의 동원 기일을 어겼으니, 반드시 살펴보겠다"고 하였다. 신라 군사들이 이 소문을 듣고 더욱 두려운 마음이 생겼다. 또 공을 세운 장군들이 모두 기록되어 당나라에 들어갔는데, 당나라 서울에 도착하자 "지금 신라에는 아무런 공적이 없다"는 말이 있었다.

　신라 장군들이 돌아오자 백성들이 더욱 두려워하게 되었다. 또 비열성(오늘날의 함경남도 안변)은 본래 신라 땅이었는데, 고구려가 빼앗은 지 30여 년 만에 신라가 다시 이 성을 되찾아 백성들을 옮겨 살도록 하고 관리를 두어 지켰으나, 당나라는 이 성을 다시 빼앗아 고구려에 주었다. 신라가 백제를 평정할 때부터 고구려를 평정할 때까지 충성을 바치고 힘을 다하여 당나라를 배신하지 않았는데, 무슨 죄로 하루아침에 이렇게 버림을 당하는지 알 수가 없었다. 신라는 비록 이와 같은 억울한 일을 당하였지만 끝까지 반역할 마음은 갖지 않았다.

　총장 원년(668년)에 백제가 앞서 모여 맹약하였던 곳(취리산)에서 국경을 옮기고 경계 표시를 바꾸어 밭과 토지를 침범하여 빼앗았으며 우리의 노비들을 달래고 백성들을 유혹하여 자기 나라로 데려가 숨기고는 우리가 여러 번 찾아도 끝까지 돌려보내지 않았다. 또 "당나라가 배를 수리하면서 겉으로는 왜국을 정벌한다고 하지만 실은 신라를 치려는 것이다"라는 소문이 들려오니 백성들이 듣고서 놀라고 겁을 내면서 불안해했다. 또 백제의 여자를 데려다가 우리의 한성도독 박도유에게 시집보내고, 그와 함께 모의하여 몰래 신라의 무기를 훔쳐 한 주를 습격하려 하였으나 발각되어 즉시 박도유의 목을 베어 음모를 성공하지 못하게 하였던 일도 있었다.

함형 원년(670년) 6월 고구려가 반란을 일으켜 당의 관리를 모두 죽였다. 신라는 바로 군사를 출동시키려 하였다. 먼저 웅진(백제의 잔존 세력이 세운 웅진도독부를 말함)에 알리기를 "고구려가 이미 반란을 일으켰으므로 정벌하지 않을 수 없다. 그대(백제)와 우리(신라)는 모두 황제의 신하이니 함께 흉적(고구려)을 토벌하는 것이 이치에 맞을 것이다. 군사의 출동은 함께 의논해야 할 문제이므로 관인(요즘으로 치면 고위 공무원)을 이곳에 파견하여 함께 계획하기를 요청한다"고 했다.

백제의 사마 예군이 신라에 와서 의논하는 중에 말하기를 "병사를 일으킨 뒤에 서로가 의심할까 염려되니, 마땅히 두 편의 관리를 서로 바꾸어 볼모로 삼는 것이 좋겠다"고 하였다. 이에 따라 김유돈과 부성의 백제 주부 수미, 장귀 등을 웅진부로 보내어 볼모 교환의 문제를 의논하게 하였다. 백제는 볼모 교환에 응낙하였으나 성 안에서는 여전히 병마를 모아 성 아래에 있다가 밤만 되면 나와서 공격하곤 하였다.

이해 7월에 당에 입조하였던 사신 김흠순 등이 돌아와 신라의 경계를 확정하려 했는데, 당이 계획한 지도를 살펴보니 백제의 옛 땅을 모두 백제에게 돌려주도록 되어 있었다. 황하가 아직 마르지 않았고 태산이 아직 닳지 않았거늘, 3, 4년 사이에 한 번 주었다가 다시 빼앗으니 신라 백성들이 모두 원래 바라던 바가 아니라고 실망하면서 "신라와 백제는 여러 대에 걸친 깊은 원수인데, 지금 백제의 형세를 보면 스스로 따로 한 나라를 세운 셈이다. 백 년 후에는 우리 자손들이 반드시 그들에게 삼켜져 멸망하고 말 것이다. 신라는 이미 당의 한 주(州)가 되었으니 (신라와 백제를) 두 나라로 나누는 것은 옳지 않다. 이를 한집안으로 만들어 오래도록 후환이 없기를 원한다"고 말했다.

작년 9월에 이러한 사실을 모두 기록하여 사신을 보내 아뢰고자 하였으나 바다에서 표류하다가 돌아오고 말았다. 다시 사신을 보냈으나 또한 당에 도달하지 못했다. 그 후에는 바람이 차갑고 파도가 심하여 결국 아뢰지 못했는데, 백제가 거짓을 꾸며서 "신라가 반역한다"고 아뢰었다. 이처럼, 당나라에 사정을 제대로 알리지 못했기에 신라는 당나라 고위 관료들에게도 의심을 사게 되고 백제에게도 무고를 당하여, 나아가든 물러나든 모두 허물을 입어 충성을 보일 수가 없었다. 이와 같은 참소가 날마다 황제의 귀에 들어오니, 변함없는 신라의 충심이 한 번도 통하지 않았던 것이다.

당나라의 사자(使者)인 임윤이 전한 편지를 보고서야 총관(설인귀)이 풍파를 무릅쓰고 멀리 바다에서 온 것을 알았다. 사자를 교외에 보내어 영접하고 고기와 술을 올리는 것이 이치에 맞는 일이나, 다른 지역에 멀리 살아서 예를 갖추지 못하고 때맞춰 영접하지 못한 것이니, 괴이하게 여기지 않기를 바란다. 총관의 편지를 읽어보면 오로지 신라가 반역한 것으로 되어 있으나 이는 본심이 아니며 걱정스럽고 놀라우며 두렵기만 하다. 우리의 공로를 자꾸 말하자니 욕된 꾸지람이나 들을까 걱정되지만, 입을 다물고 나무람을 받으면 또한 불길한 운수에 빠질 수도 있으므로, 지금 억울하고 그릇

된 일을 대략 설명하고 반역할 뜻이 없었음을 상세하게 기록하는 것이다.

당에서는 한 명의 사신이라도 보내어 근본적인 이유를 물어보지도 않고서 곧바로 우리의 터전을 뒤엎고자 군사 수만을 보냈으니, 병선은 푸른 바다를 덮어 배의 머리와 꼬리가 강어귀에 줄을 이었다. 저들 웅진을 독촉하여 우리 신라를 공격하려 하고 있다. 오호라, 고구려와 백제가 평정되기 전에는 신라를 사냥개처럼 부리더니 지금 사냥감이 없어지자 오히려 삶아 먹히는 사냥개처럼 신라는 침략당하고 핍박을 받게 됐구나! 잔악한 적인 백제는 오히려 옹치(한나라를 세운 유방을 배반했음에도 결국 공신에 오른 사람)처럼 상을 받고, 당나라를 위해 죽음을 무릅쓴 신라는 이미 정공(초나라 항우의 부하로, 위기에 처한 한나라 유방의 목숨을 살려주었다가 유방이 초를 멸망시키고 통일한 뒤 그를 죽였다)처럼 죽임을 당하였구나. 햇빛이 비치지 않아도 해바라기와 콩잎의 본심은 오히려 해를 향한 마음을 품고 있도다. 총관은 영웅의 뛰어난 기상을 받고 태어났으며, 장수와 재상의 높은 재주를 갖추었고, 무관으로서 갖추어야 할 모든 덕과 문관으로서 갖추어야 할 모든 학문을 섭렵하였으니, 삼가 천자(당나라 황제)의 벌을 행함에 함부로 죄 없는 자에게 죄를 주지 않으리라. 천자의 군대를 내기 전에 먼저 그 근본 이유를 물었기에, 감히 반역하지 않았음을 진술하였다. 총관은 스스로 깊이 살피고 생각하여 황제께 실상을 아뢰기를 바란다. 계림주대도독좌위대장군개부의동삼사상주국신라왕(雞林州大都督左衛大將軍開府儀同三司上柱國新羅王) 김법민이 말하노라.

"설인귀 당신은 문·무관의 모든 것을 다 갖춘 뛰어난 사람이니 고종 황제가 신라를 오해하지 않도록 사정을 잘 설명해달라"고 마친 이 글을 다시 요약하면 이렇다.

648년 무열왕이 당에 갔을 때 당의 태종 황제는 "평양 이남의 백제 땅은 신라인에게 주겠다"고 약속했다. → 신라인들은 태종의 은혜에 보답하기 위해 전심으로 전쟁을 준비했다. → 660년 당나라가 백제를 칠 때 무열왕이 고령임에도 국경까지 나와서 황제의 군대를 영접한 것도 그런 까닭이다. 그런 노력이 있었기에 신라와 당이 함께 백제를 평정할 수 있었다. → 이후 백제 부흥군이 당을 공격할 때도 신라가 여러 차례 구원했다. → 무열왕이 사망한 뒤 신라는 온갖 고초에도 당나라를 위해 웅진과 평양으로 물자와 병력을 보냈다. → 특히 백제에 주둔한 당나라 병사들의 먹을거리와 입을거리는 신라가 제공했다. 당나라 병사들의 뼈와 가죽은 '중국산'이지만, 피와 살은 '신라산'이라고 해도 과언이 아니다. 그만큼 신라는 당에 충성을 바쳤다. → 663년 왜국이 백제를 구원하기 위해 수군 등을 보낼 때도 신라가 선봉에 서서 그들을 깨뜨렸다. 한데 임존성의 백제 잔존 세력은 여전히 항복하지 않았다. → 임존성에 여전히 백제 잔당들이 남은 상태에서 신라와 백제가 '평화조약'을 맺으면 안 되는데 백제에 주둔한 당나라 군대는 '평화조약'을 맺으라고 신라를 압박했다. 이에 신라는 황제에게 조약을 맺지 말자는 주청을 올렸다. → 그러나 황제께서 조약을 맺으라고 나무라시므로 어쩔 수 없이 664년에 '1차 조약'을 맺었고, 다음 해에 문무왕이 취리산에 직접 가서 조약(취리산 합의)을 맺었다. 그리하여 신라와 백제 간 경계가 확정됐다. → 667년 영국공(영공) 이적이 고구려를 정벌한다기에 신라는 군량을 공급했다. → 668년에도 영국공 이적이 평양에 신라 군사를 보낼 것을 명했기에 나도 평양으로 향했다. 평양성을 칠 때 신라군이 선봉에 서는 등 공이 많았다. → 한데 고구려 멸망 뒤 영국공은 신라가 약속한 날보다 늦게 군대를 보냈다며 나무랐다. 우리는 두려움에 떨 수밖에 없게 됐다. → 또 본래 신라 땅이었다가 고구려가 빼앗은 비열성을 신라가 이 기간에 되찾았는데 당나라는 이곳을 고구려에게 다시 주었다. → 668년 백제의 잔당(웅진도독부)이 취리산 합의를 어기고 신라의 땅을 빼앗았다. → 670년 고구려의 옛 땅에서 반란이 일어났을 때 신라는 취리산 합의에 의거해서 백제에게 "옛 고구려 땅에 반란이 났으니 당황제의 신하인 신라와 백제가 함께 출병하자"고 알렸다. 그러나 백제는 신라를 침략할 준비만 했다. → 게다가 이해 7월 당에 사신으로 갔던 이가 신라로 돌아오면서 당에서 확정하려는 신라의 경계를 보니 백제의 옛 땅은 모두 백제 차지였다. 신라인들은 "신라는 이미 당의 한 주(州)가 됐는데 신라와 백제가 두 나라로 나뉘는 것은 옳지 않다"고 목소리를 높였다. → 이런 사정을 황제에게 알리려 했는데 배가 표류하는 등 어려움이 겹쳐 황제께 알리지 못했다. → 우리는 지금 토사구팽의 처지다. 백제만도 못하다. 제발 우리의 사정을 설인귀 총관께서 황제에게 잘 말해달라.

당시의 최강대국 당나라에 한껏 허리를 숙이지만, 신라는 할 말은

다 하고 있다. 우선, 취리산 합의를 어긴 것에 대해서는 고종 황제의 선왕인 태종이 애초부터 "평양 이남의 백제 땅은 신라에게 주기로 했다"고 반박한다. 애초 약속이 그리 돼 있었다는 것이다. 신라가 백제를 자꾸 공격한다고는 하지만, 취리산 합의를 어기고 신라를 먼저 공격한 것도 백제였다. 또 "두 나라(당나라와 신라) 군사가 함께 백제를 평정했다(共平一國)"라고 명시했다. 백제 부흥군을 격파할 때나 고구려 평양성을 함락시킬 때도 선봉은 신라군이었음을 강조한다. 백제에 주둔한 당나라 병사가 먹고 입은 것도 모두 신라가 제공했다. 취리산 합의 역시 신라는 백제의 간교함을 익히 알고 있었기에 시기상조라고 했는데, 당 황제께서 하라고 하셔서 했다. 그 결과 신라는 백제에게 계속 해를 입고 있다. 당 황제의 '판단 착오' 아닌가? 한데 당나라는 백제의 옛 땅마저 모두 백제에게 주고 있다. 우리는 토사구팽당한 사냥개 신세이다…….

문무왕의 이름으로 보낸 이 편지를 당대의 문장가로 꼽히던 강수가 썼는지의 여부는 확실하지 않다. 하지만 어찌할 수 없을 만큼 강한 존재와 대적해야 했을 때 '상대적 약자'로서 어떤 방식으로 말하고 행동해야 하는가가 이 글에 녹아 있다.

"신라는 이미 당의 한 주(州)가 되었으니 (신라와 백제를) 두 나라로 나누는 것은 옳지 않다"라고 한 대목을 보라. 신라가 이 문장에서처럼 '당에 완전히 복속돼 당의 한 고을처럼 되기를 바랐다'면 당과 전쟁을 벌이지도 않았을 것이다. 또 신라는 어렵게 얻은 백제 땅을 당의 지시에 따라 맺은 취리산 합의 때문에 잃고 싶은 생각도 없었다. 그래서 신라는 "어차피 우리 신라는 당에 복속된 나라이며 당의 일

개 주와 마찬가지다. 그러니 신라가 취리산 합의를 깨고 백제를 차지한다 한들 당으로서는 무슨 상관인가?"라고 말했다. 신라는 현실적으로 취할 수 있는 '최대한의 실속'을 다 차리면서 "자신들이 당에 충성을 다했는데도, 당은 당나라에 불충했던 백제에게 오히려 후하게 상을 내리는 잘못을 범하고 있으며 이는 유방과 항우 때 옹치와 정공의 경우와도 같은 것이라며 당나라를 은근히 비난하고 있는 것이다.

결국 신라 역시 당나라에 의한 동북아 국제질서의 재편을 받아들이며 'status quo'를 이야기했다고 볼 수 있다. 다만 '현상 유지 정책'의 세부 사항이 달랐다. 당나라는 고구려와 백제 2개국의 존속을 '표면상' 바랐다. 신라는 '우리에게 백제 땅만 주세요. 우리는 그 이상 차지할 힘도, 의지도 없습니다. 당나라의 고구려 장악은 우리 역시 받아들입니다. 우리는 고구려처럼 중국 통일 왕조와 맞상대할 생각도 없습니다. 신라는 이미 당나라의 한 주가 됐다고 인정했잖아요'라고 이야기한 셈이다.

결국 신라와 당나라 간 전쟁이 지속되느냐의 여부는 당나라가 신라의 제안을 받아들이느냐의 여부에 달린 것이었다. 어차피 신라는 당나라를 '선공'할 생각이 없음을 문무왕의 편지는 분명히 했다. 당나라에 복종할 것임도 문무왕은 편지를 통해 분명히 밝혔다. 676년 전투를 끝으로 당나라가 신라를 더 이상 공격하지 않은 것이 '신라의 영웅적인 군사적 투쟁'이 주된 원인이었는지, 아니면 일부 한국사학자들의 지적처럼 당나라 북서쪽 국경에서 급성장한 토번(오늘날 티베트) 지역으로 당나라가 군사력을 돌려야만 했기 때문인지 필자가 이

자리에서 논할 생각은 없다.[139] 하지만 문무왕의 이런 태도는 당나라에게 '선택의 여지'를 넓혀준 것은 사실이었을 것이다. 문무왕의 편지에서도 드러나듯, 신라는 당나라가 동북아 국제질서를 재편하고 유지하는 데 '눈엣가시' 같은 나라가 아니었기 때문이다. 그리고 문무왕의 이 같은 태도를 후대 한반도의 지배자들이 받아들였다면, 중국의 통일 왕조가 한반도를 굳이 침입할 필요가 없었을 것이다.[140]

물론 개인차는 있을 수 있다. 문무왕의 편지에서 '지나친 사대와 굴종'이 보인다고 얘기할 사람도 있을 것이다. 하지만 당대의 신라인들은 이처럼 행동했다. 그리고 그것이 현실이었다.

다만 이 책의 주제와 관련하여 우리가 기억해야 할 점이 있다. 다른 모든 신라인과 달리 '삼한은 태종 무열왕이 아닌 자신이 통일했다'고 자부했던 문무왕도 당 태종의 약속을 운운하며 "평양 이남의 백제 땅은 신라 차지"라고 이야기했다는 점이다. 문무왕, 그리고 신라의 애초 목적은 '대동강~원산만 라인 이남'이었던 셈이다. 신라가 차지하려 했던 지역 중 고구려의 옛 땅은 지극히 일부일 뿐이었다.

---

139 당나라가 7세기 후반기에 토번 때문에 군사적 어려움을 겪었으며, 나당전쟁이 종료된 것도 당과 토번 간 전쟁의 영향이 크다는 점은 서영교의 「나당전쟁과 토번」(『동양사학연구』 제97집, 2002년)과 『나당전쟁사 연구-약자가 선택한 전쟁』(아세아문화사, 2007년)을 참조.

140 당 이후 중국 통일 왕조는 송-원-명-청으로 이어졌다. 당시 고려와 조선이 중국 통일 왕조에 어떤 태도를 취했는가를 살핀다면, 왜 한나라나 수·당으로 이어졌던 중국 통일 왕조의 대규모 한반도 침입 전쟁이 그 이후 재발되지 않았는가를 이해할 수 있을 것이다. 그런 점에서, 14세기 말 이성계의 위화도 회군 없이 최영의 요동 정벌이 실제로 진행됐다면 한반도의 역사는 어떻게 전개됐을까를 상상하는 것도 재밌는 일이 될 것이다. 상상은 독자의 몫이다.

만약 삼한에 고구려가 포함된다면, 그리고 신라인들 스스로가 고구려가 포함된 삼한을 통일했다고 생각했다면 문무왕은 왜 "평양 이남의 백제 땅은 신라 차지"라는 당 태종의 말을 근거로 삼으려 했을까? 평양 이남의 땅은 고구려의 극히 일부에 불과했는데. 결국 문무왕조차 삼한의 지리적 범위에 고구려를 포함시키지 않았던 것이다. 또한 "평양 이남의 백제 땅은 신라 차지"라는 표현에서도 알 수 있듯, 통일 전쟁을 벌인 신라의 주된 목적은 '백제 정복'이었다. 고구려는 안중에도 없었다. 그랬기에 문무왕은 신라와 당나라의 전쟁이 벌어졌을 때 당 태종의 말을 빌려 "평양 이남의 백제 땅은 신라 차지"라고 말한 것이다. 그 때문에 이후의 신라인들은 통일을 이룬 왕으로 백제 멸망을 지켜본 태종 무열왕을 꼽았던 것이다.

⑭ 문무왕 12년(672년) 정월 장수를 보내 백제 고성성(古省城)을 공격해서 이겼고 2월에는 백제의 가림성을 쳤으나 이기지 못했다.

이 기록을 통해 가림성이 백제의 마지막 항전 기지였음을 알 수 있다. 그 전해인 671년 신라가 공격해서 백제군이 먹지 못하도록 벼까지 짓밟았던 곳도 가림성이었다. 이 기록을 마지막으로, 신라가 백제의 잔당 세력 혹은 웅진도독부와 싸웠다는 기록은 더 이상 등장하지 않는다. 백제가 역사에서 완벽하게 사라지는 순간이다.

이해 9월 문무왕은 붙잡아두었던 당나라 병선과 당나라 군인 및 백제인 등을 풀어주고 당나라 황제에게 사죄하는 표문을 올렸다. '지난번'[141]에 백제가 당나라에 가서 호소하고 당나라 병사를 청하여 신라를 침공했을 때, 일이 급박하여 황제께 아뢰지 않고 신라 병사를 내어 백제를 토벌한 것에 대한 사죄의 표시였다. 문무왕이 당 황제에게 직접 올린 글로 현재까지 남아 있는 것은 이 편지가 유일하다. 이 표문은 문무왕이 당 황제에게 어떤 태도를 취했는지를 극명하게 보여준다. "당나라를 물리치고 삼국 통일을 이뤘다"고 우리가 초등학교 시절부터 내내 배웠던 문무왕이 당 황제를 어떻게 대했는지 그 민낯을 보기 위해, 표문을 가능하면 네이버 번역문 그대로 싣는다.

신(臣)은 죽을죄를 짓고 삼가 아룁니다. 옛날에 저의 처지가 위급하여 마치 거꾸로 매달린 것 같았을 때 멀리서 건져주신 은혜를 입어 겨우 죽을 것을 면하였습니다. 몸과 뼈가 부수어 바스라진다 하여도 크나큰 은혜를 갚기엔 부족하고 머리가 부수어져 재와 먼지가 되어도 어찌 자애로운 은덕을 갚을 수 있겠습니까? 그러나 깊은 원수인 백제는 우리의 변방을 침범하여 핍박하고, 황제의 군대를 끌어들여 저희를 멸하여 치욕을 갚으려 했습니다. 저는 파멸이 두려워 스스로 살 길을 찾으려다가 억울하게도 흉악한 역적의 이름을 뒤집어쓰고 마침내 용서받기 어려운 죄를 짓게 되었습니다. 제가 행한 일의 의도를 아뢰지 못하고 먼저 벌을 받아 죽게 된다면, 살아서는 천자의 명령을 거스른 신하가 되고 죽어서는 은혜를 저버린

---

141 정확히 언제를 얘기하는지 알 수 없게『삼국사기』에 기록돼 있다. 맥락상으로는 672년 정월과 2월에 벌어진 신라와 백제 부흥군과의 전투로 추정된다.

귀신이 될까 두렵습니다. 삼가 사실을 기록하여 죽음을 무릅쓰고 아뢰오니, 잠시라도 귀를 기울여주시어 근본 되는 이유를 밝게 살펴주시기를 엎드려 바라옵니다.

저는 전대 이래로 조공을 끊지 않았으나 근래에 백제 때문에 거듭 조공을 빠뜨렸습니다. 마침내 황제의 조정에서 뒷말이 나게 됐고, 급기야 당나라 장수에게 명하여 저의 죄를 토벌하게 하였습니다. 저의 죄는 죽어도 모자랍니다. 남산(南山)의 대나무를 다 베어도[142] 저의 죄를 적기에 부족합니다. 포야(중국 종남산에 있는 골짜기)의 숲을 다 베어도 신을 벌할 형틀을 만들기에 부족할 것입니다. 종묘사직을 헐어 늪과 연못으로 만들고 저의 몸을 찢어 죽이더라도, 이 사정을 듣고 친히 판단을 내려주신다면 달게 죽음을 받겠습니다. 저는 관을 곁에 놓고 머리의 진흙도 마르지 않은 채 피눈물을 흘리며 조정의 처분을 기다려 삼가 형벌의 명을 따르겠습니다.

엎드려 생각하건대 황제 폐하의 밝음이 해와 달과 같아서 그 빛을 온 세상 구석까지 비추시고, 덕은 천지와 합치하여 동식물이 모두 그 은덕으로 살아가며, 생명을 살리기 좋아하는 덕은 멀리 벌레에게까지 미치고, 생명을 죽이기 싫어하는 어진 마음은 날짐승과 물고기에게까지 이르고 있습니다. 만약 용서를 하시어 허리와 머리를 보전할 수 있는 은혜를 내려주신다면 죽는 날이 오히려 태어나는 날로 여겨질 것입니다.

---

142 당시는 대나무를 쪼개 만든 죽간(竹簡)에 글을 적었기에 이런 식으로 표현한 것이다.

바라는 바는 아니었지만 감히 마음속의 회포를 아뢰오니, 칼에 엎드려 죽을 생각을 누를 길이 없사옵니다. 삼가 사신 원천 등을 보내 글월을 올려 사죄하고, 엎드려 칙명을 듣고자 합니다. 머리를 조아리고 또 조아립니다. 죽어 마땅하고 또 마땅합니다.

문무왕은 이와 동시에 은 3만 3천5백 푼, 구리 3만 3천 푼, 바늘 4백 개, 우황 120푼, 금 120푼, 삼베 40승포[143] 6필, 30승포 60필을 황제에게 진상했다.

이 표문에 대한 판단을 어떻게 하든, 그러니까 약자(신라)로서 강자(당)를 대할 때 어쩔 수 없는 선택으로 생각하든, 아니면 문무왕이 당에 대해 지나치게 사대적 태도를 취했다고 생각하든 그것은 독자의 몫이다. 변하지 않는 사실은 이런 표문을 문무왕이 당 황제에게 보냈다는 것이다. 그리고 이 문장을 문무왕 스스로가 짓지 않고 강수 등 당시 신라의 최고 지식인이 지었으며, 이를 문무왕의 이름으로 보낸 것이라는 점을 인정한다면 최소한 당시의 신라 지식인들도 이렇게 생각했다는 사실만큼은 인정해야 할 것이다. 즉 왕을 포함한 신라의 지배 계급은 신라가 백제를 병합한 것에 대해 당 황제에게 '명목상으로는' 사죄할 수밖에 없다는 사실을 인정했던 것이다.

⑮ 문무왕 13년(673년) 9월 (당과의 전투에 대비해) 여러 성을 쌓은 뒤

---

143 승(升)은 직물의 밀도를 나타내는 단위로, 승수가 클수록 섬세하다.

임금이 대아찬 철천 등을 보내 병선 백 척을 거느리고 서해를 지키게 했다. 당의 병사가 말갈과 거란의 병사와 함께 북쪽 변경을 침범하였는데, 아홉 번 싸워 신라의 병사가 승리하였다. 2천여 명의 목을 베었고, 당의 병사 중 현재의 임진강에 해당하는 호로강과 왕봉강에 빠져 죽은 자가 셀 수 없을 정도였다. 이해 겨울, 당나라 병사가 고구려의 우잠성을 공격하여 항복시켰고, 거란과 말갈의 병사는 대양성과 동자성을 공격하여 멸하였다.

신라가 당나라, 그리고 당과 연합한 거란 및 말갈 세력과 일진일퇴를 벌이며 한반도 중남부를 지키기 위해 치열한 전쟁을 치르고 있음을 알려주는 기록이다.

이해 기록 중 "태종 무열왕이 백제를 멸망시켰을 때(太宗王滅百濟)"라는 표현이 등장한다. 대부분의 신라 기록에서 "태종 무열왕이 삼한을 통일했다"고 적었는데, 문무왕 때의 기록에서만큼은 태종 무열왕이 '삼한'이 아닌, '백제' 지역을 통일한 왕으로 기록돼 있는 것이다.

⑯ 문무왕 14년(674년), 문무왕이 당에 반란을 일으킨 고구려의 무리를 받아들이고 또한 백제의 옛 땅을 차지하고서 병사를 보내 지키게 하니, 당 고종이 크게 화가 나서 조서를 내려 문무왕에게 내렸던 관작을 삭탈했다. 그리고 당나라 수도에 있던 임금의 동생 김인문을 신라왕으로 삼아 귀국하게 하고, 유인궤를 계림도대총관으로 삼고, 위위경 이필과 우령군대장군 이근행에게 보좌하도록 하여 병사를 일으켜 신라를 토벌해왔다.

신라와 당의 대립이 절정에 이르렀음을 알 수 있다. 오죽하면 당의 입장에서 '줬던 선물'(문무왕에게 당에서 내린 관작)까지도 뺏으려 했겠는가?

신라 역시 당의 이런 태도에 맞서, 이해 9월 안승을 보덕왕(報德王)으로 책봉했다고 『삼국사기』는 기록했다.[144] 고구려 유민과의 연계를 고려해서 취한 행동이었다. 당 황제에게 '죄를 청한다'는 글을 올릴 정도로 '저자세'였지만, 막상 한반도 중남부를 지키기 위해서는 당에게 '할 테면 해보라'는 식으로 맞섰던 것이다.

⑰ 문무왕 15년(675년)은 신라와 당의 전쟁이 절정에 이른 해였다. 전투 기록도 유독 많다. 그리고 이해에 이르러 신라가 한반도 중남부 지역을 확실히 장악하게 됐다.

이해 2월 유인궤가 칠중성(경기도 파주시 적성면 소재)에서 신라 병사를 쳐부쉈다. 유인궤는 승전 후 병사를 이끌고 돌아갔다. 당 황제는 이근행을 안동진무대사로 삼아 그곳을 다스리게 했다. 문무왕이 당나라에 사신을 보내 조공하고 사죄하니, 황제가 용서하고 왕의 관작을 회복시켜주었다. 이 때문에 신라왕으로 책봉받아 경주로 향하던 김인문은 도중에 당으로 되돌아갔다. 당에서는 김인문을 임해군공

---

144 김부식은 이에 대해 "앞서 문무왕 10년(670년)에 안승을 고구려왕으로 책봉했는데 674년에 안승을 다시금 '보덕왕'으로 책봉했다는 것이 무슨 뜻인지 잘 알지 못하겠다"고 덧붙여 적었다. 『삼국사기』가 옛 기록을 그대로 인용해 책을 서술하고 있음을 알려주는 대목이다.

으로 고쳐 책봉했다. 그러나 "신라는 백제 땅을 많이 빼앗아 드디어 예전의 고구려 남쪽 국경 지역까지 신라의 주와 군으로 삼게 됐다"고 『삼국사기』는 기록했다.

신라와 당이 치열한 전쟁을 치르면서도, 필요에 따라서는 서로에 대한 '최소한의 예의'는 갖추려 했음을 느끼게 하는 대목이다. 문무왕은 다시금 사죄의 글월을 황제에게 올렸고, 황제는 용서하며 관작을 다시 내려주었다. 이런 치열한 '전쟁과 평화'를 치르면서 신라는 "옛 백제와 고구려 남쪽 국경 지역"까지 확보했다고 『삼국사기』는 기록한다. 당과의 '8년 전쟁'을 치르면서 신라가 '실제로 확보한 영토'가 구체적으로 어디였는지를 기록한 것은 『삼국사기』 문무왕 15년 2월 기록이 유일하다. '신라인들의 기록'이나 『삼국유사』 등 어느 사료에도 존재하지 않는 통일 전쟁기 신라의 국경선이 언급된 유일한 예이다.

이 기록을 보더라도 신라가 '통일 전쟁'을 통해 실제로 확장한 영역, 즉 '통일한 지역'은 넓게 보아도 대동강~원산만 라인 이남임을 알 수 있다. 그리고 그곳을 신라인들은 '통일 지역'으로 생각했다. 신라인들이 왜 '삼국 통일'이 아니라 '삼한 통일'이라는 표현을 썼는지, 왜 태종 무열왕을 통일 군주로 꼽았는지, 왜 발해의 건국 때 그리도 무관심했는지 이 기록을 통해서도 명확히 알 수 있는 것이다. 그럼에도 전쟁은 계속됐다.

문무왕은 당나라 병사가 거란과 말갈의 병사와 함께 침략해온다는 말을 듣고 아홉 군대를 출진시켜 대비했다고 『삼국사기』는 기록한다. 이해 9월 설인귀가 천성에 쳐들어왔다. 당나라에 유학생으로 있던 풍훈의 아버지 김진주가 신라에서 처형당한 것을 핑계로 풍훈을 길잡이로 삼아 공격해온 것이다. 신라 장군 문훈 등이 맞서 싸워 이겨서 1천4백 명의 목을 베고 병선 40척을 빼앗았다. 설인귀는 포위를 헤치고 도망쳤으며, 신라는 승전의 대가로 전마 1천 필을 얻었다. 며칠 뒤인 9월 29일, 신라 토벌의 총사령관인 이근행이 군사 20만 명을 거느리고 매초성(경기도 연천군에 위치한 것으로 추정)에 주둔했는데, 신라 병사가 공격하여 쫓아버리고 말 3만 380필을 얻었다. 노획한 무기도 그만큼 됐다. 노획한 병마만 3만 필이 넘었으니 군사적으로 보면 대승 중의 대승이었다. 그럼에도 신라는 이때 당에 사신을 보내 토산물을 바쳤다고 『삼국사기』는 바로 기록했다.

전쟁은 계속됐다. 말갈이 아달성에 침입하여 노략질하자 성주 소나(素那)가 맞아 싸우다가 죽었다. 당나라 병사가 거란과 말갈 병사와 함께 칠중성을 포위하였으나 이기지 못하였다. 말갈이 또 적목성을 포위하여 함락시켰다. 당나라 병사가 석현성을 포위해 함락시켰다. 그러나 "신라 병사가 당나라 군대와 열여덟 번의 크고 작은 싸움에서 모두 이겨서 6천47명의 목을 베고 전마 2백 필을 얻었다"고 『삼국사기』는 기록했다.

⑱ 문무왕 16년(676년)은 신라인들이 누대로 바라왔던 '통일'이 이뤄진 시점이었다. 그러나 이해에 전투는 두 차례만 벌어졌다.

우선, 7월 당나라 병사가 도림성을 공격하여 함락시켰다. 4개월 뒤인 11월, 사찬 시득이 수군을 거느리고 설인귀와 소부리주 기벌포(금강 하구인 충남 서천 장항 지역)에서 싸웠으나 크게 패하였다. 그러나 신라는 다시 진군하여 크고 작은 22회의 싸움에서 승리하고 4천여 명의 목을 베었다. 676년 기벌포 전투가 신라와 당의 마지막 전투 기록이다. 이 기록을 끝으로 더 이상 신라와 당 사이의 전투에 대한 내용은 『삼국사기』에 적혀 있지 않다.

⑲ 681년(문무왕 21년) 문무왕이 타계했다. 그의 유언은 "과인은 어지러운 운을 타고 태어나 전쟁의 시대를 만났다. 서쪽을 정벌하고 북쪽을 토벌[145]하여 영토를 평정하였다"로 시작된다.

이 유언에 따른다면, 그리고 고구려 멸망 직후인 669년 2월 문무왕이 신하들에게 내린 교서에서 "과인이 두 나라를 평정했다"라고 이야기했던 것을 보면 문무왕은 "자신이 백제와 고구려를 정벌하여 삼국을 통일했다고 생각했다"고 이야기할 수 있다.

하지만 당시의 신라 영토를 생각한다면 '문무왕의 서정북토(西征北土)'는 사실과 다르다. 여전히 고구려의 옛 땅 대부분은 당의 차지였으니 말이다. 또 문무왕이 671년 당나라 설인귀에게 보낸 글에서 "당 태종이 평양 이남의 백제 땅을 신라에게 주기로 약속했다"며 신라가 원하는 당나라와의 국경선을 분명히 한 것이나, 다음 해인 672년 당나라 고종 황제에게 보낸 표문에서 '모든 잘못은 백제 때문입니다. 하지만 무조건 제가 잘못했습니다. 죽여주십시오'라고 비는 태도를

---

145 백제를 정벌하고 고구려를 토벌했다는 뜻.

보인 것에서 볼 때 문무왕이 과연 고구려까지 평정했다고 진심으로 생각했는지는 의문이다. 그가 당과 치열한 전투를 치르면서 남긴 두 편의 글(설인귀에게 보낸 글과 당 고종에게 보낸 표문)이나, 『삼국사기』의 많은 다른 기록, 그리고 설인귀가 671년에 문무왕을 책망하면서 보낸 글을 보면 신라의 '백제 병합 욕망'은 백 퍼센트 사실이었다. 백제의 옛 땅, 더 나아가 평양 이남 지역을 신라가 포기할 생각은 추호도 없었다. 그러나 '평양 이북 지역'에 해당하는 고구려 영토에 대한 신라의 욕망은 보이지 않는다.

당의 영토가 된 고구려

발해의 건국과 삼한
(698년)

『삼국사기』에 따르면, 서기 731년(성덕왕 30년) 2월 신라는 김지량을 당나라에 보내 새해 인사를 올렸다. 당 현종은 신라에 내린 조서에서 "삼한이 사이좋게 잘 지낸다"라고 했다. 발해가 건국한 지 한 세대가 넘은 시점이었다. 이 문장을 우리 국내학자들의 주장처럼 7세기 이후 중국에서는 '삼한=고구려, 백제, 신라'였으므로 결국은 "고구려의 옛 땅을 차지한 발해와 신라가 새롭게 삼한이 돼서 잘 지낸다"는 것으로 해석할 수 있을까? 그렇게 해석한다면 신라의 삼한 통일은 사실과 다른 이야기가 된다. 여러 차례 지적했지만, 삼한에 고구려가 포함되는 순간, 발해와 '삼한 통일'은 양립 불가가 된다. 삼한에 고구려를 포함할 것이면, 발해의 등장으로 삼한의 통일은 깨지게 되는 것이다.

한 가지 더 지적할 것은 당시 신라와 발해의 사이가 "잘 지낸다"라고 표현할 정도로 좋았느냐는 점이다. 서기 733년 신라와 발해가 '전쟁 상태'에 들어섰다는 것은 여러 차례 밝힌 바 있다. 당의 요청에 의한 것이기는 했지만, 어쨌든 신라와 발해는 당 현종이 신라에 조서를 내린 2년 뒤에 전쟁도 치를 정도였다. 결국 성덕왕 시절, 당 현종이 "삼한이 잘 지낸다" 운운했을 때의 삼한은 한반도 평양 이남의 중남부 지역을 뜻하는 것이었다. 고구려의 옛 지역까지 포함하는 개념으로 삼한이었다면, 발해의 존재를 설명할 길이 없다.

발해가 건국할 당시 신라의 대응에 대한 언급은 어느 기록에도 없다. 특히 『삼국사기』나 『삼국유사』는 예전 사료들을 직접 인용하는 경우가 허다했는데, 이 두 역사서에 발해의 건국 때 신라의 반응이나 대응이 어땠는지에 대해 한마디도 언급이 없었다는 것은 발해가 건국할 때 신라 안에서는 '나라가 분열된다'는 그 어떤 위기의식도 없었다는 뜻이 된다. 그러니 기록조차 남기지 않은 것이다. 이는 평양이북의 옛 고구려 영토에 대한 신라인들의 의식, 즉 '저 땅은 우리 땅이 아니다'라는 신라인들의 속내를 뜻하는 것이기도 하다. 신라인들은 나라가 망할 때까지 '삼한 통일'을 이루었고 그것을 유지하고 있다는 사실에 큰 자부심을 느꼈다. 고구려의 옛 땅 대부분을 차지한 발해의 건국 때 신라가 아무런 태도도 취하지 않았고 기록조차 남기지 않았으며, 그럼에도 삼한의 통일이 유지되고 있다고 생각했다는 사실은 '삼국 통일'과 '삼한 통일'이 같은 뜻이 아님을 웅변하는 것이다. 그랬기에 신라인들은 '삼국 통일'이라는 표현을 최치원 단 한 사람을 제외하고는 누구도 쓰지 않았다.

신라, 당으로부터 대동강 이남의 땅을 공인받다

문무왕 시절 당과 전쟁을 벌였을 때도 신라가 당에 자주 조공하고 사죄했음은 앞에서도 살폈다. 당은 733년 발해가 자국의 영토를 침범하자 신라왕에게 관작을 더한 뒤 발해의 후방을 칠 것을 명했다. 신라는 이에 응했다. 이 전쟁에서 신라가 얻은 것은 없다. 그러나 동북아 국제 구도가 당-발해-신라로 완벽하게 정립됐음은 확인할 수 있다. 당 역시 이를 무시할 수 없었을 것이다. 676년 신라와 마지막 전투를 치른 뒤 60년 가까이 흐른 735년(성덕왕 34년) 당 황제는 조칙을 내려 "신라에 패강(浿江, 대동강) 이남의 땅을 준다(勅賜浿江以南地)"고 선언한다.

신라 성덕왕, 당 황제에게 "대동강 이남 땅 주셔서 감사"

그다음 해인 736년(성덕왕 35년) 6월 성덕왕은 당나라에 사신을 보내며 표(表)를 올렸다. 『삼국사기』에 기록된 표문의 내용을 옮기면 이렇다.

황제의 은혜로운 칙서를 엎드려서 받았습니다. 패강 이남의 땅을 주신다는 내용이었습니다. 황제의 신하인 저는 바다의 먼 귀퉁이에서 태어나 살면서 성스러운 황제의 교화를 입었습니다. 비록 충성된 마음을 먹기는 하였으나 나타낼 만한 공적은 없었으며, 충성과 정절로 일을 삼았으나 노력은 상을 받기에 부족하였습니다. 폐하께서 비와 이슬 같은 은덕을 베풀고, 해와 달처럼 밝은 조서를 내려,

저에게 땅을 주시어 고을이 넓어졌습니다. 드디어 땅을 개간할 기대를 갖게 되었고, 농사짓고 누에 칠 장소를 얻게 되었습니다. 제가 조칙의 뜻을 받들어 영화로운 은덕을 깊이 입었으니, 뼈가 부서지고 몸이 가루가 되더라도 보답할 길이 없습니다.

676년, '8년 전쟁'을 마친 신라가 대동강~원산만 이남 토지를 사실상 장악했다면, 735년에 이르러서 대동강~원산만 이남의 신라 국경선은 당에 의해 공인됐다. 통일 전쟁 직후 신라가 차지한 서북쪽 영역이 대동강 이남이었을지 임진강 주변이었을지는 학계에서 논쟁 중이라는 것을 밝힌 바 있다. 또 676년 이후 신라가 당과 전투를 벌였다는 사실을 기록한 사료는 없다. 만약 신라가 통일 전쟁 직후 차지한 영토가 임진강 주변이었다면, 신라가 대동강 이남으로까지 언제 어떻게 국경을 확장했는지는 명확하지 않다. 당의 한반도 지배가 느슨해지고 발해의 건국을 틈타서 신라가 조금씩 북진했을지도 모른다. 어쩌면 통일 전쟁 직후 신라의 서북 경계는 애초부터 대동강 이남이었는지도 모른다. 하지만 『삼국사기』나 『삼국유사』 그 어느 사서에도 통일 전쟁 직후 신라의 국경선이 어디였다고 명확히 기록한 것은 없다. 물론 『삼국사기』 문무왕 15년(675년) 기록에 "신라는 백제 땅을 많이 빼앗아 드디어 예전의 고구려 남쪽 국경 지역까지 신라의 주와 군으로 삼게 됐다"고 했지만, '예전의 고구려 남쪽 국경 지역'이 명확하게 어디를 이야기하는지는 확실하지 않다. 그러나 735년 이전 어느 시점에 신라가 대동강 이남을 이미 차지하고 있었다는 것은 의심의 여지가 없는 일이다.

이 국경선을 당나라가 공인하지 않는다 한들 신라에게 문제가 될 것은 없었다. 어차피 대동강 북쪽은 발해가 차지하고 있었으니 말이다. 대동강 지역에서 국경 분쟁이 난다면 이는 신라와 발해 간의 문제이지, 당이 개입할 수 있는 여지가 없다. 그럼에도 신라 성덕왕은 대동강 이남의 땅을 준다는 당나라 황제의 조칙에 한없는 감사를 올리고 있다.

신라인들이 한국사학계의 일치된 견해처럼 고구려를 포함한 삼국을 통일했다고 스스로 생각했다면, 당나라 황제의 이 조칙에 '반발'했을 것이다. 신라의 영토를 축소시키는 일이기 때문이다. 신라는 자신들이 실제로 차지했던 백제 땅을 당나라가 백제에게 되돌려주려는 취리산 합의에 반발해서 결국 당과 국운을 건 '8년 전쟁'을 벌이기도 했다. 마찬가지로, 만약 신라인들이 고구려를 자신들이 통합했다고 생각했다면 735년에 당 황제가 내린 조칙에 반발하며 '대동강 이북도 원래 우리 땅'이라고 강하게 이야기했을 것이다. 하지만 신라는 "황제의 은혜에 보답할 길이 없다"며 엎드려 감사를 표했다. 이것이 통일 전쟁 이후 신라인들의 '통일과 국경에 대한 인식'의 실체였다.

『삼국사기』 '견훤 전'에서 보이는 신라 말기 삼한의 용례

성덕왕 30년(731년) 기록 이후 '삼한'이라는 표현은 『삼국사기』「신라본기」에는 더 이상 등장하지 않는다. '삼한'이라는 표현이 다시 등장하는 것은 『삼국사기』 '김유신 전'과 '견훤 전'에서다. '김유신 전'은 앞에서 살폈으므로 '견훤 전'을 보자. '견훤 전'은 신라 멸망기에 삼한이라는 용어를 당시 사람들이 어떻게 사용했는지를 알려준다.

928년 정월, 고려 태조는 경순왕에게 보낸 편지에서 "지난번에 삼한에 액운이 닥치고……"라고 했다. 여기서 삼한은 물론 신라가 통합했던 영토만 의미한다. 발해는 이미 2년 전인 서기 926년, 거란족의 요나라에게 망했다. 이미 요나라가 된 지역을 삼한이라고 이야기할 수는 없다.

견훤의 아들 신검이 견훤을 폐위시키고 935년 10월에 내린 교서에는 "(아버지 견훤은) 말세에 나시어 세상을 구하려는 책임을 떠맡고 삼한을 다니며 백제를 회복하셨다"는 문장이 있다. 여기서의 삼한도 역시 통일 전쟁 이후의 신라 땅을 의미한다. 견훤이 발해나 요나라까지 다니면서 백제 부흥 운동을 했던 것은 아니니까 말이다.

견훤이 왕건에게 투항한 직후인 936년, 견훤의 사위인 영규 역시 "왕건에게 투항하자"고 아내에게 이야기할 때도 "(왕건이 인심을 얻고 있으니) 반드시 삼한의 주인이 될 것이다"라고 말한다. 여기서의 삼한도 역시 신라 땅만을 말한다. 신라 최말기에 신라인들이 사용한 '삼한'이라는 표현에서도 평양 북쪽 고구려의 옛 땅은 포함될 수 없었던 것이다.

『삼국유사』에 보이는 신라인들의 통일과 국경에 대한 인식

『삼국사기』에는 '신라인들의 통일과 국경에 대한 인식'과 관련해서

'삼국 통일'이라는 표현이 한 차례도 등장하지 않는다.[146]

반면『삼국유사』에는 두 차례 등장한다. 이 중 '태종 춘추공'에서 언급된 '삼국 통일'에 대해서는 맥락상으로 보더라도 '삼한 통일'을 일연 스님이 의도적으로 고쳐 표현한 것이 아닐까 생각한다는 의견을 앞에서 제시한 바 있으니(이 책 38~39쪽 참조) 두 번째 경우로 넘어가자.『삼국유사』에서 삼국 통일이라는 표현이 다시 등장하는 것은 '문무왕 법민'에서다. 이 기록을 간략히 살펴보자.

671년 신라와 당의 대립이 격화됐을 때 당에 있던 한림랑(신라의 고위 벼슬의 하나) 박문준이 문무왕의 동생 김인문과 함께 감옥에 있었다. 이때 당 황제인 고종이 박문준을 불러 "신라는 무슨 비법이 있기에, 두 번이나 당나라가 대군을 보냈는데도 살아 돌아오는 자가 없는가?"라고 물었다. 이때 박문준은 "신라가 당나라의 은혜를 두텁게 입어 삼국을 통일(一統三國)했기 때문에 그 은덕을 갚으려고 경주의 절에서 황제의 만수무강을 빈다고 합니다"라고 답한다.

671년이면 신라와 당이 한창 싸우던 시점이다. 고구려는 최남단을 제외하면 당나라가 차지하고 있었다. 이런 상황에서 당나라의 옥에 갇힌 신라의 고위 관료 박문준이 "신라가 (당이 차지하고 있는) 고구려까지 통일했다"고 이야기했을 가능성이 있을까? 게다가 박문준

---

146 거듭 말하지만『삼국사기』에도 '삼국 통일'이라고 해석할 수밖에 없는 표현이 두 차례 등장한다. 「신라본기」 경순왕 조와 '김유신 전'에서다. 그러나 이는 김부식이 자신의 관점을 밝히면서 쓴 일종의 논평이었다. 신라인들의 기록을 인용해서 쓴 문장에서 '삼국 통일'이라는 표현을 쓴 적은 없다.

은 당나라에 은혜를 갚기 위해 신라는 절까지 지어서 황제의 만수무강을 빌고 있다고 대답할 정도였다. 그런 상황에서 당나라 황제에게 "고구려는 신라 땅!"이라고 박문준이 말했을까? 여기에 등장하는 '일통삼국' 역시 신라의 원래 기록을 그대로 인용한 것이 아니라, 일연 스님의 민족적 자의식이 가미된 것은 아닐까 생각된다.

『삼국유사』에 등장하는 '삼국 통일'이라는 표현을 살폈으니, 이제 '삼한 통일'이나 삼한 자체에 대한 언급, 그 밖에 신라인의 통일과 국경에 대한 인식을 알려주는 자료들을 순서대로 하나씩 살펴보자.

1. '만파식적'에는 신문왕 2년(682년)에 왕이 천문 담당관에게 점을 치게 했더니 점괘에 "문무왕이 바다의 용이 돼 (왜나라로부터) 삼한을 지키고 있다"고 답했다고 기록했다. 삼한에 옛 고구려의 영토가 모두 포함된다면 문무왕이 "삼한을 지킨다"고 이야기할 때는 당시 당나라가 차지했던 영토까지 지킨다는 이야기가 된다. 671년 설인귀에게 보내는 편지에서 "평양 이남의 백제 땅은 신라 땅, 평양 이북은 당나라 땅"이라고 당나라를 설득하려던 사람이 문무왕이니 말이다. 682년 고구려는 당나라 영토였다. 따라서 여기서의 삼한은 한반도 중남부, 즉 신라가 차지한 영토를 가리키는 것으로 봐야 한다.

2. '효소왕 시대 죽지랑'에는 "술종공(진덕여왕 때의 귀족)이 근무지로 가려는데 삼한에서 전쟁이 일어났기에 기병 3천 명이 그를 호위했

다"고 기록했다. 또 술종공의 아들 죽지랑에 대해 "김유신과 함께 삼한을 통일했으며 진덕여왕 이후 태종 무열왕, 문무왕, 신문왕에 이르기까지 4대에 걸쳐 재상이 되어(四代爲冢宰) 나라를 안정시켰다"라고 적고 있다.[147]

술종공 기록에서 보이는 '삼한'에 고구려가 포함될지 여부는 이 기록만으로는 불명확하다. 원래 삼한의 의미가 한반도 중남부 지역이었고, 통일 전쟁 뒤 신라인들이 사용한 '삼한'도 신라가 실제로 통일한 지역을 말하는 것이니, 고구려가 포함되지는 않는다고 생각하는 것이 합리적일 것이다. 그러나 "7세기 중국에서는 '삼한=삼국'이었으니, 여기서의 삼한에도 고구려가 포함된다"고 누군가 주장한다면 설득할 방법은 없다. '효소왕 시대 죽지랑'에서 보이는 '삼한'도 마찬가지다. 신라가 통합한 영토로 보는 것이 합리

147 『삼국유사』가 사실 관계에서 엉성함을 보일 때가 있음은 "당나라가 신라에게 발해를 칠 것을 요청한 733년"을 효성왕 때라고 기록한 것에서도 알 수 있다고 지적한 바 있다(사실은 성덕왕 때이다). '효소왕 시대 죽지랑'에서도 오류가 발견된다. 『삼국유사』는 '진덕왕'(『삼국유사』는 요즘 우리가 진덕여왕으로 부르는 왕을 제목에서는 '진덕왕'이라고 적은 뒤, 본문에서는 '진덕여왕'이라고 적었다)에서 "진덕여왕 때에 (죽지랑의 아버지인) 술종공이 김유신, 알천공 등 귀족들과 함께 국사를 논의했다"고 적었다. 그런데 '효소왕 시대 죽지랑'에서는 술종공의 아들 죽지랑 역시 "진덕여왕 이후 태종 무열왕, 문무왕, 신문왕에 이르기까지 4대에 걸쳐 재상이(眞德太宗文武神文 四代爲冢宰)" 됐다고 적고 있다. 진덕여왕의 재위 시작은 647년이고, 신문왕의 재위는 692년에 끝났다. 45년간 죽지랑이 재상 혹은 재상에 버금가는 위치에 있었다는 뜻이다. 아버지 술종공이 진덕여왕 때에 왕실에서 중추적으로 활동했는데, 그의 아들 죽지랑 역시 진덕여왕 때에 재상으로 활동했다는 것은 시간적으로 봤을 때 무척 부자연스럽다. 죽지랑이 아버지와 더불어 진덕여왕 때부터 재상에 올라 40년 이상 활동했다면 그는 최소한 20대에 재상에 올랐다는 이야기이다. 사실로 받아들이기 어렵다.

적일 것이다. 그러나 일연 스님이 무열왕이 "삼국을 통일했다"라고 역사적 사실과 맞지 않는 표현을 쓰기도 했다는 것을 생각한다면 확신할 수는 없다.

3. 신라의 마지막 왕인 경순왕을 『삼국유사』는 그의 이름대로 '김부 대왕'이라는 장에서 논하고 있다. 그의 딸이 고려 경종(재위 955~981년)의 왕비가 되면서 975년 경순왕을 상보[尚父]¹⁴⁸로 삼았는데, 상보로 책봉한 글에는 "우리 태조께서 이웃과 화목하게 지내셨기에 일찍이 김부 대왕의 풍모를 아셨다. 김부 대왕은 때를 기다렸다가 경종을 사위로 맞아들여 안으로 큰 절의에 보답하셨다. 국가가 이미 하나로 통일되었고 임금과 신하가 완연히 삼한에 합쳐졌으니……"라고 적었다고 기록했다. 이 문장에서의 삼한 역시 당연히 고려가 통일한 영토를 말한다. 고구려의 옛 땅 대부분은 포함되지 않는다. 경순왕이 고려 태조에게 항복한 시점(935년)은 발해조차 망하고 그 땅을 거란이 세운 요나라가 차지한 상태였다.

4. 『삼국유사』 '남부여 · 전백제 · 북부여(南扶餘 前百濟 北扶餘)'에서도 삼한 혹은 '신라인들의 통일과 국경에 대한 인식'과 관련된 기록이 등장한다. 언급된 내용을 옮기면 다음과 같다.

---

148 아버지와 같이 존경하여 받들어 모시거나 그런 높임을 받는 사람이라는 뜻으로, 임금이 특별한 대우로 신하에게 내리던 존칭이었다. 발음은 상부가 아니라 상보이다.

『백제지리지』에서는 이렇게 말했다. 『후한서』에서 이르기를 "삼한은 모두 78국인데, 백제는 그중의 한 나라이다"라고 했다.

이 문장에서 '삼한'은 한반도 중남부 지역을 말한다. 『후한서』(5세기 전반 편찬)의 기록을 인용한 것인데, 당시 중국에서도 삼한에는 고구려를 포함시키지 않았다.

『고전기』(古典記, 지금은 전하지 않는 역사서)에서는 (……) "당나라 현경(顯慶) 5년(660년)은 의자왕이 왕위에 오른 지 20년째 되는 해이다. 신라 김유신이 소정방과 함께 백제를 쳐서 평정했다"고 말했다.

후삼국, 평양 전역까지 영토 확장

5. '후백제 견훤'에는 삼한의 용례뿐 아니라 후삼국시대의 북쪽 국경을 유추할 수 있는 문장도 보여 주목된다. 우선 삼한의 용례부터 보자.

927년 정월 고려 태조는 그 전해에 견훤이 보낸 편지에 답신을 보내는데, "지난번 삼한에 액운이 들어 전국에 흉년이 들었고……"라고 적었다.

여기서의 삼한은 분명 후삼국의 영역을 말한다. 만약 이 장면에서도 일연 스님은 '삼한 통일'과 '삼국 통일'을 동일시하기도 했다면서

이 글에서 삼한의 지리적 범위에 고구려가 포함될 수 있다고 주장하겠다면 다음과 같은 반론에 직면하게 된다. 927년이면 고구려를 이은 발해가 요나라에게 멸망한 다음 해였다. 만약 이 문장에서의 삼한에 고구려의 옛 땅이 포함된다면 고려 태조 왕건이 요나라의 흉년까지 걱정했다는 의미가 된다.

이 편지에 앞서 견훤은 포석정에서 경애왕을 죽인 이후(927년 11월) 태조에게 편지를 보냈다. 후백제가 고려보다 힘이 센데 고려와 신라가 힘을 합쳐 후백제를 공격하는 것에 대해 '가소롭다'는 식으로 비난하는 글이었다. 견훤이 왕건에게 보낸 편지에서 주목되는 문장을 하나 보자.

내가 바라는 것은 평양의 누각에 활을 걸고 패강의 물을 말에게 먹이는 것이오.

고려가 대동강을 낀 평양 전 지역을 차지하고 있었음을 암시하는 내용으로, 결국 견훤이 고려의 북쪽 경계까지 장악하겠다는 뜻을 담은 내용이다. 735년 당나라 황제가 신라에 내린 조칙에서 신라의 영토는 분명 '대동강 이남'이었다. '대동강 이북'은 아니었다(735년이면 발해가 건국한 뒤이므로, 대동강 이북은 발해의 차지가 됐다고 봐야 한다). 그리고 신라 성덕왕은 이에 대해 "황공무지로소이다"라며 감사하게 받아들였다. 그런데 고구려의 마지막 수도인 평양 안학궁은 대동강 북쪽에 있었다. 고구려의 중심지는 강북이었던 것이다. 그렇다면 이 글에서 말하는 '평양의 누각'도 대동강의 강남이 아니라 강북에 있을 가능성이 크지 않을까 싶다. 이는 결국 신라 최말기에 후삼국의 영토는 평양 전역으로 확대됐음을 암시하는 대목이다. 『삼국유사』의 이 기록은 『고려사』 태조왕 때의 기록과도 일치한다.

『고려사』에 따르면, 태조 원년인 918년 9월 태조는 신하들에게 "평양은 옛 도읍으로 황폐한 지 오래지만 터는 그대로 남아 있으니, 백성을 이주시켜 국경의 방어 태세를 튼튼히 하라"라고 지시했다. 이후 919년 10월 평양에 성을 쌓고, 921년 10월에는 친히 평양을 다시 찾았으며(『고려사』에는 '幸西京'이라고 묘사함), 922년 11월에는 고위 관료의 가족들과 여러 군현의 양가(良家) 자제를 평양으로 이주시켰고, 왕이 평양에 행차하여 새로 관부와 관리를 둔 뒤 처음으로 재성(在城, 왕궁 등을 보호하기 위해 성 안에 다시 쌓은 성)을 쌓았다고 기록했다.[149]

735년 당과 신라의 국경이 대동강~원산만 라인 이남으로 공식 확정된 이후, 채 2백 년이 지나지 않아 후삼국의 영역은 평양 전 지역을 포함하는 것으로 확장됐음을 알리는 대목이다.

『삼국유사』 '후백제 견훤'에는 이 밖에도 그의 사위인 영규가 "왕건에게 투항하자"고 아내에게 이야기하는 장면이 묘사돼 있는데, 이 기록에도 『삼국사기』와 동일하게 "(왕건이 인심을 얻고 있으니) 반드시 삼한의 주인이 될 것이다"라고 기록했다. 여기서 삼한도 역시 후삼국 지역을 말한다. 만약 고구려의 옛 땅이 포함된 '삼한'이라면 왕건은 발해 지역을 차지한 요나라까지 통일해야 한다.

---

149 『고려사』 태조 편 참조. 원문과 번역문은 네이버 '국역 고려사' 인용.

6. '원종(법흥왕)이 불법을 일으키고 염촉(이차돈)이 순교하다'에는 "(신라에서 불교가 성하게 되면서) 삼한이 합쳐져 한 나라가 되었고 온 세상이 합쳐져 한집안이 되었다"라고 기록했다. 이 문장에서도 삼한은 신라가 실제로 통일한 지역을 일컫는다고 보는 것이 합리적일 것이다. 그러나 일연 스님의 '글쓰기의 특성'을 생각하면 이를 확신할 수 없다.

7. 『삼국유사』'황룡사 9층탑'에는 "(황룡사) 탑을 세운 뒤 천지가 태평해지고 삼한이 통일되었으니 탑의 영험이다"라고 기록돼 있다. 이 문장은 '신라인들의 기록'인 〈황룡사 9층목탑 찰주본기〉와 거의 같다. 물론 이 문장에서도 삼한은 신라가 차지한 대동강~원산만 이남 지역을 이르는 것으로 보는 것이 합리적이다. 그러나 일연 스님의 기록이라는 점에서 확신할 수는 없다.

8. '무장사 미타전' 기록은 앞서도 살핀 바가 있다. 무장사(鍪藏寺)라는 절 이름의 유래에 대해 "세상 사람들이 이르기를 (諺傳) 태종 무열왕이 삼을 통합한 이후(統三已後) 병기와 투구를 이 골짜기 속에 묻었기 때문에 무장사라 이름 지었다고 한다"고 적었다. 신라 백성들이 통일을 이룬 왕으로 문무왕이 아닌 태종 무열왕을 꼽았다는 것을 알 수 있다. 그렇다면 이 문장에서 '삼(三)'도 '평양 이남'의 한반도 중남부 지역으로서의 삼한으로 보는 게 합리적일 것이지만, 역시 일연 스님의 특성을 고려하면 확신할 수 없다.

9. '원광서학(圓光西學)'에는 당나라 『속고승전』을 인용해 "(원광이) 본래 삼한에 살았는데 원광은 원래는 진한 사람이다(光卽辰韓人也)"라고 한 뒤 "(원광은) 문장으로 이름을 삼한에서 크게 떨쳤지만……"이라고 기록했다. 세속오계를 주창한 것으로도 유명한 원광은 6세기 후반~7세기 전반기에 활약했던 승려였다. 통일기 이전의 삼한을 언급한 것인데 여기에 고구려가 포함됐을지는 의문이다.

10. '보양 스님과 배나무(寶壤梨木)'에서는 신라 말 고려 초의 보양 스님의 행적을 기술하면서 "삼한이 난리 중인 때에", "지금 (후)삼국이 어지러워", "(불교를 보호하는 어진 임금이 나와서) 삼국을 평정할 것이다", "얼마 뒤 고려 태조가 삼국을 통일했는데……"라는 문장이 등장한다. 이때의 삼한 혹은 삼국은 모두 후삼국(시대)을 의미한다. 후삼국 시대에는 삼한 통일과 삼국 통일의 의미가 정확히 일치한다. 이때의 삼국은 신라와 후백제, 고려를 이야기한다. 고구려의 옛 땅은 아예 포함되지 않는 것이다.

신라 말을 씁시다!

『삼국사기』「신라본기」 지증마립간 원년(500년) 기록에서 김부식은 이렇게 덧붙인다.

> 필자는 말한다(論曰). 신라왕으로 거서간으로 불린 이가 한 사람, 차차웅으로 불린 이도 한 사람, 이사금은 열여섯 사람, 마립간은 네 사람이다. 그런데 신라 말의 이름난 유학자 최치원(崔致遠)은 저서 『제왕연대력(帝王年代曆)』(현재 전해지지 않음)에서 신라의 모든 지배자를 다 '왕'으로 불렀다. 거서간(이니 차차웅이니) 등으로 칭하지 않았다. 혹시 신라의 말이 천박하여 칭할 만한 것이 못 된다고 여긴 것일까? 『좌전(左傳)』과 『한서(漢書)』는 모두 중국의 역사책이지만 (이민족이 세운 국가로 중국인들이 여긴) 초(楚)나라 말인 '곡오도'(穀於菟, 호랑이가 젖을 먹여 키운다는 뜻)니 흉노(匈奴) 말인 '탱리고도'(撑犁孤塗, '천자'라는 뜻) 등을 그대로 보존해 기록했다. 신라의 일들을 기록할 때 신라 말을 그대로 쓰는 것이 마땅하다 본다.[*]
> (괄호 안은 필자가 이해를 돕기 위해 삽입한 것이다.)

김부식을 사대주의자라고 부르는 경우가 많지만, 『삼국사기』를 꼼꼼히 읽다가 이런 구절들을 접하게 되면 그를 단칼에 '사대주의자'

---

[*]   네이버 '원문과 함께 읽는 삼국사기' 인용.

로 부르는 것이 과연 온당한 일인지 의문을 품게 한다. 김부식은『삼
국사기』를 편찬하면서 자신의 원칙에 따라 신라 1대 임금인 박혁거
세는 '거서간'으로, 2대 임금인 남해는 '차차웅'으로 불렀다. 최치원
처럼 모두를 '왕'이라고 칭하지 않았다. 그는 "신라의 역사를 기록하
는데 왜 신라 말을 쓰지 않느냐. 혹시 신라 말을 천박하다고 생각하
는 것인가?"라며 자신의 입장을 밝혔다. 그가 경주 김씨였기에 신라
에 유독 우호적이었던 것일까? 그렇다면 왜군이 신라를 30여 차례
침공했다거나, 수도 경주가 왜군에 다섯 차례 포위되거나 침공당했
다는 사실을『삼국사기』가 꼼꼼히 기록한 것을 이해하기 어렵다.*

또한『삼국사기』「고구려본기」보장왕 8년(649년) 기록에서 "당 태
종이 죽으면서 고구려와의 전쟁을 끝낼 것을 지시했다"고 하면서 김
부식은 이렇게 덧붙인다.

당 태종은 고구려와의 전쟁에서 자신의 군대가 고구려군에게 제압
돼 꼼짝을 못하고 포위되는 등 위기에 처해 두려움에 떨기도 했다.
그런데도 당나라 역사를 기록한『구당서』나『신당서』, 그리고『자
치통감』등은 이를 기록하지 않았다. 나라의 체면을 살리자고 이런
사실을 기록하지 않은 것은 옳은 태도가 아니다.**

김부식은 오늘날 시각으로 본다면 '합리적 사고'를 바탕으로『삼

---

* 신형준,『한국 고대사에 대한 반역』(조선일보사, 2004년).
** 네이버 '원문과 함께 읽는 삼국사기' 인용.

국사기』를 썼다. 그렇기에 1,908세를 살다가 신선이 됐다는 단군의 이야기는 기록할 수 없었다. 반면 자신의 직계 선조의 국가였던 신라가 왜군에 숱하게 공격받은 것은 낱낱이 적었고, 당 태종이 고구려의 공격으로 위기에 처한 것을 기록하지 않은 중국 역사가들의 태도는 준열하게 비판했다. 그가 신라 임금의 호칭을 신라 고유어 발음을 살려 표현한 것도 이런 까닭이다. 신라의 역사를 기록하는데 신라 발음을 피할 이유가 없다.

최치원이 『제왕연대력』에서 왜 모든 신라 임금을 '왕'이라고 불렀는지는 알 수 없다. 김부식의 지적처럼 '중국 유학파'였던 최치원이 '신라 말'을 천박하다고 생각한 것일까? 최치원이 신라를 당에 이은 '2등 국가'로 생각한 것은 그의 글 여기저기에 등장한다. 그렇다고 '신라 말'을 부끄럽게 여겼던 것 같지는 않다.

신라 말기 승려 낭혜화상 무염(無染)을 기려 왕명을 받아 최치원이 쓴 〈성주사 낭혜화상탑비〉에는 이런 구절이 있다.

> 대사는 아해 때에도 반드시 합장과 가부좌를 했다. 그런데 '아해(阿孩)'는 신라 말로 어린아이를 말하는 것으로, 중국 말과 다르지 않다(阿孩 方言謂兒 與華無異).

이제는 '아이'에 밀려 고어가 돼버린 '아해'라는 말을 9세기 말의 신라에서 쓰고 있었음을 알려준다. '아해'라는 우리말의 가장 오래된 용례가 〈낭혜화상탑비〉에 등장하는 것이다.

최치원은 또 대사가 어린 나이에 승려가 될 것을 어머니께 말하자

어머니가 울면서 허락하는 장면을 이렇게 묘사한다.

> (어머니는) 울면서 '예'라고 했다. 그런데 '예'는 신라 말로 허락을 뜻
> 한다(泣曰'詍' 方言許諾).[*]

한자 자전에는 '詍'의 발음으로 '(그러할) 예'와 '(진실할 말) 혜'가 제
시돼 있다. 9세기 말 신라인들이 요즘처럼 허락을 뜻할 때 '예'라고
말했을지, '혜'라고 말했을지, 아니면 '해도 돼!'라는 의미의 '해'로 발
음했을지 필자는 알지 못한다. 어찌 됐든 요즘 한국어와 비슷한 발음
으로 '허락'을 나타낸 것은 분명하다. 필자의 과문 탓이겠지만, '예'라
는 허락을 뜻하는 '말'이 최치원 이후 오늘날에 이르기까지 크게 바
뀌지 않았다는 것을 이 문장을 보고서야 알았다. 또 분명한 것은 최
치원이 신라 말을 부끄럽게 생각했다면, 신라 말을 굳이 한자어로 표
기하면서 "우리말인데, ○○를 뜻한다"는 식으로 부연하지 않았으리
라는 점이다.

아쉬운 것은 필자의 능력 부족으로, '신라인들의 기록'을 조사하면
서 신라 말을 더 이상 찾지 못했다는 점이다. 전문가와 독자의 가르
침을 청한다.

---

[*] 언급된 두 문장의 판독문과 번역문은 '국립문화재연구소 문화유산연구지식포
   털' 인용.

4

당 영토로 묘사된 한반도

고구려와 백제 유민, 그리고 중국인들의 기록

한반도와 만주 상황에 대한
고구려 유민들의 기록

통일 전쟁 이후 신라인들에게 삼한은 자신들이 실제로 통일한 땅, 그러니까 애초 삼한의 의미였던 '한반도 중남부 지역'에 통일 전쟁으로 확보한 고구려의 최남단 지역을 합친 것을 의미했음을 여러 차례 살폈다. 이쯤 되면 통일 전쟁 이후 신라인들이 '삼한'의 지리적 범위를 어디로 생각했느냐는 더 이상 논할 필요가 없다. 7세기 이후 중국 측이나 고구려와 백제 유민들이 '삼한'의 지리적 영역을 한반도와 만주 지역으로 확장했을지라도 이를 신라인들이 받아들이지 않았다면, 신라인들에게 '삼한 통일'과 '삼국 통일'은 동일한 의미가 아니기 때문이다. 통일 전쟁 이후 신라인들이 삼한의 지리적 범위를 어디로 생각했는가를 명확히 파악하게 되면, 한국사학계의 주장, 그러니까 "신라인들은 '삼한'과 '삼국'을 동일시했으며, 따라서 '삼한 통일'과 '삼국 통일'은 같은 의미다"라는 주장은 설 자리가 없다.

　그럼에도 고구려와 백제 유민, 그리고 중국 측이 사용한 '삼한'의 지리적 범위, 또는 7세기 중후반 이후 한반도와 만주의 정치·군사적 상황에 대한 이들의 묘사를 세세하게 살피려는 이유는 '삼한=삼국' 론에 내재된 '제2의 동북공정론'의 위험성을 독자들에게 명확하게 보여주기 위해서이다. 이들이 '삼한'을 어떤 의미로 사용했는지를 하나씩 살피면, '신라의 삼한 통일'이 뜻하는 바가 더 선명해진다.

먼저 고구려인들 혹은 그 직계 후예들의 생각부터 살펴보자. '삼한' 혹은 '고구려의 옛 땅까지 포함된 한반도와 만주 지역'에 대해, 그리고 '신라의 통일 전쟁 즈음 혹은 이후 상태'에 대해 고구려인들 혹은 그 후예들이 각종 기록에서 언급한 것은 13건이다. 모두 중국에서 출토된 묘지명에서 나온 것으로, 고구려 멸망 뒤 당나라로 건너간 고구려 유민들의 기록이다. 이를 묘지명의 작성 시기 순으로 하나하나 살펴보자.

고요묘 묘지명[150]

(高鐈苗, ?~ 673년)

1. 요동인이었다.

   遼東人也

---

150 판독문과 번역문은 김영관 충북대 교수의 「고구려 유민 고요묘 묘지 검토」(『한국고대사연구』 제56집, 2009년 12월)에서 인용했음을 밝힌다. 신라와 고구려 그리고 백제의 금석문은 기본적으로 '국립문화재연구소 문화유산연구지식포털'에 의존했다. 그러나 최근에 발견, 발굴된 자료는 이 사이트에 실려 있지 않다.

2. 집안은 진변(진한과 변한)에서 높았고, 가치는 요동에서 나던 귀
    중한 옥인 순기보다 귀했다.

    族高辰卞 價重珣琪

'고구려판 이완용'이라고 할 수 있는 고요묘의 묘지명이다. 글을 작
성한 시기는 확실히 알 수 없다. 당시 장례 예법에 따른다면 고요묘
의 사망 직후(673년) 작성한 것으로 추정된다.

『삼국사기』에 따르면, 668년 9월 평양성이 함락돼 고구려가 멸망
할 당시 평양성에 있던 고구려 군 수뇌부 세 명이 당나라 총사령관이
던 이적에게 비밀리에 사람을 보내 "협조하겠다"는 뜻을 전했다. 그
리고 닷새 뒤에 성문을 열어 당나라 군대가 평양성에 사실상 무혈 입
성하도록 했다. 700년 고구려 왕조의 몰락이었다. 그때 당군에 '협
조'한 세 사람 중 하나가 소장(小將)을 맡았던 요묘였다.『삼국사기』
에는 '饒苗(요묘)'라고 기록돼 있지만 이 묘지명에 기록된 '高鐃苗(고요
묘)'의 이름과 발음이 같다는 점에서, 이 묘지명의 주인공은『삼국사
기』에 기록된 '饒苗(요묘)'일 것으로 학계는 보고 있다.

묘지명에는 고요묘의 가계나 생애 등이 상세하게 기록돼 있지 않
다. 언제 태어났는지조차 적혀 있지 않다. 668년 고구려에서 '소장'이
라는 직책을 맡고 있던 것에 비춰 볼 때, 그리고 그의 사망을 '급사'라
고 표현한 것을 미뤄 볼 때 사망 당시(673년) 나이는 그리 많지 않았

이런 자료들은 학자들의 개별 논문에 의존할 수밖에 없었다. 따라서 개별 학자
들의 논문은 해당 묘지명을 소개할 때 각각의 출처를 하나씩 밝히기로 하겠다.

고요묘 묘지명 탁본 ⓒ 김영관 충북대 교수 제공

을 것으로 보인다. 당 황제의 은혜를 입어 황제를 가까이서 모실 수 있는 기회를 얻었지만 "귀신들이 재앙을 내려" 673년 11월 11일 자신의 집에서 급사했다고 묘지명은 기록했다. 조국 고구려를 멸망시킨 고요묘에 대한 고구려 유민들의 복수, 그러니까 암살이라도 벌어졌던 것일까? 물론 추정에 불과하다.

고구려 멸망 뒤 갑작스레 튀어나오는 "고구려는 삼한의 하나다!"

이 묘지명에서 우선 주목할 점은 고요묘를 '요동 사람'이라고 묘사한 뒤 "그의 집안은 진한과 변한에서 높았고, 가치는 요동에서 나던 귀중한 옥인 순기보다 귀했다"라고 기록한 점이다.[151] 고요묘를 요동 사람, 즉 고구려인이라고 표현했으면서도 고요묘의 가계는 "진한과 변한에서 높았다"고 기록했다는 점은 여러 생각할 거리를 남긴다.

우선 중국 측의 기록이 아닌, 고구려 혹은 고구려 유민들의 기록 중 고구려를 '진변', 즉 '삼한'의 하나로 묘사한 것은 고요묘의 묘지명이 현재로서는 가장 오래된 것이다. 자료가 많이 남아 있지는 않지만, 현재 남아 있는 고구려 멸망 이전의 '고구려인들의 기록'에서 고구려를 삼한과 연관시킨 것은 단 하나도 없다. 분명 고구려의 역사서를 인용

---

151 필자는 고요묘 묘지명을 검토할 때 김영관 교수의 논문 「고구려 유민 고요묘 묘지 검토」를 인용했음을 앞서도 밝혔다. 이 논문에서 김영관 교수는 '族茂弁辰'을 '그의 집안은 진한과 변한보다 높았다'고 해석했는데, '변한보다'는 '변한에서'로 해석함이 매끄럽다고 본다. 물론 '~보다'로 해석하든 '~에서'로 해석하든 고구려를 삼한과 연관시켰다는 것은 사실이다.

하거나 참조해서 제작한 『삼국사기』나 『삼국유사』 그 어디에도 고구려가 원래 삼한 혹은 삼한의 하나에 속했다는 기록은 없다. 그런데 조국 멸망 뒤 당나라로 건너간 고구려 유민의 묘지명에서 고구려가 삼한의 하나였음을 알려주는 자료가 갑자기 튀어나온 것이다.

이런 경우가 고요묘의 묘지명에서 그치는 것은 아니다. 고요묘의 묘지명 이후, 고구려가 삼한의 하나였다고 기록한 고구려 유민들의 묘지명이 줄줄이 등장한다. 뒤에 다시 살피겠지만, 연개소문의 아들인 천남생(634~679년)의 묘지명에는 그를 "삼한의 걸출한 인물이었다"라고 적었다. 당에 투항한 뒤 장군으로 활약한 고모(640~694년)의 묘지명에도 "족무진한(族茂辰韓)", 즉 "그의 집안은 진한에서 융성했다"는 표현이 등장하며, 천남생이 당에 투항했을 때 함께 투항한 뒤 당나라의 장군으로 활약했던 고현(642~690년)의 묘지명에도 그의 선조가 "대대로 삼한의 귀족이었다"라고 적고 있다.

고요묘, 천남생, 고모, 고현 이들은 모두 고구려가 국가로 존재할 때 태어났다. 네 사람이 사망한 시점도 고구려 멸망 뒤 한 세대가 채 지나지 않은 시점이었다.[152] 그런데 왜 고구려 멸망 전까지 어떤 기록에서도 고구려인들이 자신들을 삼한인이라고 표현한 것은 발견되지 않았을까? 왜 『삼국사기』나 『삼국유사』에 어디 한 줄 그런 식의 표현이 없을까? 혹시 당나라에서 살아남아야 했던 고구려의 유민들은 중국인들이 '한반도와 만주 지역에 자리한 동쪽 오랑캐의 땅'을 삼한이

---

152 고요묘는 고구려 멸망 5년 뒤, 천남생은 11년 뒤, 고현은 22년 뒤, 고모는 26년 뒤 사망했다.

라고 뭉뚱그려 불렀던 것을 여과 없이 받아들였던 것일까?

이런 변화의 원인을 밝히는 것은 필자의 능력 밖이다. 하지만 멸망 직후의 고구려인들이 고구려를 삼한과 연관시켰음은 분명해진다. 그것이 진변(진한과 변한)이 됐든 진한이 됐든! 이런 점 때문에 7세기 이후 '삼한'에 대한 개념상의 혼란이 초래될 수 있는 것이다.

삼한은 고구려까지 포함하므로, '삼한 통일'이나 '삼국 통일'이나 같다고 주장할 수 있는 까닭도 이런 용례들 때문에 가능한 것이다. 한국사학자들이 "신라인들은 삼국 통일을 했다고 생각했다"고 주장하는 것도 이런 배경을 바탕으로 한다. 고구려 유민들이 고구려를 가리키는 말로 삼한 혹은 진한, 진변 등을 언급하고 있으니 말이다.

고구려 유민 기록에서 보이는 '삼한=당나라 영토'

하지만 이 지점에서 냉정히 생각해봐야 할 것이 있다. 초기 중국 측 사서에 등장하는 '한반도 중남부 지역'을 지칭하는 단어 '삼한'과 7세기 이후 중국 측 기록이나 조국 멸망 뒤 고구려나 백제 유민들의 기록에 등장하는 삼한 혹은 진한, 한(韓) 등의 단어에 포함된 정치적 함의에 대한 것이다.

당연한 이야기지만, 단어에는 역사성이 있다. 같은 단어이지만 뜻이 달라지는 경우는 얼마든지 있다. 시니피앙(signifiant)은 같아도 시니피에(signifié)는 달라질 수 있는 것이다. 시니피앙이니 시니피에니 어려운 기호학 용어라고 겁먹을 필요는 없다. 쉽게 생각하자. 시니피앙은 그저 '단어' 혹은 '기호' 정도로만 생각하면 되고, 시니피에는

'해당 단어나 기호에 담긴 뜻'이라고 이해하면 된다. '구름 한 점 없는 하늘'을 보았을 때 우리는 '파랗다'고 하고, 영어로는 'blue'라고 한다. 이때 한국어와 영어의 시니피앙은 달라도 시니피에는 같은 것이다.

'삼한'이라는 단어(시니피앙) 역시 시대에 따라 혹은 정치적 지형도가 바뀜에 따라 뜻(시니피에)은 얼마든지 달라질 수 있다. 삼한이라는 용어는 중국 측 초기 기록에서는 한반도 중남부 지역을 뜻하는 단어였다. 또 삼한의 용례를 찬찬히 검토해보면 중국의 직접적 지배 대상이 아닌, '상대적 자율성'을 가진 지역으로 묘사돼 있다.

그러나 7세기 중엽 이후 삼한의 의미가 '중국의 직접적 지배 대상 지역 혹은 중국에 완벽하게 복속된 신하의 나라'로 중국에서는 그 뜻이 바뀌었다면? 그렇다면 '삼한 통일'은 '신라의 삼국 통일'이 아니라 오히려 '중국의 삼국 통일'로 중국 측에 의해 강변될 수도 있다. 고구려를 당나라 지방 정권의 하나로 보는 '동북공정'의 근본 논리도 사실 이런 맥락에서 출발하는 것이다. 만약 이런 의미 변화가 있었다면 신라는 이를 받아들였을까?

앞서 살폈지만, 신라인들의 통일과 국경에 대한 인식에 대해 언급한 '신라인들의 기록' 19개 중에서 '삼한'에 고구려가 포함되는 경우는 최치원이 지은 「태사시중에게 올린 글」과 김입지가 비문을 지은 〈성주사비〉 두 점뿐이었다는 것은 그런 점에서 시사하는 바가 크다. 〈대안사 적인선사탑비〉나 〈보림사 보조선사탑비〉, 그리고 〈월광사 원랑선사탑비〉, 최치원의 「예부에서 상서를 맡고 있는 배찬에게 보낸 글」에서 묘사된 '삼한'에는 고구려의 옛 땅이 삼한에 포함될 수 없음을 알려주고 있다. 또 통일 군주로 태종 무열왕을 꼽은 〈월광사 원랑선사탑비〉나 최치원의 「태사시중에게 올린 글」을 보면, 고구려의 옛 땅이 삼한에 포함될 경우 "태종 무열왕이 삼한을 통일했다"는 표현은 논리적으로 성립할 수 없음도 살폈다. 신라인들은 '삼한'을 자신들이 당과의 전쟁 이후 확보한 영토, 그러니까 중국 측 기록에 애초 등장했을 때의 의미였던 '한반도 중남부 지역'에서 북쪽으로 조금 더 확장된 지역을 지칭하는 것으로 보는 경우가 압도적이었던 것이다. 이는 『삼국사기』나 『삼국유사』의 기록을 봐도 마찬가지다.

7세기 이후의 중국 측 기록은 물론이고, 당나라로 건너간 고구려나 백제 유민들의 기록에서 삼한, 진한, 변진 등이 언급될 때 그 단어에 숨어 있는 '정치적 지형도'를 면밀히 살펴야 하는 것은 그런 까닭이다. 만약 '삼한'이라는 용어에 고구려를 단순히 지리적으로 포함시킨 것에 그치는 게 아니라, '중국의 지배 영역'이라는 뜻을 더했다면 '삼한'의 의미는 지리적으로나 정치적으로 예전과 완전히 달라지는 것이다. 사정이 이런데도 중국이나 고구려, 백제 유민들이 사용한 삼한에 고구려가 '지리적으로' 포함됐다는 것에만 주목하면서 '삼한 통일'은 '삼국 통일'과 같은 뜻이라고 해석한다면 삼한에 담긴 '정치적 의미'를 간과한 아전인수가 되는 셈이다.

고요묘의 묘지명에서도 마찬가지다. 고구려 유민이 남긴 것 중 고구려를 삼한과 연관시킨 가장 오래된 기록인 이 묘지명은 그의 공적을 찬양하면서 "고요묘가 황제를 궁궐에서 성심으로 모셨으며, 황제의 은혜로움으로 적을 토벌했다"고 적고 있다. 여기서 적은 고구려를 말하며, 결국은 당에 의해 토벌됐다고 기록했다. 삼한의 하나인 '진변'이었던 고구려가 당의 수중에 떨어진 것이다. 만약 이 기록에 근거해서 삼한과 고구려를 연관 짓는다면 '삼한 통일'의 주체는 신라가 될 수 없다. 삼한 중 가장 큰 영토를 자랑했던 고구려가 당의 차지가 됐기 때문이다. 이런 논리를 신라가 받아들이지 않았음은 앞서 여러 자료를 통해 살핀 바 있다.

이타인 묘지명[153]

(李他仁, 609~675년)

1. 당나라 조정에 많은 이들이 몸을 맡기니 삼한을 정벌하기에 이르렀고

   大唐挺埴萬寓 吊代三韓

2. (이타인의 할아버지와 아버지가 고구려에서 벼슬을 했음을 설명한 뒤) 제학(한반도와 중국 동북방 지역으로, 여기서는 고구려로 봄이 타당) 지역을 아우르고 신령스러운 변한 지역을 비추니

   幷以鯤壑 景靈卞韓

3. (고구려 총사령관인 이적의 군대가) 곧 평양을 함락시키고 한사군 지역을 당의 영토로 했으며 고구려인들을 포로로 잡았다.

   卽屠平壤 炎靈四郡 卽入堤封 袞成九夷

---

153 판독문과 번역문은 안정준의 '이타인 묘지명에 나타난 이타인의 생애와 족원'(목간과 문자 11호, 2013년)에서 인용.

고구려 멸망 때 책성의 총 지휘관이었다가 당에 항복해 고구려 정벌에 앞장섰던 이타인의 묘지명이다. 묘지명은 이타인이 당의 고구려 정벌군 총사령관이던 이적에게 항복한 뒤 고구려 정벌에 앞장섰으며 고구려의 옛 영토에서 반란이 일어나자 "부여로 나아가 적들을 토벌하며 적의 우두머리를 거듭 베었다"고 기록했다. 사망 2년 뒤 장례를 치렀는데 묘지명도 그때 작성돼 무덤에 넣었다.

이 묘지명에는 고구려가 삼한과 변한으로 한 차례씩 묘사돼 있다. 물론 "당나라 조정에 많은 이들이 몸을 맡기니 삼한을 정벌하기에 이르렀다"라는 문장에서의 '삼한'은 백제와 고구려 정벌 전 상황이므로 백제까지도 포함한다고 볼 수 있다. 하지만 이타인의 선조들에 대해 언급하면서 등장하는 '변한'이라는 표현은 고구려로 볼 수밖에 없다.

이 묘지명은 고구려를 이적의 군대가 멸망시켰으며, 고구려의 영토 역시 당에 편입됐음을 분명히 하고 있다. 이적의 군대가 평양을 즉시 깨뜨렸고 옛 한사군 지역을 당의 영토로 편입시켰으며 구이, 즉 고구려인들을 포로로 잡았다고 기록한 것이다. 이 장면에서 신라는 아예 등장하지 않는다. 물론 당나라에 항복해 당에서 살아남아야 했던 고구려 유민으로서 고구려 멸망 과정에서 당의 역할을 과장하고 신라의 역할을 축소할 수밖에 없었을 것이다. 바로 그 점 때문에, 중국의 기록이나 당나라로 건너간 고구려 유민들의 기록을 '글자 그대로' 받아들이는 것이 우리 입장에서는 얼마나 위험한 일인가를 이 묘지명은 알려주고 있다. 이타인의 묘지명에 따르면, 삼한의 하나였던 고구려를 멸망시키고 병합한 것은 당나라였다.

1. 요동군 평양성 사람이었다.

    遼東郡 平壤城人也

2. (당의 정벌로 고구려가 망하면서) 오부와 삼한이 모두 당의 신첩이

    됐다.

    五部三韓 並爲臣妾

3. 천남생은 고구려의 오부의 우두머리요 삼한의 걸출한 인물이

    었다.

    泉男生 五部酋豪 三韓英傑

연개소문의 큰 아들인 천남생의 묘지명이다. 679년 작성됐다. 당나
라 행정의 중심 기구였던 중서성에서 시랑(요즘의 차관급)을 지낸 왕덕
진이 글을 작성했고, 글씨는 당 초기의 명필로 꼽히는 구양순의 아들
인 구양통이 썼다고 묘지명 앞부분에 기록돼 있다.

묘지명에는 그의 성이 천(泉)으로 돼 있지만, 이는 당 태종 이연(李
淵)의 이름에 들어가는 淵(연)자를 피하는 것이 신하된 자의 '예의'라
고 생각했기에, 그리고 이는 근대 이전에는 당연히 따라야 할 예법(이
를 피휘[避諱]라고 한다)이었기에 뜻이 통하는 다른 글자 泉(천)으로 바
꾼 것이다. 필자는 묘지명을 따라 '연남생' 대신 '천남생'이라고 표기

---

154 판독문과 번역문은 '국립문화재연구소 문화유산연구지식포털' 인용.

한다. 다른 연씨 일가의 이름을 표기할 때도 이 원칙에 따르기로 하겠다.

'요동군 평양성 사람'으로 기록된 천남생의 묘지에는 고구려와 삼한을 명확히 구분한 문장이 보인다. 반대로, 고구려와 삼한을 동일시한 듯한 문장도 보인다. 논리적으로 모순이다.

우선, 묘지명의 문장 순서에 따라 고구려의 옛 땅과 삼한을 명확히 분리한 표현부터 보자. 당의 고구려 정벌로 인해 '오부'와 '삼한'이 모두 당의 '신첩'(왕비나 왕의 후궁이 왕 앞에서 스스로를 일컫던 표현)이 됐다는 표현이 그것이다.

여기서 '병(並)'이라는 표현에 주목해야 한다. '나란히' 혹은 '모두'라는 뜻이다. 즉 오부와 삼한이 '모두' 신첩이 됐다는 것으로, 오부와 삼한이 '같은 지역이 아님'을 나타내는 말이다. 만약 오부와 삼한이 같은 지역을 나타낸다면 굳이 '모두'라는 의미의 '並'이라는 표현을 쓸 필요가 없다. 즉 오부와 삼한을 명확히 분리해서 표현한 것이다.

일부 연구자는 '오부'와 '삼한'은 대구(對句)적 표현, 그러니까 문학적 수사에 불과한 것이며 따라서 '오부'와 '삼한'을 다른 것으로 간주할 필요가 없다고 주장하지만, 이는 대구(법)에 대한 몰이해에서 비롯된 오류다. 문학에서 대구 혹은 대구법이란 "비슷한 어조나 어세를 가진 어구를 짝지어 표현의 효과를 나타내는 수사법"(국립국어연구원 표준국어대사전)을 말한다. 예를 들면 '콩 심은 데 콩 나고, 팥 심은 데 팥 난다'는 표현이나, '낮말은 새가 듣고, 밤말은 쥐가 듣는다' 등이 대구법을 사용한 문장이다. 그런데 이 문장에서 콩과 팥, 낮말과 밤말, 새와 쥐를 동일한 것으로 취급할 수 있는가? "오부삼한 병위신

천남생 묘지명 탁본 ⓒ 김영관 충북대 교수 제공첩"이 대구법에 의해 작성된 문장인 것은 맞지만, 오부와 삼한은 결코 같은 의미로 사용된 것은 아니다.

고구려의 옛 땅을 '오부'라고 한 것은 초기 고구려를 형성한 여러 연맹 부족 중에서 힘이 센 다섯 개 부족 중심으로 고구려가 이뤄졌기에 이렇게 기록한 것이다. 『삼국지』 「위서」 '동이전'의 고구려 항목에 고구려의 오부에 대한 첫 기록이 나온 이후 고구려의 성립기를 서술한 중국 측 기록에는 모두 '5부'에 대해 언급하고 있다. 『삼국사기』에도 제3대 왕인 대무신왕(재위 18~44년), 제6대 왕인 태조대왕(재위 53~146년)의 기록에 5부의 하나였던 '관나', '환나', '비류', '연나' 등이 언급돼 있다. 고구려를 '5부' 혹은 '5족(族)'이라고 표현한 것은 천남생 묘지명 외에도 천남생의 아들인 천헌성(650~692년)의 묘지명과 고구려의 유력 가문 출신이었던 고자(699~773년)의 묘지명에서도 보인다.

물론 고구려와 삼한이 모두 당나라의 '신첩'이 됐다는 표현은 역사적으로 볼 때 사실이 아니다. 천남생이 사망했던 679년은 고구려가 멸망한 668년부터 치열하게 벌어지던 당과 신라의 전쟁이 끝난 시점(676년에 종결)이었다. 그 결과, 대동강 이남에서 원산만으로 이어지던 라인의 남쪽은 신라가 통합했다. 신라 땅이 된 삼한을 당의 '신첩'으로 묘사한 것은 묘지명 작성자인 당나라 사람들의 '과장'일 뿐이다.

조공을 바치는 국가를 '신첩'으로 부를 수 있지 않겠느냐고 반문할 수도 있다. 그러나 그런 식의 논리라면 고구려와 백제 그리고 신라는 이미 오래전부터 중국 통일 왕조의 '신첩'이었다. 이 묘지명 전체 문장으로 보았을 때 '신첩이 된' 시점은 고구려의 멸망 이후로 봐야 하기 때문에 이 문장에서 "신첩이 됐다"가 의미하는 바는 '당 왕조로의 통합'으로 볼 수밖에 없다. 그렇다면 오부, 즉 고구려가 당의 신첩은 됐을지언정 삼한은 신첩이 된 것으로 볼 수 없다. 그럼에도 당시 당에 귀속돼 살았던 천남생과 그 후손들은 이런 표현을 묘지명에 쓸 수밖에 없었을 것이다.

어찌 됐든 이 문장만 보면, '삼한'에 고구려 지역을 포함시킬 수 없음은 분명해진다. 오부와 삼한을 명확히 분리했기 때문이다. 또 이 묘지명은 '삼한 통일'의 주체는 신라가 아니라 당나라라고 밝히고 있다. 고구려를 뜻하는 '오부'뿐 아니라 '삼한' 역시 새롭게 신첩이 됐기 때문이다. 과연 신라인들이 "고구려와 마찬가지로 삼한도 당나라의 신첩이 됐다"는 표현을 받아들였을까?

그런데 이 묘지명은 "오부삼한 병위신첩"이라며 고구려와 삼한을 구분해놓고, 몇 줄 뒤에서는 고구려 사람인 천남생을 "오부의 우두머리요 삼한의 걸출한 인물"이라고 표현했다. 이 문장만 본다면 오부와 삼한을 동일 지역으로 볼 수밖에 없다.

이런 표현상의 모순이 왜 생겼는지는 이 묘지명을 쓴 사람 외에는 명확히 대답할 수 없을 것이다. 물론 이런저런 추론은 가능하다. 광개토대왕 비문을 통해 보더라도 고구려는 예부터 '삼국의 패권 국가'라는 자부심을 가지고 있었다. 그렇다면 삼국이 대립하던 시절에 태어났던 천남생이었기에, 그의 이름은 조국인 고구려는 물론 고구려의 패권이 미치던 삼한 지역에까지도 떨쳤다는 식으로 '문학적 수사'를 한 것으로 해석하는 것이다.

물론 이에 대한 반론도 가능하다. 삼한은 분명 현재의 한반도 중남부 지역을 지칭하는 것으로 탄생한 개념이었지만 서기 7세기 이후 중국의 기록을 볼 때 고구려와 삼한을 분리하지 않은 경우도 있었으므로, 천남생의 묘지명을 작성한 사람 또한 문장 앞에서는 고구려와 삼한을 분리했지만(오부삼한 병위신첩), 문장 뒷부분에서는 고구려와 삼한을 동일시했다(오부추호 삼한영걸)고 볼 수도 있을 것이다.

이 모든 것은 후대의 해석에 불과하다. 어떤 방식으로 해석하든 천남생의 묘지명에서 오부와 삼한에 대한 묘사는 앞뒤가 맞지 않는다. 명확한 것은 천남생의 묘지명에서는 고구려와 삼한을 명확히 분리하기도 했지만 때론 동일시하기도 했다고 보는 편이 현재로서는 타당한 결론이다.

그러나 천남생의 묘지명을 통해 분명해지는 것이 하나 있다. 고구려와 삼한을 명확히 분리했든 동일시했든 천남생 묘지명은 고구려의 옛 땅은 신라가 아니라 당에 귀속됐다고 분명히 하고 있다는 점이다. 더 솔직히 말하면, 고구려를 포함해서 삼한도 당에 속하게 됐다고 이야기하고 있다. 천남생 묘지명뿐 아니라 다른 모든 고구려 유민들의 묘지명을 보더라도 이는 명확해진다. 만약 '오부추호 삼한영걸'이라는 표현 하나만을 들어, 고구려는 삼한에 포함되는 지역이며 따라서 신라의 '삼한 통일'은 '삼국 통일'과 동일한 표현이라고 주장하려면, 이 묘지명에서 내내 보이는 "고구려의 옛 땅, 그리고 삼한 지역 전체는 당에게 속하게 됐다"는 일관된 내용을 어떻게 받아들여야 하느냐는 문제에 직면하게 된다. '고구려=삼한의 일부'라면 역설적으로 '당의 삼한 통합'을 받아들여야 하는 꼴이 된다. 이것은 역사적 사실이 아니다! 그리고 신라 역시 이런 논리를 수긍하지 않았다. 결국 "고구려가 삼한의 일부였다"는 주장을 강변하다 보면 이 같은 논리적 오류

에 빠지게 되는 것이다. 신라인들이 말한 '삼한 통일'은 그런 점에서
볼 때도 대동강~원산만 이남의 한반도 중남부 지역의 통일이었다.

고현 묘지명[155]

(高玄, 642~690년)

1. 요동 지역의 삼한 사람이었다.

   遼東三韓人也

2. (선조들이) 모두 삼한의 귀족이었다.

   竝三韓貴族

3. (고현의 선조들은) 예전에 연의 보배였는데, (고현은) 지금은 한의
   진귀한 보물이자 당나라의 용맹한 장수였고, (측천무후가 세운)
   주나라의 훌륭한 신하였다.

   昔爲燕寶 今誠漢珍 大唐驍將 隆周壯臣

연개소문의 아들 천남생이 당에 투항했을 때 함께 투항한 고현의 묘
지명이다. 그는 668년 당이 고구려를 침입할 때 당나라 군대의 최선
봉에 서기도 했고 687년에는 돌궐군을 격파해 이름을 날렸다. 689년
에는 황제의 명을 받아 고구려 병사를 선발하기도 했다고 묘지명은
기록했다.

---

155 판독문과 번역문은 '국립문화재연구소 문화유산연구지식포털' 인용.

691년 작성된 묘지명을 누가 지었는지는 적혀 있지 않다. 이 묘지명에서 '삼한'에는 분명 고구려가 포함된다. 동시에 당나라의 정복지이기도 하다. 때문에 신라인들이 '삼한 통일'이라고 말할 때의 '삼한'과는 의미가 다르다고 볼 수밖에 없다. 누차 말하지만, 중국에서 사용하는 삼한의 용례를 신라가 받아들여 '삼한=고구려 · 백제 · 신라'라고 생각했다면, 고현의 묘지명에 보이는 것처럼 삼한을 통일한 주체는 당나라가 돼버린다. 신라인들이 이것을 받아들였을 리 없다. 신라인이 쓰던 삼한이라는 용어의 뜻과 중국인 혹은 당으로 건너간 고구려 유민들이 쓰던 '삼한'은 의미가 다른 것으로 보는 것이 논리적이다.

이 묘지명에서 한 가지 주목할 것은 고구려에 대한 중국 측의 인식이다. 묘지명은 분명 고현을 "요동 지역의 삼한 사람"이자 고구려 사람이라고 묘사했으면서도 그의 공을 새긴 장면에서 이렇게 말한다.

> "(고현의 선조들은) 예전에는 연의 보배였는데, 지금은 한(漢)의 진귀한 보물이자 당나라의 용맹한 장수였고, (측천무후가 세운) 주나라의 훌륭한 신하였다."

고현의 선조를 "예전에 연나라의 보배"라고 표현한 이유를 명확히 밝히기는 힘들다. 다만 '중국식 논리'로 보자면 이 정도가 아닐까 한다. 소위 '위만 조선'을 세운 위만은 연나라 사람이었다. 서기전 202년 한나라가 개국한 뒤, 예전에 중국이 분열됐을 때 연나라로 불리던 땅에 한나라 초대 황제 유방은 자신의 부하 노관을 보내 왕으로 삼았다. 그러나 노관이 한나라에 반란을 일으켰다가 실패한 뒤 흉노로 망명하자 노관의 부하였던 위만은 조선으로 망명했다. 조선에서 왕위를 찬탈한 위만은 한나라에 '외신(外臣)', 그러니까 한과 주종(主從) 관계를 맺을 것을 약속한 뒤 각종 지원을 받았다. 그 때문에 소위 '위만 조선'은 한나라에서 땅을 하사받아 통치하던 연의 일부이다. 그러나 조선은 서기전 108년 결국 한나라에게 망했다. 시간이 흘러 조선의 땅을 고구려가 차지했지만, 고구려는 중국의 각 왕조에 조공을 바치며 신하임을 밝혔다. 그러니 "대대로 삼한인이자 고구려인"이었던 고현의 선조 역시 '중국'의 보배였던 셈이다.

물론 이 같은 논리는 이 묘지명을 작성한 사람의 과장 혹은 수사적 표현일 뿐이다. 그러나 당나라에서 살아남아야 하는 고현의 후손들로서는 이 같은 중국의 논리를 어쩔 수 없이 받아들여야 했을지 모른다. 아니 살아남기 위해 더 적극 수용했을지도 모른다. 다만 중국에서 말하는 삼한의 용례를 그대로 받아들이면 이런 후폭풍에 직면할 수도 있다는 것은 알아야 한다. 7세기 이후 중국인들에게, 그리고 중국의 논리를 그대로 받아들인 고구려 유민들에게 삼한은 사실 여부를 떠나 그저 중국에게 복속된 동쪽 땅이었을 뿐이었다.

고모 묘지명[156]

(高牟, 640~694년)

1. (고모의) 가문은 진한에서 융성했고 다른 명문가의 명예를 압
    도했다. 예맥(고구려)에서 아름다운 명예를 후대에 남겨 평양에
    서 명성이 높았다.

    族茂辰韓 雄門譽偃 傳芳穢陌 聲高馬邑

2. (고모가 죽자) 삼한 사람이 눈물을 흘리고 (……) 동해 바다의 동
    쪽 끝까지 슬픈 분위기에 휩싸였다.

    三韓流涕 (……) 悲纏東海之東

3. 아득히 먼 진한이여, 아득히 넓은 예맥이로다. (……) 깊은 슬픔
    이 물 따라 흐르니 깊고 절절한 비통함이 한인(韓人)들의 고향
    으로 전해졌다.

    辰韓遼敻 穢陌蒼忙 (……) 悲心闊水 慟切韓鄕

고구려 멸망 직전 당에 투항해 정3품 장군의 지위까지 오른 고모의
묘지명이다. 묘지명을 지은 이가 누구인지는 기록돼 있지 않다. 묘지
명은 그가 죽은 뒤 5년여가 지난 699년에 작성된 것으로 보인다.

이 묘지명에서 주목할 점은 '진한'과 '삼한'이 큰 구별 없이 쓰였다
는 것이다. 고모의 선조는 진한에서 융성했는데, 고모가 죽자 삼한

---

156 판독문과 해석문은 로우정하오의 「고구려 유민 고모에 대한 고찰」(『한국사학
보』 제53호, 2013년 11월) 인용.

사람들이 눈물을 흘렸고 비통함이 한인(韓人)들의 고향으로 전해졌다는 표현에서 이를 알 수 있다. 만약 진한과 삼한을 명확히 다른 지역으로 파악했다면, 진한 출신인 고모가 죽었을 때 삼한 사람들이 눈물을 흘리고 비통함이 한인(韓人)들의 고향으로 전해졌다고 표현했을 이유가 없기 때문이다. 7세기 이후의 중국인들에게 삼한이니 진한이니 하는 지역은 명확한 지리적 개념으로 존재했던 것이 아니었는지도 모른다. 그저 '동쪽 오랑캐들의 땅'에 대한 일반적인 지칭이었을지도 모른다. 그렇기에 중국에서 살아남아야 했던 고구려 유민들은 고구려(오부)와 삼한을 어떤 때는 다른 지역으로 묘사했다가 어느 때는 같은 지역으로 묘사하고, 그러다가 고모의 묘지명에서처럼 진한과 삼한을 큰 구별 없이 쓴 것인지도 모른다.

그럼에도 당나라에서 살아남아야 했던 고구려 유민들의 묘지명에서 반복적으로 느낄 수 있는 것은 진한이든 삼한이든 모두 당나라의 영토라는 것을 바탕에 깔고 있다는 점이다. 예를 들어 고모의 묘지명을 지은 이가 '신라의 삼한 통일'을 받아들여 '676년 이후의 신라 영토=삼한'이라고 생각했다면, 당나라 사람이 된 고모의 죽음을 삼한(신라)에서 슬퍼했다고 기록했을 까닭이 없다. 7세기 중엽 이후 중국에서 제작된 문서나 묘지명 등에서 '삼한'을 운운할 때는 이처럼 명확히 당나라의 지배 영역임을 전제하고 있는 것이다. 7세기 이후에 중국에서 제작된 기록을 받아들여 '삼한=고구려와 백제·신라의 통칭'이라고 주장한다면, 676년 이후의 신라를 당나라의 지방 정권으로 보는 '제2의 동북공정'을 받아들이는 잘못을 범하게 될 수도 있다.

고질 묘지명[157]

(高質, 626~697년)

1. 요동의 조선인이었다.

   遼東 朝鮮人

2. 재앙의 기운이 요수(고구려)에서 일어나고, 피로 물들 전쟁의
   싹이 한(고구려)에서 트자……

   (결국 고질은 당나라로 건너왔다).

   屬袄起遼濱 釁萌韓壤

3. 기자의 8조목이 청요의 땅에 펼쳐졌다. 하백의 자손인 5족이
   마침내 황폐한 반목의 땅에 살게 됐다.

   箕子八條 奄有淸遼 河孫五族 遂荒蟠木

당이 고구려를 침략할 당시 당으로 건너와 대장군으로 활약하다가
697년 전장에서 아들 고자와 함께 사망한 고질의 묘지명(700년 작성)
이다. 고질을 조선인이라고 표현한 뒤, 고구려를 '한(韓)'이라고 명확
하게 묘사했다. 재앙의 기운이 요수에서 일어나 한(韓)에서 피로 물
들 전쟁의 싹이 트자 고질이 가족을 이끌고 당나라로 건너왔다고 적
고 있다. 이 묘지명에 따르면 '한(韓)=고구려'인데, 누누이 말했지만
한(韓)은 결국 당나라에 복속된다. 삼한이 됐든, 한이 됐든, 고구려가

---

157 판독문과 해석문은 민경삼의「신출토 고구려 유민 고질 묘지」(『신라사학보』제
9호, 2007년 4월)에서 인용.

(삼)한에 포함된다고 주장하는 순간, 신라의 삼한 통일론은 온전할 수 없음을 다시금 알 수 있다. 그리고 가장 중요한 것은 이런 논리를 신라가 받아들이지 않았다는 점이다.

한 가지 더 주목할 것은 고질이 자신을 기자(箕子)의 후예로 생각했다는 사실이다. "기자의 8조목이 청요의 땅에 펼쳐졌다" 운운하는 대목이 그렇다. 중국의 역사서인 사마천의 『사기』나 반고의 『한서』 등에 따르면, 주나라 무왕이 은나라를 멸망시킬 당시(서기전 1100년경) 기자가 동쪽으로 도망쳐 조선을 세웠다고 기록하고 있다. 『삼국유사』 역시 이를 받아들여 "주 무왕이 왕에 오른 뒤 기묘년에 기자를 조선에 봉했다. 그래서 (애초 조선을 건국한) 단군은 장당경(藏唐京)으로 옮겼다가 후에 아사달로 돌아와 숨어서 신선이 됐다"고 기록했다.[158] 이 같은 '기자 조선설'의 사실 여부에는 정밀한 검증이 필요하다. 그러나 고구려 유민인 고질과 그의 후손들이 소위 '기자 조선설' 혹은 '기자동래설'(箕子東來設, 기자가 동쪽, 즉 조선으로 갔다는 이야기)을 믿고 있었거나, 아니면 믿고 있는 것처럼 이야기했다는 점은 사실이다. 고구려의 조상격인 조선을 어떻게든 중국과 연관시키려는 것이다. 중국 땅에서 살아가야 하는 고구려 유민들로서는 어쩔 수 없는 선택이었을지도 모른다.

---

158 『삼국유사』 '고조선'. 원문과 번역문은 네이버 '원문과 함께 읽는 삼국유사' 인용.

고자 묘지명[159]

(高慈, 665~697년)

1. 조선 사람이었다.

   朝鮮人也

2. 땅이 삼한을 포함하고 사람들이 여덟 개의 덕목을 받들고, 위
   태로움을 보고 목숨을 버림으로써 패배를 공으로 바꾸었다.

   地蘊三韓 人承八教 見危授命 轉敗爲功

3. 봉래산 굽이굽이 높고 요하의 원류가 길게 흐르는 곳에 (고구려
   의) 5족이 마을을 이뤄……

   蓬丘趾峻遼海源長種落五族……

고구려에서 대대로 귀족으로 활동한 가계의 후손인 고자의 묘지명
(700년 작성)이다. 고자는 앞서 살핀 고질의 아들이다. 글의 작성자
는 적혀 있지 않다. 이 글에 따르면 고자의 20대조 고밀[160]은 성씨가
모용(慕容)이었던 선비족이 세운 연(燕)나라가 고구려를 침입해 나
라가 위태로울 때 홀로 적진에 들어가 적을 격파해 나라를 구했다
고 한다.[161] 이후 대대로 귀족의 지위를 누리게 됐다. 고자는 고구려

---

159 판독문과 번역문은 '국립문화재연구소 문화유산연구지식포털' 인용.

160 高密, 생몰년 미상. 『삼국사기』 등 역사 기록에는 등장하지 않는다.

161 우리 역사학계는 '모용'을 성씨로 삼은 이 선비족 세력을 '모용씨'라고 통칭한
    다. 모용씨가 고구려를 침입해 나라를 위태롭게 했던 것은 『삼국사기』에 따르
    면 모용외(慕容廆)가 침입했던 293년(봉상왕 2년)과 296년(봉상왕 5년) 그리고

에서 3품 위두대형(位頭大兄)을 지낸 아버지 고질이 고구려의 멸망을 예견하고 당에 투항하면서 당에서 성장했다. 고자와 아버지 고질은 697년 전장에서 함께 전사했다.

이 묘지명에서 고자는 조선인으로 기록돼 있다. 또 고구려를 "5족의 마을"이라고 표현했다.

이 묘지명에서도 '삼한'에 대한 언급이 나오는데, 필자의 능력으로는 문장 자체가 매끄럽게 이해되지는 않는다. 결론부터 말한다면, 이 문장에서 '삼한'은 고구려를 가리키는 것으로 보인다.

먼저 문장 자체를 보자. 묘지명은 고자의 조상인 고밀이 모용씨를 격파하자 고구려 왕실에서는 땅을 주어 왕으로 삼으려 했지만 고밀이 세 번이나 사양했다고 한다.[162] 그러자 '고'라는 성씨와 식읍[163] 3천을 내린 뒤 고밀의 자손은 대대로 제후(侯)로 봉한다고 명했다. 그래서 고밀의 후손에게서 대대로 공후장상[164]이 끊이지 않았다

모용황(慕容皝)이 침입했던 342년(고국원왕 12년)이다. 모용씨의 침입 때 나라를 구한 고밀이 7세기 중엽에 태어난 고자의 20대 할아버지였으므로, 고밀을 봉상왕 때(3세기 말) 활동했던 인물로 볼 수 있을 것이다. 그러나 묘지명의 내용이 백 퍼센트 정확한 것은 아닐 것이므로 추정에 불과하다.

162 여기서 의문이 드는 것은 고밀에게 "땅을 주어 왕으로 삼으려 했다"는 대목이다. 이는 황제나 할 수 있는 일이다. 그렇다면 고밀이 활동하던 시기에 고구려는 왕이 아닌 황제 혹은 천자가 다스렸다는 뜻이 된다. 하지만 고구려에서 이런 식의 정치 체제를 갖췄던 적은 없다. 이에 대해 필자가 더 논할 능력이 없음이 아쉽다.

163 食邑, 나라에서 공신에게 준 땅과 그에 속한 사람들. 이곳에서 거두는 세금은 식읍의 주인이 썼다.

164 公侯將相, 귀족으로서 장군과 재상을 지냈다는 의미.

는 것이다. 그리고 이어지는 문장은 다음과 같다.

충으로 아름다운 덕을 삼고, 용맹함과 의로움을 기본으로 삼아 사
직을 세우고, 땅을 받아 복된 땅을 되살리니(分茅回生祚土), 저 먼 변
경의 땅에도 도가 행해졌고, 더욱이 땅이 삼한을 포함하고(혹은 덮
고)(況乎地蘊三韓), 사람들이 지극한 가르침을 받들고 위기 때 목숨을
바침으로써 패배의 순간을 공으로 바꾸었다.

이 문장에서 "삼한을 포함했다, 혹은 덮었다(地蘊三韓)"는 무슨 의
미일까? 문장 전체를 보면 "分茅回生祚土"는 고밀이 왕의 직위를 사
양하자 식읍을 주고 제후로 봉한 사실을 말한다. "위기 때 목숨을 바
침으로써 패배의 순간을 공으로 바꾸었다"는 문장도 고밀이 모용씨
의 침입 때 목숨을 걸고 적진에 들어가 싸워 고구려를 지킨 사실을
나타낸다. 그렇다면 "地蘊三韓"이 어떤 뜻인지 명확하지는 않아도,
여기서의 삼한은 고구려를 가리키는 것이라고 생각된다. 고구려 유
민들은 자신들이 살던 곳을 삼한이라고 하고 자신들을 삼한인이라
고 불렀던 것이다.
　하지만 이 묘지명에서도 삼한은 중국이 흡수한 땅으로 등장한다.
중국에서 사용하는 삼한의 용례를 우리 역사학계가 그냥 받아들였
을 때 어떤 결과가 초래될 것인지를 고자의 묘지명 역시 증명하는 것
이다.

천헌성 묘지명[165]

(泉献誠, 650~692년)

1. (천헌성의) 증조할아버지는 고구려에서 막리지가 되어 병권을
   장악했다. 기세는 삼한을 제압했고 오부(고구려)의 영웅이었다.

   曾祖大祚本國任莫離支捉兵馬 氣壓三韓 聲雄五部

2. (헌성의 아버지인 천남생이 당나라에 항복하니) 당 고종이 친히 조칙
   을 내려 위로한 뒤 양공('양'은 '천남생'의 이름)을 '동쪽 지방의 주
   인'으로 삼고, 이에 더해서 대총관 직위도 내렸다.

   唐高宗手勅慰喻便以襄公爲東道主人 兼授大摠管

3. 헌성(공)은 나아갈 때와 물러날 때를 잘 알고 옳고 그름을 잘
   가리어 꾸물거리지 않고 안전함과 위급함을 잘 따졌으니, 서
   쪽으로부터 당의 도움을 받아 동쪽에 있는 요동의 재앙을 말
   끔히 할 수 있었다. 결국 양공(천남생)이 가문을 보존하고 나라
   를 이은 것은 사실 헌성 덕분이었다.

   公圖去就之計審是非之策不蹤晷刻便料安危故能西引漢兵 東掃
   遼碶襄公之保家傳國實公之力也

천헌성은 천남생의 아들, 즉 연개소문의 손자였다. 묘지명에 적힌 나
이를 역사적 사건과 비교해보면 서기 650년에 태어나 692년에 사망
한 것으로 추정된다. 묘지명에 따르면 천헌성은 모함을 받아 죽었는

데, 그의 사후 무고였음이 밝혀져 서기 701년 다시금 성대하게 장사를 지내게 됐다. 서기 701년에 작성한 이 묘지명은 당나라 사람 왕유충이 지었다.

필자는 이 묘지명에서는 삼한과 고구려가 분리됐다고 생각한다. "증조할아버지는 고구려에서 막리지를 하면서 병권을 장악했다. 기세는 삼한을 제압했고 오부의 영웅이었다"라고 기록한 장면에서다. '삼한'은 그의 증조할아버지가 기세로 제압할(氣壓) 대상이었지만 고구려, 즉 '오부'는 그가 '떠받듦(聲高)'을 받은 곳이다. 삼한과 오부가 결코 같지 않은 지역임을 표현한 것이라고 필자는 생각한다. 이를 지나친 해석이라고 비판할 수도 있을 것이다. "기세가 삼한을 뒤덮었고(氣壓)"라고 해석해도 큰 무리는 없다. 삼한과 오부가 동일한 지역이든 아니든, 이 문장 속에 등장하는 삼한이니 오부니 하는 땅은 모두 당이 차지한 것으로 묘사돼 있다.

이 묘지명에서 주목되는 것은 마치 고구려라는 나라의 명맥이 이어진 것처럼 묘사했다는 점이다. 천남생이 항복하니 당 고종이 그를 "동쪽 지방의 주인"으로 삼았다는 문장이나, 천남생이 "가문을 보존하고 나라를 이었다"라고 표현한 내용이 그것이다. 고구려의 멸망 이후 당나라에 끌려간 보장왕을 당은 '요동주도독 조선왕'으로 삼기도 했지만 고구려가 당에 항복하기 이전인 668년 이전과 이후의 보장왕의 지위, 혹은 668년 이전의 고구려 왕의 지위와 고구려 유민으로서 '왕'의 작위를 받은 이의 지위는 근본적으로 달랐을 것이다. 그럼에도 8세기 최초반기의 당나라 사람조차 이런 식의 표현, 그러니까 "(고구려라는) 나라를 보존했다" 운운한 것은 과연 문학적 수사였을 뿐일까? 이런 문장을 통해, 고구려가 멸망한 7세기 후반부터 발해가 나라로 완전히 기틀을 잡은 8세기 초반까지 고구려 혹은 고구려 유민들의 지위에 대해 여러 생각을 하는 것은 억측일까?

나당연합군이 백제를 멸망시킨 직후에도 당나라는 웅진도독부를 두고 의자왕의 아들인 부여융으로 하여금 백제 지역을 다스리게 하려고 했다. 그것을 상징하는 게 당나라가 강요하여 신라와 백제가 맺은 '취리산 합의'였다. 그 합의문은 "백제의 옛 땅을 보전하고, 신라와 백제 모두 당의 번국이 되어 당에 복종하고 서로 사이좋게 지내라"는 내용이었다. 합의문을 깨고 백제를 역사에서 사라지게 한 것은 신라였다. 그 때문에 당과 신라의 갈등이 빚어졌고 문무왕이 당에 사죄하는 글을 여러 차례 올렸다.

하지만 당나라는 황제 혹은 최고 지배자가 지방에 왕을 파견하거나, '당시의 상속법'에 따라 왕의 자리를 물려받은 사람을 황제가 추인하는 구조(이를 '봉건제'라고 한다)로 다스리던 나라가 기본적으로 아니었다. 그렇다면 당은 고구려나 백제 지역을 중국 본토처럼 직접 지배하려는 생각은 애초에 없었는지도 모른다. 고구려와 백제의 옛 땅에 대한 당나라의 이런 느슨한 통치 정책이 결국 발해의 건국을 쉽게 한 것은 아니었을까? 발해가 고구려 멸망 뒤 단 30년 만에 건국돼 고구려의 옛 땅을 대부분 되찾았다는 점을 볼 때 더욱 그렇다. 만약 신라가 옛 백제 땅에 설치된 웅진도독부를 공격해 멸망시키지 않았다면 웅진도독부, 아니 백제의 운명은 어찌 됐을까? '취리산 합의'를 고려한다면 백제는 사실상 존속하게 되지 않았을까? 상상은 독자의 몫이다.

'조선의 후예'라고 생각한 고구려인들

천남산 묘지명[166]

(泉男産, 639~ 701년)

1. 요동의 조선 사람이었다.

    遼東 朝鮮人也

2. 동명이 나라를 세웠고, 주몽이 도읍을 정했다.

    東明開國 朱蒙開都

3. 동명의 후예가 조선을 세웠으니 (……) 당나라 때에 이르러 동
    쪽 마을로 포함됐다.

    東明之裔寔爲朝鮮 (……) 爰逮有唐化涵東戶

천남산은 연개소문의 셋째 아들이었다. 묘지명은 그의 아들 천광부
(泉光富)가 702년에 작성했다고 기록했다.[167] 이 묘지명에서 천남산은

---

166 '국립문화재연구소 문화유산연구지식포털' 인용.

167 천남산의 묘지명을 읽노라면 그의 장례와 관련해서 한 가지 의문을 갖게 된
다. 묘지명 중간에는 천남산이 "701년인 대족 원년(大足元年) 3월 27일 집에
서 병으로 죽었고, 그해 4월 23일 낙양현 평음향 모처에 묻었다(葬於洛陽縣平
陰鄕某所)"고 적었다. 그런데 묘지명 마지막 문장은 "702년인 장안(長安) 2년
4월 23일에 낙양현의 경계에 묻었다(葬於洛陽縣界)"라고 기록했다. 천남산은
701년 4월 23일에도 묻히고, 702년 4월 23일에도 묻힌 것이다. 이에 대해 국립
문화재연구소 문화유산연구지식포털은 "701년에 병사했고, 702년에 매장했
다"라고 적고 있다. 이런 설명으로는 "701년에 천남산을 묻었다"는 묘지명의
내용을 설명할 길이 없다. 사망이나 장례일을 잘못 기록했을 가능성은 희박하

요동의 조선인으로 묘사되고 있다. 또 대구법을 사용해서 "동명이 나라를 세웠고, 주몽이 도읍을 정했다"라거나, "동명의 후예들이 조선을 세웠다"라면서 조선과 고구려를 동일한 나라인 것처럼 묘사했다. 동명은 동명성왕을 말하는 것으로 볼 수밖에 없는데, 『삼국사기』에 따르면 동명성왕은 주몽의 시호였다.

천남산뿐 아니라 고구려 출신 장군이던 고자나 보장왕 손자인 고진의 묘지명에서도 무덤의 주인공을 '조선인' 혹은 '조선의 귀족' 등으로 표현하고 있다. 보장왕이 당나라에 끌려간 뒤 '요동주도독 조선왕'에 봉해진 것 등을 종합해 볼 때 고구려의 유민들은 자신들을 '조선인' 혹은 '조선의 후예'로 생각했음을 알 수 있다. 고구려인과 마찬가지로 신라인들, 적어도 신라의 왕실이나 지식인층 역시 자신들을 조선의 후예로 생각하고 있었음도 이 책 94~99쪽에서 이미 살핀 바 있다. 이 땅에서 민족주의의 뿌리가 생각보다 훨씬 깊음을 알려주는 대목이다.

이 묘지명 역시 고구려는 당나라에 귀속됐다고 기록하고 있다. 고구려가 멸망해 결국 "당나라 때에 이르러 동쪽 마을로 포함됐다"는

다. 예를 들어 아라비아 숫자로 연도를 표기할 때 2017년을 2018년으로 '단순 오기(誤記)'할 수 있다. 그러나 당시 연호를 사용해서 그의 장례일을 '대족 원년', '장안 2년'으로 각각 기록했으니, 오기로 보기는 힘들다. 게다가 묘지명은 천남산의 아들 천광부가 썼다. 아버지의 사망일이나 장례일을 잘못 적었을 리는 없다. 그렇다면 천남산을 701년에 가묘(假墓)에 묻었다가 702년에 이장한 것일까? 그러나 묘지명 어디에도 이장과 관련한 내용은 없다. 이장을 했더라도 이장 시점이 왜 그가 사망한 3월 27일이 아니라, 애초 그를 매장했던 4월 23일이 되는지도 의문이다.

표현에서다. 신라의 '삼한 통일'에 지역적으로는 고구려가 포함될 수 없음을 다시금 나타내는 것이다.

이 묘지명에서 특이한 점은 동명과 주몽을 서로 다른 사람으로 묘사하고 있다는 점이다. "동명은 (고구려라는) 나라를 세웠고, 주몽은 (고구려의) 도읍을 정한 인물(東明開國 朱蒙開都)"로 기록했다. 『삼국사기』에 주몽이 동명성왕이라고 한 것과는 배치된다. 이 묘지명은 연개소문의 손자로, 무덤 주인공인 천남산의 아들이 썼다. 고구려의 마지막 지배 가문이랄 수 있는 연개소문 집안에서 고구려의 역사를 제대로 몰랐기에 이런 말을 한 것일까? 의문이 아닐 수 없다. 이에 대해서는 여러 논쟁거리가 있을 것이다. 앞으로 이에 대해 논의할 기회가 있기를 바란다.

천비 묘지명[168]

(泉毖, 708~729년)

조선왕인 (고구려의) 보장왕

朝鮮王 高藏

연개소문의 고손(高孫, 손자의 손자)인 천비의 묘지명이다. 글은 아버지 천은(泉隱, 생몰년 미상)이 작성했다. 묘지명에 따르면 천비는 729년에

---

168 판독문과 번역문은 '국립문화재연구소 문화유산연구지식포털' 인용.

천비 묘지명 탁본 ⓒ 김영관 충북대 교수 제공

죽었는데, "예법에 따라" 4년 뒤인 733년에 중국 하남 낙양으로 이장했다고 기록하고 있다. 그의 증조할아버지인 천남생이 679년 정월 29일에 죽자 그해 12월 28일에 묘지명을 작성해 낙양에 묻은 것이나, 그의 작은 증조할아버지인 천남산이 701년 3월 27일에 죽자 다음 해인 702년 4월 23일에 역시 낙양에 묻은 것, 혹은 고현이 690년 10월 26일에 죽자 다음 해인 691년 10월 18일에 묻은 것, 그리고 천비 바로 다음에 살필 고진이 773년에 죽자 778년에 부인과 함께 새로운 묘에 합장했다는 기록 등을 비교하면 고구려 유민들의 '장례 절차'가 조금씩 차이가 남을 알 수 있다. 이장(移葬)과 관련돼서인지도 모른다.

천비의 묘지명에는 삼한이나 고구려 등을 직접 언급한 게 없고 '조선'에 대한 언급만 있다. 천비가 태자첨사 태원공 왕위(王暐)의 사위가 됐는데, 왕위는 '조선왕'인 보장왕의 외손이었다는 것이다.

이은지 묘지명[169]

(李隱之, 655~705년)

할아버지 이름은 '경'이었고, 아버지 이름은 '직'이었다. 효와 덕을 다해 하늘을 감동시켰으니 낙랑에서 유명한 이들이었다. 또 충성

---

169 판독문과 해석문은 로우정하오의 「고구려 유민 이은지 가족의 출자 의식에 대한 고찰」(『한국고대사탐구』, 제21호, 2015년 12월)에서 인용.

과 근면으로 백성을 구제했으니 부여에서 찬양이 가득했다.

祖敬父直 或孝德動天 馳名於樂浪 或忠勤濟物 譽表於夫餘

고구려가 당에게 멸망하던 즈음 당으로 건너간 이은지의 묘지명이
다. 그가 사망하고 34년이 흐른 739년 그의 부인과 합장하면서 제작
됐다. 묘지명에는 그의 할아버지와 아버지의 이름이 적혀 있지만, 그
들이 고구려에서 어떤 일을 했는지는 적혀 있지 않다. 고위직이었던
것은 확실하다. 이은지가 당에서 어떤 활동을 했는가에 대해서도 적
혀 있지 않다. 또 이 묘지명에는 삼한에 대한 내용이나 서기 7세기 중
엽의 정치적 상황에 대한 어떤 기록도 없다. 그럼에도 이 묘지명을
소개하는 것은 멸망한 고구려에 대한 묘사 때문이다.

묘지명은 이은지의 할아버지와 아버지가 덕망이 높아 "낙랑과 부
여에서 유명했다"라고 기록했다. 낙랑과 부여가 고구려의 옛 땅을
의미함은 물론이다. 왜 고구려라는 표현 대신 고구려에 의해 멸망당
한 낙랑이나 부여라는 표현을 굳이 사용했는지는 확실하지 않다. 그
러나 고구려 유민들이 고구려의 옛 땅을 묘사할 때 고구려라는 표현
뿐 아니라 조선, 삼한, 한, 진한, 변한, 오부, 부여, 낙랑, 현도(현토), 예
맥 등 다양한 표현을 쓰고 있음을 살핀 바 있다. 그렇다면 고구려를
지칭할 때 썼던 특정한 어느 표현에 후대 사람들이 지나친 의미를 부
여하는 것은 오버 센스일지도 모른다. 고구려 유민들에게, 그리고 당
나라 사람들에게 고구려뿐 아니라 만주와 한반도에 대한 지칭은 그
저 사람에 따라 다양한 표현이 혼용될 수 있는 지역이었을 수도 있
다. 뒤에 살피겠지만, 당나라 사람들의 한반도와 만주 지역에 대한

지칭을 보노라면 역시 일관성이 없음을 알게 된다.

고덕 묘지명[170]
(高德, 676~742년)

수나라가 망한 뒤 당나라가 들어서서 사해를 울타리로 삼아 천하를 통일했다. 먼 변경 지역까지 복속시켜 인재를 취하자 고덕의 선조는 은혜를 연모하여 조상이 살던 고향으로 돌아왔다.

泊隋原鹿走 唐祚龍興 廓四海而爲家 奄八紘而取俊 府君祖宗 戀恩歸本

훗날 당나라 현종 황제로 등극했으며, 며느리인 양귀비와의 사랑으로도 유명한 이융기(李隆基)가 710년 쿠데타를 일으켰을 때 그를 도와 출셋길을 달린 고덕의 묘지명이다. 사망 직후인 742년에 작성됐다. 묘지명에 따르면 고덕의 선조는 원래 중국인이었다. 고덕의 선조는 4세기에 중국에서 일어난 난을 피해 요양(遼陽)으로 건너가 그곳에서 대대로 권세 있는 집안이 됐다고 기록했다. 고덕의 선조가 요양으로 건너왔을 때 이곳이 고구려의 영토였을지는 의문이지만, 결국 이 지역이 고구려의 영토가 되면서 고구려인이 된 것이다. 그러다가 당이 고구려를 멸망시키자 고향으로 돌아왔다고 묘지명은 기록하

---

170 판독문과 해석문은 이동훈의 「고구려 유민 고덕 묘지명」(『한국사학보』 제31호, 2008년 5월)을 인용.

고 있다. 고덕의 선조가 진짜로 중국인이었는지, 아니면 당나라에서 살아남기 위해 "내 조상은 중국인이었다"라고 후대에 족보를 각색한 것인지는 명확하지 않다. 다만 이 묘지명에서 주목할 부분은 고구려 유민들이 7세기 중엽 이후의 정치적 상황을 대하는 태도이다.

고덕의 묘지명에는 "당나라가 들어서서 사해를 울타리로 삼아 천하를 통일했다. 먼 변경 지역까지 복속시켜 인재를 취하자 고덕의 선조는 (황제의) 은혜를 연모하여 고향으로 돌아왔다"고 기록했다.

여기서 필자의 주목을 끈 것은 "엄팔굉(奄八紘)", 즉 "먼 변경 지역(팔굉)까지 복속시켰다"라는 표현이다. 팔굉은 '여덟 방위로 뻗친 아득히 먼 지역, 즉 온 세상'이라는 뜻이다. 요즘에야 이 단어에 익숙하지 않은 이들이 대부분이겠지만, 일제 강점기를 겪은 이들에게 이 단어는 치가 떨릴 정도였을 것이다. 그만큼 우리 근현대사에 아픔으로 남은 단어다.

1940년 당시 일본 총리 고노에 후미마로는 시정 방침 연설에서 "황국의 국시는 팔굉을 한집으로 삼는(八紘一宇[팔굉일우]) 정신에 근거한다"고 역설했다. 일본 주변국(팔굉)을 침략해 복속시켜 한집(일우)으로 삼겠다는 것으로, 주변국 침략 야욕을 노골화한 것이다. 소위 '대동아전쟁'은 그로부터 1년 뒤 발발했다.[171]

한데 그 '팔굉'이 고덕의 묘지명에도 등장하는 것이다. 당나라가 모든 주변국을 복속시켰다는 의미로 말이다. 고덕의 묘지명은 "당나

---

171 위키피디아 한글판(위키백과)의 '팔굉일우'와 '고노에 후미마로', '대동아공영권' 항목 참조.

라가 주변의 모든 바다에 진출해 국경선으로 삼았다"라고 기록했다. 만주뿐 아니라 한반도 역시 당나라의 영토가 됐음을 이야기하는 것이다. 이는 앞서 살폈던 고모의 묘지명에서 "고구려 유민이지만 이제는 당나라 사람이 된" 고모가 죽었을 때 "동해 바다의 동쪽 끝까지 슬픈 분위기에 휩싸였다"라고 말한 맥락과 일치한다.

물론 이는 사실이 아니다. 고덕이 사망할 당시(742년) 만주 지역은 이미 발해가 차지한 뒤였으므로 당나라가 "사해를 울타리로 삼았다"는 것은 명백한 과장이다. 당나라의 동북방은 발해와 국경을 맞닿아 있었지, 바다를 울타리로 삼지 않았기 때문이다. 그럼에도 당나라에서 살아남아야 했던 고구려 유민들은 이런 식으로 말할 수밖에 없었을 것이다. 중국 측 기록은 말할 것도 없고, 당에 남은 고구려 유민들의 기록을 통해 신라인들의 '삼한'에 대한 지리적 인식을 이해하려는 행위가 얼마나 위험한 일인가를 고덕의 묘지명이 또다시 보여주는 셈이다.

고진 묘지명[172]
(高震, 701~773년)

1. 공의 휘는 진이고 자는 모이며, 발해 사람이다. 할아버지는 개부의동삼사 공부상서 조선군왕 유성군개국공인 보장왕이며,

---

172 판독문과 번역문은 '국립문화재연구소 문화유산연구지식포털' 인용.

아버지의 휘는 연으로 운휘장군 우표도대장군 안동도호였다.
공은 곧 부여의 고귀한 혈통이자 진한의 훌륭한 혈통이었다.

公諱震字某渤海人 祖藏開府儀同三司工部尙書朝鮮郡王柳 城郡
開國公 禰諱連雲麾將軍右豹韜大將軍安東都護 公酒 扶餘貴種辰
韓令族

2. 조선의 귀족
   朝鮮貴族

고구려의 마지막 왕 보장왕의 손자인 고진의 묘지명이다. 당나라 사
람인 양경(楊憼)이 778년 글을 지었다. 이 묘지명이 주목되는 것은 고
구려 유민에 대한 다양한 표현이다. 우선, 고진을 발해 사람이라고
했다. 보장왕의 손자로, 발해가 건국된 직후인 701년에 태어난 고진
이 발해의 건국과 관련해 그 어떤 행동을 했을 리가 없으니, 여기서
발해는 '옛 고구려의 땅' 정도로 인식하는 편이 나을 듯하다. 하지만
여기서 그치지 않는다. 고진을 "부여의 고귀한 혈통"이라고 한 것에
서 더 나아가 "진한의 훌륭한 혈통"이라고까지 했다. 고구려인(유민
포함)의 기록 중에서 고구려를 진한과 관련시킨 것은 앞서 살핀 고요
묘와 고모, 그리고 고진의 묘지명이 있다. 그러고는 "조선의 귀족"이
라고 다시 불렀다. 이 글로만 친다면 고진은 '발해 사람=부여의 후손
=진한의 후손=조선인'인 셈이다. 우리 민족이 이룬 고대 국가 대부
분의 이름이 이 묘지명에 나오는 것이나 다름없다.

   양경은 왜 고구려 유민인 고진을 언급하면서 조선, 부여, 발해 그
리고 심지어 진한까지 언급했을까? 묘지명에 '헌서대제(獻書待制)'라

는 직위가 적힌 양경의 역사지리적 소양이 부족해서였을까? 그렇다면 이 묘지명에 등장하는 지역이나 나라 이름에 대해 고민할 필요가 없다. 하지만 '대제'라는 직위가 요즘으로 치면 '지식'과 관련된 일을 하는 고위 관료였다는 점을 생각한다면, 이리 말하는 것은 설득력이 없다.

그것이 아니라면, 양경을 포함해 당시의 당나라 지식인들은 고구려와 백제, 신라, 즉 한반도와 만주 지역에 위치한 국가는 모두 '하나' 혹은 '한 갈래'라고 생각한 것일까? 이 지역에 어느 나라가 들어서든 '모두 동이(東夷)에 불과하며, 우리에게 조공하는 혹은 군신 관계를 맺은 나라, 혹은 종족에 불과하다'고 생각했기에, 그 나라가 조선이든 부여든 진한이든 뭐든 그저 '한통'으로 본 것일까? 한반도와 만주에 자리했던 국가나 민족 혹은 종족을 이루는 세력이나 집단에 대한 중국 측의 다양한 표현을 살펴보노라면 중국인들이 이 지역에 대해 '명확한 구분'을 하지 않았던 것이 아닌가 하는 생각을 하게 된다. 그렇다면 중국 측의 '다양하고도 모호한' 명칭을 그대로 받아들이는 것은 우리를 오류에 빠뜨릴 가능성이 있다. '삼한'이라는 똑같은 단어(시니피앙)를 두고 신라와 중국 측은 서기 7세기 중엽 이후 분명히 다른 의미(시니피에)로 사용했기 때문이다.

백제 유민들의 기록

서기 7세기 중엽 이후 한반도와 만주 지역의 정치 군사적 상황에 대해 묘사한 백제인들의 기록은 다섯 건이다. 모두 묘지명에 적힌 백제 유민들의 기록이다. 이들을 검토하면 백제 유민들이 '삼한'을 어떤 의미로 사용했는지, 그리고 백제의 멸망 때 당과 신라의 역할을 이들이 어떻게 받아들였는지를 알 수 있다.

결론부터 말하면, 신라의 통일 전쟁 이후 백제 유민들이 사용한 '삼한'은 모두 당나라에게 복속된 땅이었다. 백제를 멸망시킨 것은 오로지 당나라였다. 신라의 역할에 대해서는 '백제인들의 기록'에 한 줄도 언급돼 있지 않다. 고구려 유민들의 경우와 마찬가지로, 백제 유민들이 사용한 '삼한'의 용례를 신라가 동일하게 사용했으리라고 생각하는 것이 얼마나 위험한가를 이 자료들 역시 보여주고 있다. 이를 하나씩 살펴보자.

예군 묘지명¹⁷³

(禰軍, 613~678년)

1. (선조의 공덕을 나열한 뒤) 말 타는 솜씨와 웅장한 무예는 삼한에서 탁월했다.

   汗馬雄武 擅後異於三韓

2. 660년 당나라 군대가 백제를 평정하던 날 (……)

   顯慶五年 官軍平本蕃日 (……)

『삼국사기』에는 백제 의자왕이 웅진성(지금의 공주산성)에서 당나라에 항복한 것으로 적혀 있다. 『삼국사기』「신라본기」 태종무열왕 7년 7월 18일 기록에는 "의자왕이 태자와 웅진방령군 등을 거느리고 웅진성으로부터 와서 항복했다"라고 기록돼 있다.¹⁷⁴ 이에 비해 『삼국사기』「백제본기」 의자왕 20년 기록에는 "(계백 등이 패배하자) 왕은 태자 효(孝)와 함께 (사비성을 버리고) 북쪽 변경으로 달아났다. (……) (그러나 사비성이 결국 항복하자) 임금 및 태자 효가 여러 성과 함께 모두 항복하였다. 소정방이 임금 및 태자 효, 왕자 태, 융, 연 및 대신과 장병 88명과 주민 1만 2천8백7명을 당나라 서울로 압송하였다"라고 기록

---

173 묘지명 판독 및 번역문은 최상기, 「예군 묘지의 연구 동향과 전망」(『목간과 문자 연구』 제12호, 2014년 6월) 인용.

174 『삼국사기』「신라본기」 태종무열왕 7년 기록. 원문과 번역문은 네이버 '원문과 함께 읽는 삼국사기' 인용.

예군 묘지명 탁본 ⓒ 김영관 충북대 교수 제공

하고 있다.[175]「신라본기」든「백제본기」든 의자왕은 스스로 항복한 것이다. 그러나『당서』'소정방 전'에 묘사된 의자왕의 항복 기록은 이와는 분위기가 사뭇 다르다.

『구당서』'소정방 전'에는 "백제의 대장인 예식이 의자왕을 데리고 소정방에게 와서 항복했다(其大將禰植又將義慈來降)"라고 했고,『신당서』'소정방 전'에도 "백제 장군인 예식이 의자왕과 함께 항복했다(其將禰植與義慈降)"라고 기록돼 있다.[176] 백제의 최고 권위자인 왕이 항복하는데 '예식'이라는 인물이 먼저 적혀 있고, 백제 멸망 이후 예식이 당나라에서 최고위 관직에 올랐다는 점에서 예식이 의자왕을 사로잡아 소정방에게 항복했다고 보는 해석은 이 때문에 가능하게 됐다. 20세기 전반기의 항일 역사학자 신채호가 의자왕이 내부 반란 때문에 항복한 것이며, 그 반란의 주역이 예식이었다고 지적했던 것도 이런 까닭이다.

그런데 1)『당서』에 기록된 예식의 본 이름은 예식진(禰寔進, 615~672년)이며, 2) 백제 멸망 이후 신라와 왜에 웅진도독부의 사신으로 파견되는 인물로『삼국사기』와『일본서기』등에 묘사된 예군(禰軍)이 예식진의 두 살 위 친형이라는 사실을 밝혀주는 묘지명이 2000년 들어 잇따라 중국에서 발견됐다. 형제였던 예군과 예식진, 그리고 예식진의 아들 예소사(禰素士, ?~708년), 예식진의 친손자 예인

---

175 『삼국사기』「백제본기」의자왕 20년 기록. 원문과 번역문은 네이버 '원문과 함께 읽는 삼국유사' 인용.

176 『구당서』와『신당서』에 실린 '소정방 전'(경인문화사, 1977년 영인본).

수(禰仁秀, 675~727년)의 묘지명이 발견된 것이다.[177] 의자왕 항복의 비밀이 밝혀진 것인가?

하지만 예군이나 예식진, 그리고 후손의 묘지명 어디에도 '의자왕을 사로잡아 소정방에게 데리고 갔다'는 내용은 한마디도 없다. 그저 "나라가 위태로울 때 그 기미를 미리 알고 당나라에 항복했다" 정도로만 적혀 있을 뿐이다. 한국사학계는 대체로 예식진이 그의 친형인 예군과 함께 의자왕을 겁박해 소정방에게 항복하게 했다고 보고 있다.

예군의 묘지명(사망 직후인 678년 작성)에는 '삼한'이 백제를 뜻하는 단어로 등장한다. 그리고 백제를 멸망시킨 것은 당나라라고 분명하게 적고 있다. "顯慶五年 官軍平本蕃日"이라는 문장에서다. 현경 5년은 660년을 말한다. 관군은 천자(황제)의 군대를 말하며, 본번은 '내가 사는(혹은 속한) 번'이라는 의미이다. 번은 오랑캐가 살거나 제후가 다스리는 나라라는 뜻이다. 그러나 예군의 묘지명에서 백제 멸망 때 신라의 역할은 어디에도 적혀 있지 않다.

자기가 모시던 임금을 사로잡아 당나라에 항복했다는 혐의까지 받을 정도고, 당나라에서 생을 마쳤던 예군으로서는 당연히 백제 멸망의 주역을 당나라로 삼을 수밖에 없었을 것이다. 당에서 살아남아

---

177 예군과 예식진, 예소사, 예인수의 묘지명에 대해서는 최상기의 「예군 묘지의 연구 동향과 전망」(『목간과 문자 연구』 제12호, 2014년 6월) 외에도 아래의 글들을 참조했음을 밝힌다. 더 자세한 내용을 알고 싶은 독자들이라면 일독을 권한다. 김영관, 「백제 유민 예식진 묘지 소개」(『신라사학보』 권10, 2007년 8월). 김영관, 「중국 발견 백제 유민 예씨 가족 묘지명 검토」(『신라사학보』 권24, 2012년 4월). 권덕영, 「백제 유민 예씨 일족 묘지명에 대한 단상」(『사학연구』 105, 2012년).

야 했던 다른 숱한 고구려 유민들의 묘지명에서와 마찬가지로 예군의 묘지명에서도 '삼한'은 '멸망한 조국'(그것이 백제든 고구려든!)의 다른 이름으로 등장하고 있고, 당에 속한 것으로 묘사되고 있는 것이다.

부여융 묘지명[178]
(扶餘隆, 615~682년)

1. 백제 진조인이었다.

   百濟 辰朝人

2. (부여융은) 기세가 삼한을 압도했고, 이름이 양맥에 드날렸다.

   姿氣蓋三韓 名馳兩貊

3. (660년 당이 백제를 정벌했음에도) 마한에 남아 있던 무리들이 (당에 반역의 마음을 먹고) 세력을 규합하자, 당이 백제를 다시 정벌한 뒤 백제 유민을 달래기 위해 부여융을 웅진도독으로 삼고(爲熊津都督) 백제군공에 봉했으며(封百濟郡公) 웅진도총관(熊津道摠管) 겸 마한도안무대사(馬韓道安撫大使)로 임명했다.

4. (묘지명 마지막에 부여융을 기리는 문장을 쓰면서) 계루가 어지러워지고 요하가 평안하지 못하게 되니(桂婁初擾 遼川不寧, 즉 백제가 어지러워지니) 부여융이 어린 백성들을 이끌어 천자에게 항복했다.

---

178 판독문과 번역문은 '국립문화재연구소 문화유산연구지식포털' 인용.

의자왕의 아들로 백제의 마지막 태자였던 부여융의 묘지명(사망 직후인 682년 작성)이다. 백제를 사실상 온존시키려는 당나라의 정책으로 웅진도독부의 수장에 임명돼 옛 백제 지역의 통치자가 되지만, 신라의 군사적 압박을 견디지 못하고 결국은 당나라로 돌아간 인물이다.

묘지명에는 백제를 묘사하는 단어로 백제는 물론 진조(辰朝), 삼한, 양맥(兩貊), 웅진, 마한, 계루(桂婁), 요천(遼川) 등 다양한 단어가 등장한다. 이 중 초기 고구려를 구성한 5부족 중 하나인 계루와 요천(요하와 동일한 단어임. 요즘 명칭은 랴오허 강)은 원래 고구려를 뜻하는 단어인데 여기서는 백제를 뜻하는 단어로 썼다. 개로왕이 472년 중국 북부를 지배했던 북위(北魏, 386~534년)로 보낸 국서(國書)를 보더라도 백제 지배층은 백제가 고구려와 함께 부여에서 갈라져 나왔음을 인정했다.[179] 때문에 이 묘지명에서도 고구려와 백제에 대한 호칭에서 큰 차별을 두지 않았는지 모른다. 혹은 이름을 밝히지 않은 묘지명 작성자가 중국인이었기 때문에 고구려와 백제의 호칭에 큰 구분을 두지 않은 것일 수도 있다. 중국인들은 고구려와 백제 혹은 만주나 한반도

---

179 개로왕이 북위에 보낸 국서는 『삼국사기』「백제본기」 개로왕 18년(472년) 기록에 전문이 수록돼 있다. 여기서 한 가지! 학교에서 한국사를 배우면서 '백제 개로왕이 북위에 국서를 보냈다'는 내용을 배운 사람이 많을 것이다. 국서(國書)란 일반적으로 국가의 최고 통치권자가 국가의 이름으로 상대 국가에게 보내는 문서를 말한다. 때문에 '국서'에는 국가 간 대등함이 전제되는 경우가 많다. 그런데 개로왕이 북위에 보낸 국서는 동등한 자격의 국가 간 '국서'가 아니었다. 신하가 임금에게 올리는 표문(表文)이었다. 글 내용 중에도 개로왕이 자신을 신하라고 자칭한다. 그런데도 우리는 이 문장을 '표문'이라고 부르지 않고 '국서'라고 부르고 있다. 우리 역사의 '찬란함'만 가르치는 게 진정한 역사 교육인지 필자는 지극히 의문이다.

지역에 대한 호칭을 불명확하게 하거나, 그냥 '한통'으로 불렀음은 앞에서도 여러 차례 확인한 바 있다. 앞에서 살핀 고구려 유민들의 묘지명도 그러했지만, 중국에서 작성된 백제 유민의 묘지명에는 이처럼 백제를 지칭하는 명칭이 다양하게 혼용돼 등장한다.

부여융의 묘지명에서도 앞서 살핀 백제 유민 예군이나 고구려 유민들의 그것처럼 조국 멸망의 주 요인은 당나라 때문이라고 적혀 있다. 항복도 당나라 황제에게 한 것이다. 물론 백제는 당나라에 복속했다. 신라는 언급조차 되지 않는다. 백제와 신라의 오랜 악연도 작용했을 것이고, 후손들이 포로로 잡혀 온 당나라에서 살아남아야 하기 때문이기도 했을 것이다.

진법자 묘지명[180]

(陳法子, 615~690년)

1. 웅진 서부인

    熊津 西部人

2. (옛 선조들이 한나라 말기에 난을 피해 고향을 떠났으며) 후손들은 한 (韓)이 번성했을 때 웅포에 정착해 가문을 이뤘다.

    胤緖以依韓導日託熊浦而爲家

---

180 판독문과 번역문은 박지현,「'진법자 묘지명'의 소개와 연구현황 검토」(『목간과 문자 연구』 제12호, 2014년 6월) 인용.

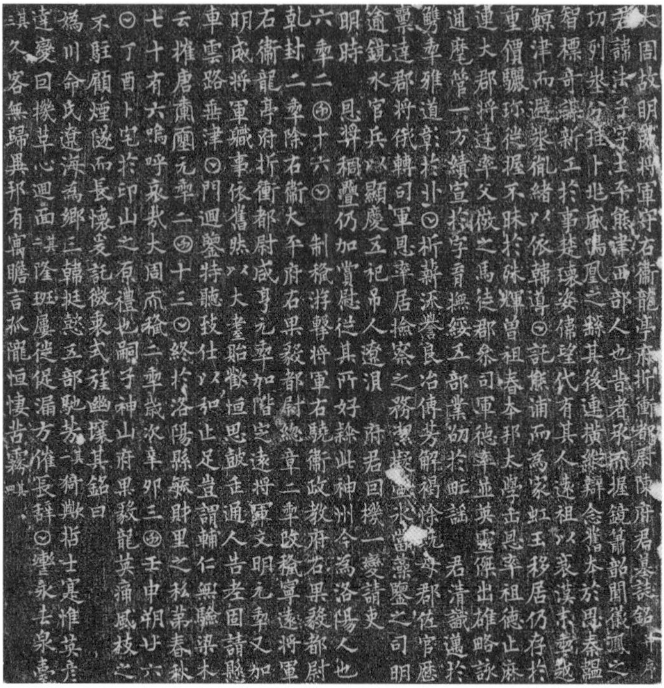

3. 당나라 군대가 660년에 백제를 토벌하자

   官兵以顯慶五祀弔人遼浿

4. 요해를 고향으로 삼았다. 삼한에서 남달리 뛰어났고 오부에
   훌륭한 이름을 알렸다.

   遼海爲鄉 三韓挺懿 五部馳芳

백제 멸망기에 당에 항복한 이후 당에서 활동하다가 사망한 진법자
의 묘지명이다. 묘지명(작성은 691년)에 따르면 진법자의 선조는 원래
중국인이었는데 한나라 말기에 난을 피해 백제에 정착했다고 적고
있다. 부여융의 묘지명에서처럼 이 묘지명에도 백제를 지칭하는 단
어로 삼한은 물론 원래는 고구려를 뜻하는 요해(遼海)나 오부(五部) 등
이 등장한다. 이 묘지명에서도 백제를 멸망시킨 것은 당나라로 기술
돼 있다. 신라는 역시 언급조차 되지 않고 있다.

흑치상지 묘지명[181]
(黑齒常之, 630~689년)

1. 백제인이었다. 그 조상은 부여씨로부터 나왔는데……

   百濟人也 其先出自扶餘氏……

2. 660년에 소정방을 보내 백제를 평정하자 부여융과 함께 항복

한 뒤 당나라 조정에 왔다.

唐顯慶中 遣邢國公蘇定方 平其國 与其主扶餘隆俱入朝

3. 664년에 사람들로부터 덕이 많다는 소리를 듣고 (당나라) 절
   충도위에 임명된 뒤 웅진성을 지키게 되니 수많은 사람들이
   크게 기뻐했다.

麟德初 以人望 授折衝都尉 鎭熊津城 大爲士衆所悅

백제 멸망 뒤 한때 백제 부흥 운동을 이끌었던 흑치상지의 묘지명이
다. 그는 당나라에 항복한 뒤 당나라에서 장군으로 크게 무공을 떨쳤
다. 그러나 묘지명에 따르면 모함을 받은 뒤 689년 10월 옥에서 자결
한다. 훗날 무고였음이 밝혀져 698년 복권됐고, 699년 성대하게 이
장된다. 묘지명도 이때 작성된다.

흑치상지의 묘지명에는 그가 백제 부흥 운동을 이끈 사실에 대한
언급이 한마디도 없다. 당나라에서 살아남아야 하는 유족들로서는
어쩔 수 없는 선택이었을 것이다. 이 묘지명에도 백제 멸망의 주역은
당나라이다. 앞서 살핀 백제 유민들의 묘지명에서처럼 백제 멸망에
서 신라의 역할은 언급조차 없다.

난원경 묘지명[182]

(難元慶, 663~723년)

1. (난원경의 선조들이) 나라를 세우고 한(韓)을 신하로 삼았다.

   爰國臣韓

2. (난원경의 공을 기리며) 기상이 역사에 오래 남을 것이며, 그의 이름 역시 삼한에서 높았다.

   氣蓋千古 譽重三韓

백제 유민으로서 당나라 무장으로 활약한 난원경의 묘지명이다. 묘지명에 따르면, 그의 할아버지 난한(難汗, 생몰년 미상)은 백제가 당나라에 항복할 때 웅진주도독부의 장사(長史, 도독의 부관)가 됐다. 그러나 웅진도독부가 몰락하면서 난원경은 당에서 성장하게 된다. 그는 723년 사망했지만 부인이 죽은 뒤 합장하던 734년 이 묘지명을 작성하게 됐다.

인용문에는 소개하지 않았지만, 난원경의 묘지명에서도 백제는 한(韓), 요(遼), 요양(遼陽), 삼한 등으로 다양하게 묘사된다. 물론 이 지역은 모두 당의 영토가 되는 곳이다. 예를 들어 난원경을 기리며 쓴 글에서 "(이제는 신라의 땅이 된) 삼한에서 (백제의 유민으로 이제는 당나라 사람이 된) 난원경의 이름이 높았다"라고 이야기할 수는 없기 때문이다.

---

182 판독문과 번역문은 최정선, 「난원경 묘지명」(『목간과 문자 연구』 제13호, 2014년 12월) 인용.

묘지명에 기록된 삼한은 당나라의 영토가 된 삼한을 말한다. 그런데 이것은 사실이 아니다. 어떤 의미로든 삼한에는 한반도 중남부 지역이 포함될 수밖에 없는데 이 지역은 난원경의 사망 당시 신라 땅이었기 때문이다. 또 난원경 사망 당시 옛 고구려 땅은 발해가 차지하고 있었다. 그가 죽었을 때 삼한은 고구려의 옛 땅을 포함하는 의미든 아니든, 백 퍼센트 당의 영토가 아니었다. 그럼에도 중국에서 살아남아야만 하는 백제의 유민들은 당나라의 영토라는 의미로 삼한을 쓸 수밖에 없었다. 중국인이나 고구려와 백제의 유민이 사용하던 삼한의 의미와, 신라인들의 삼한의 의미는 명확히 구별돼야 하는 것이다.

중국인들의 관련 기록

'삼한'과 관련한 중국인들의 기록은 많아도 너무 많다. 『수서』나 『신·구당서』에 묘사된 것만도 허다하다. 그 모든 것을 다 따질 필요는 없을 듯하다. 우리의 주된 분석 대상은 '신라인들이 과연 삼국을 통일했다고 스스로 생각했느냐'이므로, 신라인들의 생각에 초점을 맞추면 된다. 다만 국내 역사학계가 중국 기록을 바탕으로 '삼한=삼국' 론을 펴고 있으니, 신라인들도 '삼한=삼국'론을 받아들였는가를 알기 위한 배경으로 고구려나 백제의 기록, 그리고 중국의 기록을 검토해보자는 것이었다.

앞서도 지적했지만 역사학자 권덕영이 당나라 때 제작된 묘지명 211점만을 분석한 결과[183], 삼한의 지칭 범위, 혹은 고구려, 백제, 신

---

[183] 권덕영의 논문(「당 묘지의 고대 한반도 삼국 명칭에 대한 검토」, 『한국고대사연구』 제75집, 한국고대사학회, 2014년 9월)에서 말하는 '당나라 때 제작된 묘지명'에는 중국 것뿐 아니라 고구려와 백제 유민의 것도 포함됐다. 필자는 고구려나

라 삼국의 국가별 명칭은 정말로 제각각이었다(이 책 47쪽 참조). 특히 필자가 개별적으로 검토한 고구려나 백제 유민들의 묘지명에서는 동일한 묘지명에서조차 고구려나 백제의 이름을 여러 개로 다양하게 부르는 경우도 있었다는 사실을 확인할 수 있었다. 예를 들어 고구려 유민 고진의 묘지명에는 고진이 발해 사람인데 조선의 귀족이자 부여와 진한의 혈통이었다고 기록했다. 고구려=조선=부여=진한=발해인 셈이다. 백제 유민 부여융의 묘지명에서는 백제=진조(辰朝)=삼한=양맥=웅진=마한=계루=요천 등이 백제를 뜻하는 호칭으로 등장한다.

이 때문에 중국 측이나 고구려 백제 유민들의 특정 기록에서 나타난 예를 통해 "삼한은 삼국과 동일하다" 혹은 "진한은 고구려다"라는 식으로 말해서는 절대로 안 된다는 것이 분명해졌다. 어떤 기록에는 고구려가 진한이었지만, 어느 기록에는 진한이 신라일 수도 있었으니 말이다. 그렇기에 각각의 글을 살피면서 삼한 혹은 마한, 진한, 변한의 지리적 범위를 논할 수밖에 없었다. 그리고 중국이나 고구려, 백제 유민들의 용례를 바탕으로 성급하게 신라인들도 이를 따랐을 것이라고 결론을 내려서도 안 된다는 것을 확인할 수 있었다. 통일 전쟁 이후의 신라인들이 '삼한'이라는 표현을 '삼국'과 동일시하지

백제 유민의 묘지명을 '중국인들의 기록'으로 간주하지는 않았기에, 이를 '당나라 때 제작된 묘지명'의 범주에 일괄로 넣지 않고 따로 검토했다. 그러나 7세기 중엽 이후 당나라에서 제작된 중국인들의 묘지명이나 고구려, 백제 유민들의 묘지명에 등장하는 '삼한'의 의미는 본질적인 차이를 보이지 않는다. '당나라(의 지배력이 미치는) 영토'로 본다는 점에서 말이다.

않았다는 것은 이 책에서 누누이 살핀 바이다.

이런 경우를 가장 잘 드러내는 중국 기록이 앞서도 말했던 〈정림사터 5층석탑〉에 새긴 「대당평백제국비명(大唐平百濟國碑銘)」이다. 소정방을 총사령관으로 한 당나라가 백제를 정벌한 직후 승전의 공을 기념하기 위해 660년, 당시 백제의 수도였던 부여의 〈정림사터 5층석탑〉에 새긴 비문이다.

비문의 제목으로 분명 '백제를 평정함'이라고 기록했다. 또 비문 본문에도 당 황제가 백제 정복을 위해 소정방을 총사령관으로 삼으면서 내린 벼슬로 '마한, 웅진 등 십사도대총관(十四道 大總管)'이라고 밝혔듯[184], 당은 분명 '백제만' 평정하기 위해 이 전쟁을 일으킨 것이다.『구당서』나『신당서』'소정방 전'에도 당시 상황을 "백제를 토벌했다"(討百濟나 百濟平 혹은 百濟悉平 등으로 적고 있다)로 기록했지[185], "고구려와 백제, 신라 등 삼한을 평정했다"라고 기록하지는 않았다.『구당서』나『신당서』의「본기」기록에도 마찬가지 맥락으로 적혀 있다.

『구당서』「본기」고종(高宗) 기록에는 "현경 5년(660년) 8월 경진일에 소정방 등이 백제를 토벌한 뒤 의자왕을 사로잡았고 11월 무술일에는 소정방이 사로잡은 백제 의자왕과 태자 융 등 58인을 측천문으로 데리고 와서 조정에 바쳤다"라고 기록했다(이상『구당서』).

『신당서』「본기」고종 기록에도 "현경 5년 8월 경진일에 소정방이 백제 땅에서 전쟁을 해서 백제를 패배시켰고, 같은 해 11월 무술일에

---

184 판독문과 번역문은 '국립문화재연구소 문화유산연구지식포털' 인용.

185 『구당서』와『신당서』'소정방 전'(경인문화사 1977년 영인본).

는 사로잡은 백제왕을 조정에 바쳤다"라고 기록했다(이상 『신당서』).[186]

그럼에도 〈정림사터 5층석탑〉의 비문에는 "(승전을 거듭해) 삼한을 평정했다(定三韓)"고 기록했다.[187]

서기 660년에 벌어진 이 전쟁은 분명 백제를 평정한 것이었다. 그럼에도 〈정림사터 5층석탑〉 비문은 백제를 평정한 것을 "두 번 승전해서 삼한을 평정했다"라고 적고 있다. 그렇다면 이 비문에 적힌 '삼한'에는 분명 고구려가 포함되지 않은 것으로 봐야 한다. 660년에는 고구려가 국가로 엄연히 존재하고 있었으니 말이다. 그렇다고 이 문장만으로 "7세기 이후 중국 기록에 등장하는 삼한은 삼국과 동일한 의미가 아니다"라고 하는 것도 옳지 않다. 이 시기 중국 기록에서 '삼한=삼국'을 의미하는 경우가 허다하기 때문이다. 앞서 살폈듯, 고구려나 백제 유민들의 기록에서도 멸망한 자신의 조국을 모두 삼한에 포함시키고 있었다.

바로 그렇기 때문에 '삼한' 혹은 '삼한 통일'이 쓰인 각 문장을 현미경을 들이대듯 자세하게 살펴야 하는 것이다. 중국인이나 고구려, 백제 유민들이 사용한 삼한이라는 단어의 의미와, 신라인들이 사용한 삼한이라는 단어의 의미 차이를 면밀히 따져보지 않은 채 중국이나 고구려, 백제 유민 사이에서 '삼한=삼국' 혹은 '삼한=고구려', '삼한=백제'였으므로, 신라인들도 '삼한=삼국'으로 생각했을 것이라고 섣불리 생각하는 것은 비과학적인 태도다.

---

186 『구당서』와 『신당서』 고종 기록(경인문화사 1977년 영인본).

187 판독문과 번역문은 '국립문화재연구소 문화유산연구지식포털' 인용.

7세기 이후 중국 혹은 고구려 백제 유민 사이에서 사용한 삼한과, 신라인들이 사용한 삼한의 뜻이 반드시 같을 것이라고 생각하는 것은 '성급한 일반화의 오류'이다. 게다가 앞서도 지적했듯 만약 중국 측의 용례를 따라 '삼한=삼국'론을 받아들인다면, 그런 용례 속에 내포된 '삼한의 정복자로서의 당나라'까지도 신라가 받아들였느냐는 문제점에 직면하게 된다.

그렇기 때문에 신라인들이 7세기 중엽 이후 삼한이라는 용어를 어떻게 사용했는지, 자신들이 통일한 지역이 어디까지라고 생각했는지 각 문장마다 면밀히 살펴야 하는 것이었다.

당나라 사람이 우리나라에서 남긴 기록으로 현재 전해지는 것은 정림사터 5층석탑 비문 외에 역시 백제 정벌전에 참여했던 당나라 장군 유인원을 기리는 비문이 있다. '당 유인원 기공비(唐劉仁願紀功碑)'에 새긴 문장이 그것인데 국립부여박물관에 소장돼 있다. 이 비문은 글자가 군데군데 보이지 않는 곳이 많지만 663년 유인원이 복신 등이 이끌던 백제 부흥군을 깨뜨린 뒤 세운 것으로 추정된다. 이 비문에는 백제 부흥군 진압을 "백제를 깨뜨려 평정했다(平破百濟)"라고 기록했다.[188]

---

188 판독문과 번역문은 '국립문화재연구소 문화유산연구지식포털' 인용.

결론

객관적이고 냉정한
한국사 읽기를 소망하며

'신라가 삼국을 통일했다'는 것은 한국사학계의 정설이다. 한국사 교과서에도 당연히 한국사학계의 정설을 '사실'로 기록하고 있다. 그러나 당나라의 침략을 물리치고 신라가 통일한 지역은 최대치로 보았을 때 '대동강~원산만 라인 이남'이었다.

바로 이런 점 때문에 '신라의 삼국 통일'은 사실이 아니라고 주장하는 한국사학자들도 소수 있다. 그러나 신라의 삼국 통일에 반론을 제기하는 이들도 '신라인들이 삼국을 통일했다고 자부했다'는 사실에 대해서는 의심한 적이 없었다. 근거는 각종 기록에서 신라인들이 "삼한을 통일했다"고 증언하고 있다는 사실 때문이었다. 통일 전쟁 이후 신라인들이 삼한을 통일했다고 이야기할 때의 삼한은 삼국과 같다는 것에 반론을 전개한 학자는 지금까지 없었다. 즉 '신라의 삼국 통일'이 사실이냐 아니냐에 대한 논쟁이 학계 일부에서 벌어지기는 했지만, '신라인들이 삼국을 통일했다고 자부했다'는 사실에 반론을 제기한 학자는 아무도 없었다.

이 책은 '신라인들조차 (거의 대부분) 자신들이 삼국을 통일했다고 생각하지 않았다'는 것을 논증하기 위해 쓴 것이다. 서론에서 밝혔지만, 이런 문제의식을 바탕으로 '신라인들의 기록'뿐 아니라 고구려인과 백제인들이 남긴 기록까지 전수 조사해서 통일 전쟁 이후 '신라인들의 통일과 국경에 대한 인식'을 해부한 글은 지금까지 없었다.

본문에서 여러 증거를 제시했기에 결론에서 되풀이할 생각은 없다. 다만 필자의 논지를 요약하면 이렇다.

1. 명백하게 증명하거나 해석할 수 없는 실체(그것이 자연과학적 현상이든, 역사적 사실이든!)를 이해하기 위해 다양한 해석 방법이 등장할 때, 옳을 확률이 높은 것은 변명이나 예외 규정이 없거나 적은 것이다. 변명이나 예외 규정은 실체에 대해 부정확하게 접근했기 때문에 발생하는 것이다. 예를 들어 중력의 법칙이나 행성의 운동 원리를 명확하게 몰랐던 서구 중세 때 천체의 움직임에 대한 설명으로 코페르니쿠스는 지동설을 주장했다. 그는 천동설로 우주의 움직임을 설명하면 온갖 구차한 예외와 변명이 필요하지만, 지동설로 설명하면 예외와 변명이 천동설보다 훨씬 적다는 사실을 입증했다. 그래서 16세기 이후 서구는 지동설을 받아들였다. 서구 지성계는 이런 지적 방법론을 '오컴의 면도날'이라고 불렀다. 예외나 변명이 없거나 적은 '단순한 설명'이 옳을 확률이 높다는 것이다.

2. 신라인들이 삼국을 통일했다고 생각했느냐, 생각하지 않았느냐

에 대한 해답은 타임머신을 타고 신라인들을 만나서 조사하지 않는 이상, 자연과학에서처럼 백퍼센트 명확하게 증명할 수 있는 문제는 아니다. 게다가 2016년 6월에 벌어졌던 영국의 EU 탈퇴와 관련한 사전 여론조사나 2016년 11월에 벌어진 미국 대선의 사전 여론조사와 투표장 출구 조사에서도 드러나듯, 숱한 돈을 써가며 조사를 한들 실제 결과와 사전 조사 결과가 다른 경우도 적지 않다. '전수 조사'가 아닌 '표본 조사'의 한계를 드러낸 것이다.

때문에 '신라인들이 삼국 통일을 했다고 생각했느냐, 아니냐'는 모든 신라인들을 전수 조사하지 않는 이상 증명할 수 있는 것이 아니다. 어떤 주장이 옳을 확률이 더 높은가에 대해 논할 수밖에 없는 문제다. 그렇다면 현재로서는, 신라인들이 남긴 각종 기록을 전수 조사해서 어떤 주장이 옳을 확률이 더 높은가를 찾는 것이 최선이다.

3. '신라인들이 삼국을 통일했다고 생각했다'는 주장이 옳을 확률이 높으려면 다음과 같은 역사적 사실에 대한 명쾌한 반론이 가능해야 한다.

① 신라인들은 통일을 이룩한 왕으로 문무왕이 아니라, 압도적으로 태종 무열왕을 꼽았다. '통일 군주'를 꼽을 때 '신라인들의 기록'에서는 3 대 1로 태종 무열왕이 앞섰고, 『삼국사기』와 『삼국유사』에서는 네 번은 무열왕을, 두 번은 문무왕을, 그리고 한 차례는 두 왕을 공동으로 꼽았다. '최종 스코어'는 7승 1무 3패로 태종 무열왕의 압도적 우세였다. 게다가 문무왕을 꼽은 것은 문무왕이 신하

들 앞에서 자신의 공을 스스로 자랑하기 위해 '자화자찬'한 것이거나, 문무왕의 공덕을 기리기 위해 세운 문무대왕릉비에서나 등장하는 것이었다.

태종 무열왕은 661년에 사망했다. 그는 백제의 멸망만을 지켜본 왕이었다. 한데 왜 신라인들은 그를 '통일 군주'로 꼽았을까? 삼국을 통일했다고 생각했다면 당연히 고구려의 멸망을 지켜본 문무왕이 통일 군주가 돼야 한다. 하지만 문무왕을 통일 군주로 꼽은 신라인은 사실상 문무왕 자신밖에는 없었다.

② 문무왕은 고구려가 멸망한 뒤 한반도의 패권을 두고 당나라와 싸울 때 "돌아가신 당 태종이 평양 이남의 백제 땅을 신라에게 주겠다고 20여 년 전에 이미 약속했다"며 약속을 지킬 것을 당나라에 호소했다. 만약 신라의 목표가 삼국 통일이었다면, 신라는 고구려의 모든 영토를 두고 당나라와 싸웠어야 했다.

③ 신라인들은 고구려의 옛 땅을 대부분 차지한 발해가 698년 건국했을 때 '나라가 분열된다'는 위기의식이 전혀 없었다. 최치원 등 9세기 말의 지식인들과 신라 왕실은 발해가 고구려를 계승했다는 사실을 여기저기에 기록했으면서도, 발해의 건국으로 "나라가 다시금 분열되고 어지러워졌다"고 한 군데서도 기록하지 않았다. 오히려 "신라는 삼한을 통일한 무열왕 이후 대대로 평안을 누리고 있다"라고 했다. 마찬가지로 발해가 요나라에 멸망했을 때(926년)도 어떤 상실감도 표하지 않았다. 고구려의 옛 땅에 대해서는 자신들이 통합한 지역이라는 표현을 전혀 하지 않은 것이다. 반면, 자신들이 실제로 통합했던 지역에서 후백제와 고려가 성립했을 때

"나라가 어지러워졌다"고 신라인들은 이야기했다. 다시 말하면 자신들이 차지한 고구려 최남단을 제외한 고구려의 옛 땅에 대한 통합 의식은 전혀 보이지 않았던 것이다.

④ 그럼에도 한국사학계가 '신라인들은 삼국 통일을 했다고 생각했다'고 주장하는 논거는 신라인들이 "삼한을 통일했다"고 기록했기 때문이다. 원래 삼한은 한반도 중남부 지역을 가리키는 표현이었다. 그러나 중국인이나 고구려, 백제 유민들은 7세기 이후 삼한을 '한반도와 만주 지역'을 가리키는 표현으로 지역적 범위를 확대시켰다. 한국사학계는 "신라인들도 이를 받아들여 삼한을 삼국과 동일시했다"고 주장하고 있다. '삼한을 통일했다'는 표현은 '삼국을 통일했다'는 말과 같다는 것이다.

이를 확인하기 위해 필자는 수천 건에 이르는 '신라인들의 기록'을 전수 조사했고, 『삼국사기』와 『삼국유사』를 면밀하게 검토했다. 그 결과, (신라와 관련한) 국가로서의 '삼한' 혹은 '한'이라는 표현은 '신라인들의 기록'에 열 차례, 『삼국사기』에 여섯 차례, 『삼국유사』에 열한 차례 등 총 스물일곱 차례 등장했다는 사실을 확인했다. 그리고 각 문장에 등장하는 '삼한'의 지리적 범위가 어디인가를 살폈다.

그 결과 '삼한=삼국'인 것은 '많아야' 2건이었다. 이 2건도 자세히 살피면 의미가 명확하지 않거나, '삼한=삼국'으로 보면 글 전체적으로 모순을 일으켰다(이 책 52~54쪽 참조). 그 외 18건은 '삼한'을 '신라가 실제로 통일한 지역, 즉 한반도 중남부에서 북쪽으로 약간 더 확장된 지역'으로 보고 있었다. '신라인들의 기록'에서는 8건,

『삼국사기』6건,『삼국유사』4건이 '삼한'을 이런 의미로 사용했다. '신라가 실제로 통일한 지역'이 '삼한=삼국'론을 18 대 2로 압도한 것이다.

총 27건의 '삼한'이라는 표현 중 '판단 유보'된 7건은 모두『삼국유사』에 표현된 것이었다. 이 7건 역시 논리적으로는 '신라가 실제로 통일한 지역' 혹은 '한반도 중남부 지역'으로 보는 편이 타당했다. 그러나 태종 무열왕의 통일을 이야기하면서 '삼한 통일'과 '삼국 통일'을 혼용했던 일연 스님의 '문체의 특성'을 고려해서 7건은 '신라가 실제로 통일한 지역'이라는 범주에 넣지 않았을 뿐이다. 7건도 '삼한=삼국'과는 거리가 멀었다.

결국 '판단 유보된 7건'을 제외한 총 20건에 이르는 '삼한'의 용례 중 10퍼센트인 2건만이 '삼한=삼국'을 뒷받침했고, 90퍼센트인 18건은 '삼한'의 지리적 범위로 '한반도 중남부 지역'에 '실제로 신라가 통합한 고구려 최남단'을 합친 지역을 가리켰다. 삼한의 지역적 범위를 조금 더 넓힌 상태, 즉 '대동강~원산만 라인 이남'으로 사용한 것이다. 그 같은 각각의 예들은 이미 본문에서 적시했다.

또 중국이나 고구려 백제 유민들이 사용한 삼한에는 '당나라가 통합한 지역'이라는 정치적 의미도 담겨 있었다. 특히 고구려나 백제 유민들에게 '삼한'은 백퍼센트 당나라가 통일한 지역이었다. 이들에게 '삼한 통일'의 주체는 신라가 아니라 당나라였다. 한국사학계는 (중국이나 고구려 백제 유민들이 사용한) '삼한의 지역적 범위의 확대'가 초래할 수 있는 이런 후폭풍은 생각지 않고 삼한의 범위를 만주와 한반도로 확대시키고 있다. 물론 신라인들은 중국이나 고구려, 백제 유민들처럼 '삼한'의 지역적 범위를 대동강 이북의 한반도와 만주 지역으로까지 확대시킨 적도 없고 '당의 삼한 통일'을 받아들이지도 않았다.

⑤ '삼한'의 지리적 범위를 '통일 전쟁 후 신라가 실제로 차지한 지역'으로 생각한 신라인들이었기에, 신라인들은 '삼국 통일'이라는 표현보다는 '삼한 통일'이라는 표현을 사용했다. '신라인들의 기록'에 '삼국 통일'은 한 차례 등장하지만 '삼한 통일'은 다섯 차례 등장한다("당나라가 고구려를 차지했다"는 표현 역시 '삼한 통일'에 포함시켰다). 『삼국사기』에는 '삼한 통일'이라는 표현만이 두 차례 등장하며, 『삼국유사』에는 '삼국 통일'이 두 차례, '삼한 통일'이 네 차례 등장한다.[189] 결국 11 대 3으로 '삼한 통일'이 '삼국 통일'에 앞섰다.

⑥ 통일 전쟁의 결과로 신라가 얻은(혹은 얻게 될) 북쪽 지역의 지명을 언급하며 신라의 국경을 비교적 구체적으로 설명한 기록은 3건으로, 모두 『삼국사기』에 언급됐다. 이 중 2건은 각각 '평양 이남', '대동강 이남'이라고 하여, 고구려 최남단 일부만을 신라가 장악했음을 알려준다. 나머지 1건은 '고구려 남쪽 경계 지역'이라고 적시했다. 3건 모두 신라가 고구려를 차지하지 못했음을 알려준다. 만약 한국사학계의 주장처럼 7세기 이후 신라인들도 '삼한=삼국'을 받아들였다면, '신라의 삼한 통일'이라는 표현조차도 신라인들은 사용하지 않았을 것이다.

⑦ 고구려가 발해가 됐다고 기록한 최치원의 4편의 글과, 발해에

---

189 고려의 통일을 묘사할 때의 '삼한 통일'이나 '삼국 통일'은 당연히 제외했다.

사신을 보냈다는 『삼국사기』의 두 건의 기록도 '신라인들이 삼국을 통일했다고 생각했다'는 주장에 대한 반증례이다. 고구려가 발해가 된 이상, '삼국 통일'은 애초 없었거나, 백번 양보하더라도 신라는 발해의 건국으로 다시 분열된 셈이다. 하지만 최치원뿐 아니라 신라인이 쓴 어느 글에서도 신라가 고구려를 차지해 삼국을 통일했는데 발해가 그 통일을 깨고 건국됐다는 식으로 기록한 것은 없다.

고구려가 발해가 됐다는 최치원의 문장은 「예부에서 상서를 맡고 있는 배찬에게 올린 글」, 「헌강왕이 당나라 강서에 사는 대부 직함을 가진 고상에게 보낸 글」, 「태사 시중에게 올린 글」, 「발해가 (당나라가 마련한 외교석상에서) 신라보다 상석에 앉지 못하도록 당 황제가 조치한 것에 대해 감사하여 효공왕이 올린 표문」이다.

발해를 '북국'이라고 칭하면서 사신을 보냈다고 기록한 『삼국사기』(원성왕 6년[790년]과 헌덕왕 4년[812년])의 내용은 신라가 발해를 국가적 실체로서 인정하고 있었음을 뜻한다. 국가에 아닌 곳에 사신을 보냈을 까닭이 없다. 그렇다면 신라 역시 대동강~원산만 이북은 발해 땅이라고 인정했다는 뜻이다. 그런데 이 시기, 아니 통일 전쟁 이후 신라의 어떤 사료에도 '삼한이 분열됐다'고 기록된 것은 없다. 발해 땅이 삼한에 들어간다면, 어떻게 이런 인식이 가능할까? 이는 삼한에 발해, 그러니까 고구려의 옛 땅이 포함되지 않음을 뜻한다.

4. '신라인들이 삼국을 통일했다고 자부했다'는 주장은 이 같은 역사적 사실에 근거한 비판에 부딪혔을 때 제대로 된 설명이 불가능하

다. 변명과 예외를 늘어놔야 한다. 한국사학계나 한국사 교과서에서 '신라의 통일은 불완전한 통일' 운운하는 것도 그런 까닭이다.

그러나 신라인들은 삼국이 아니라, 한반도 중남부 지역보다 조금 더 넓게 확대된 '삼한'을 통일했다고 생각했다고 주장하면 간단하게 모든 설명이 가능해진다.

신라인들은 문무왕이 밝힌 것처럼, 애초부터 '대동강~원산만 라인 이남'을 통일하려고 했다. 그래서 문무왕은 당나라에 "당 태종이 원래부터 약속했다"며 '평양 이남의 백제 땅'을 신라에게 줄 것을 호소했다. 그리고 실제로 그 지역을 통일했다. 신라가 통일한 지역은 결국 전통적 의미의 삼한보다 북쪽으로 약간 더 넓어진 땅이었다. 그 지역을 통일 전쟁 이후의 신라는 '삼한'이라고 표현했다. 고구려의 땅 대부분은 당의 차지였고 신라인들도 그 사실을 받아들였다. 한국사가 낳은 명장 김유신이 죽기 직전인 673년 신라와 당나라가 한반도 중북부에서 한창 전쟁을 벌이고 있을 때 "삼한은 통일됐다"고 이야기했던 것도 이런 맥락 때문이었다. 735년 당 황제가 신라에 "대동강 이남은 신라에게 준다"고 조칙을 내렸을 때 신라 성덕왕이 "황제의 은혜에 감사하다"는 표문을 올린 것도 이런 까닭이었다. 신라인들이 삼국을 통일했다고 생각했다면 고구려의 땅 대부분이 신라 영토가 아님을 공표한 당 황제의 조칙에 반발했을 것이다. 그러나 신라는 머리를 조아리며 감사하다는 글월을 당 황제에게 보냈다. 이것이 신라인들의 '통일과 국경에 대한 인식'의 실체였다. 통일을 이룬 이후의 신라인들이 사용한 삼한과, 중국이나 고구려와 백제 유민들의 기록에 등장하는 삼한은 의미하는 바가 달랐던 것이다.

그랬기에 신라 왕실과 지식층은 물론, 신라 백성들도 통일 군주로 태종 무열왕을 압도적으로 꼽았다. 통일 전쟁 30년 뒤 발해가 건국됐을 때 그것은 남의 땅, 그러니까 당나라 땅에서 벌어진 일이었다. 신라가 신경 쓸 바가 아니었다. 그러니 발해가 건국하든 멸망하든, 신라와는 무관한 일이었다. 그래서 발해가 건국했을 때나 멸망했을 때 신라인들은 어떤 기록도 남기지 않은 것이다. 이 때문에 신라인들은 "삼국을 통일했다"는 표현을 쓰지 않고 "삼한을 통일했다"고 이야기했다. 나라가 망할 때까지 신라인들이 발해를 북쪽에 두고서도 "삼한의 통일이 유지되고 있다"라고 기록했던 것도 이런 까닭이다. 신라인들이 생각했을 때 '신라의 통일'은 현대 한국사 교과서의 기술처럼 '불완전한 통일'이 아니었다.

이런 식의 해석이 7세기 중엽 이후 '신라인의 통일과 국경에 대한 인식'을 살필 때 변명이나 예외 조항이 가장 적다. 숱한 예외와 변명이 필요한 "신라인들은 삼국을 통일했다고 생각했다"는 주장보다 훨씬 단순하면서 우아한 것이다.

수치화해서 표현한다면, '삼한=삼국'론은 45개의 '반론 사례'[190]를 맞아야 하는데, '삼한≠삼국'론, 즉 '신라인들은 삼국 통일이 아니라,

---

190 이 책 90~92쪽에서 이미 설명했고, 부록에 실린 표를 통해서도 알 수 있지만, '삼한=삼국'론에 대한 45개의 반론 사례를 범주화하면 다음과 같다. 무열왕을 통일 군주로 꼽은 기록 7건, '삼한'을 통일 전쟁 이후 신라가 차지한 영토로 본 기록 18건, '삼한 통일'이라는 표현 11건, 고구려가 발해가 됐다는 기록 4건, 발해에 사신을 보냈다는 기록 2건, 신라의 북쪽 국경이 평양 이남이나 대동강 이남, 혹은 고구려 남쪽 경계 지역이라고 기록한 3건이다. 이를 모두 더하면 45건이다.

삼한 통일을 이뤘다고 생각했다'는 주장은 5개의 '반론 사례'[191]와 상대하면 그만이다.(반론 사례는 부록 352~357쪽 참조) 그런 점에서 '신라의 삼국 통일'은, 더 정확히는 '신라인들이 삼국 통일을 했다고 생각했다'는 주장은 후대가 만든 허상의 역사일 확률이 높다.

'신라인들이 삼국을 통일했다고 생각했다'고 주장하려면, 왜 신라인들은 삼국 통일이라는 표현을 쓰지 않았는지, 왜 태종 무열왕을 통일 군주로 꼽았는지, 왜 고구려의 땅을 차지하려고 애쓰지 않았는지, 왜 발해의 건국에 그토록 무관심했는지, 발해가 해동성국으로 불리며 한창 주가를 떨칠 때도 "삼한은 통일된 상태다"라고 신라인들이 자랑스레 기록했는지에 대해 설명할 수 있어야 한다. 그런데 그런 설명은 한국사학계나 한국사 교과서 어디에도 없다.

논리적으로 이해가 안 되는 것은, 한국사 교과서에서 신라의 삼국 통일을 이야기하면서 '동시에' 발해를 우리 역사에 포함시킨다는 점이다. 삼국은 누가 뭐라고 해도 고구려, 신라, 백제를 말한다. 그런데 고구려가 발해로 계승됐다는 점을 인정한다면, 어떻게 신라의 삼국 통일을 말할 수 있는 것일까? 신라의 삼국 통일을 사실로 인정한다면, 한국사 교과서는 발해를 우리 역사에 포함시키지 말거나, 삼국 통일이 깨졌다고 밝혀야 한다. 또한 '삼국을 통일했다'는 의미가 내포된 '통일 신라'라는 표현을 신라가 망한 서기 10세기 초반까지

---

191 '삼한'을 '삼국'과 동일한 지역으로 본 기록 2건, '삼국 통일'이라는 표현 3건을 모두 더하면 5건이다. 이 책 90~91쪽에서도 지적했듯, 문무왕을 통일 군주로 꼽은 것은 '신라인들은 삼국이 아닌 삼한을 통일했다'는 주장에 대한 반증례가 될 수 없다.

사용하겠다면, 만주가 한국사에서 떨어져 나가는 때는 발해의 멸망 (926년)이 아니라, 신라와 당나라 간의 전쟁이 끝난 676년이 돼야 한다. 이 때 신라와 당나라 간의 국경이 사실상 확정됐으니 말이다.

그런데도 한국사 교과서는 삼국 통일의 시점을 서기 676년으로 기술하면서도, 만주가 한국사에서 떨어져 나간 순간은 '발해의 멸망 때'로 기술한다. 그럼 신라의 삼국 통일은 어떤 의미를 지닌 것인가? '삼국 통일'이라는 표현에는 신라의 고구려 통합이 포함된 개념인데. 신라의 삼국 통일이 옳다면 발해는 한국사에 포함돼서는 안 되며, 발해가 한국사에 포함되려면 신라의 삼국 통일은 사실이 아닌 것이 돼야 한다. 백번 양보해도 신라의 삼국 통일은 발해의 건국으로 깨진 것이 돼야 한다. '삼국을 통일한 신라'와 발해는 '양립 불가능한 존재' 인 셈이다. 이런 모순에도 불구하고 한국사 교과서는 신라의 삼국 통일과 발해의 한국사 포함을 병행시켜 서술하고 있다.

다시 한 번 강조하지만, 거의 대부분의 신라인들은 신라가 삼국 통일을 했다고 생각하지 않았다. 이는 '팩트(사실)'이다.

그렇다면 우리 역시 신라인들처럼 '신라의 삼한 통일'로 역사 교과서를 기술해야 한다. 그것이 사실에 맞다. 신라인들은 대부분 고구려를 자기들이 통일했다고 생각하지 않았다. 물론 최치원은 삼국 통일이라는 표현도 썼고, '삼한=삼국'이라고 이야기하기도 했다. 하지만 '신라가 삼국을 통일했다고 신라인들이 자부했다'는 주장은 '신라인들은 삼국이 아닌, 삼한을 통일했다고 생각했다'는 주장보다 역사적 사실을 설명할 때 훨씬 많은 예외와 변명을 둬야 한다. 옳을 확률이 전자보다 후자가 훨씬 높은 것이다. 그리고 이렇게 생각해야 한국사

기술에서 발해도 제대로 대접받을 수 있다. 그렇게 됐을 때 만주가 우리 역사에서 떨어져 나간 시점도 발해의 멸망으로 제대로 적을 수 있는 것이다.

그렇다면 앞으로 한국사 시대 구분은 어떻게 해야 할까? 현재 한국사 교과서는 고구려 백제 신라가 존재했던 시대를 '삼국시대', 676년 이후를 '통일신라시대'라고 쓰고 있다. 그러면서도 698년 건국한 발해에 대해서는 독립된 장을 마련해서 설명하고 있다. 사실에 근거해서 이야기한다면, 발해가 건국한 698년 이후는 '삼한 통일 신라와 발해' 혹은 '남북국시대'로 기술해야 할 것이다.

문제는 백제 멸망 이후부터 발해가 건국할 때까지인 660~698년이다. 현재 한국사 교과서는 당과의 싸움을 끝내고 신라가 한반도 중남부의 패권을 장악한 676년에 의미를 부여하고 있다. 그러나 고구려가 멸망한 668년에 큰 의미를 부여할 수도 있을 것이다. 이후 발해가 건국한 698년까지를 '삼국 이후의 재정립기' 혹은 '과도기'라고 부르는 것도 얼마든지 가능하다. 일례로 1485년에 편찬된『동국통감』의 경우 668년까지를 '삼국기', 669년 이후를 '신라기'라고 부르고 있다(그러나『동국통감』에서 발해의 역사는 기술돼 있지 않다).

혹은 '신라인들의 기록'처럼 태종 무열왕의 통일에 의미를 부여해 660년을 삼한 통일의 시점으로 생각할 수도 있을 것이다. 이후 고구려 멸망(668년)과 발해의 건국(698년)까지는 '삼한 통일 후 과도기' 등으로 부를 수도 있을 것이다. 혹은 7세기 후반기를 '삼한 통일 신라와 발해의 탄생기' 등으로 부를 수도 있을 것이다.

백제와 고구려 멸망 이후 발해가 건국할 때까지의 시기를 어찌 부를지는 광범위한 의견 수렴이 필요하다. 어쨌든 발해 건국 이후의 역사는 '삼한 통일 신라와 발해' 혹은 '남북국시대'라고 부르는 것이 논리적이고 합리적이라는 것만은 분명하다.

마지막으로, 이 책을 쓰게 된 이유를 덧붙이면서 글을 맺고자 한다. 이 책은 필자가 유년 이후 40여 년 이상 마음속에 품고 있던 의문에 자답하기 위해 준비한 책이다. 신라가 통일한 영토는 고구려를 포함하지 않았고 고구려를 계승한 발해도 존재했는데 한국사 교과서는 왜 신라의 삼국 통일을 이야기하는지 어린 시절부터 이해할 수 없었다. 언젠가 시간이 된다면 정말로 '신라인들이 삼국을 통일했다고 생각했는지' 직접 사료를 찾아보겠다고 생각했다. 그 결실이 이 책이다.

그러나 필자가 1990~2008년까지 신문사에서 문화재 담당기자를 하지 않았다면 이 책은 나오지 않았을 것이다. 문화재 담당기자를 하면서 책이나 자료를 많이 섭렵했기에 이 책을 준비할 수 있었다고 자랑하기 위해 이런 말을 한다고 생각한다면 오산이다. 못난 사람이 별 대단하지도 않은 책을 쓰면서 무슨 자랑을 할 것인가? 이 책을 쓰게 된 이유는 유년 이후 40여 년 동안 품어왔던 의문에 대해 자답하려는 의도도 있지만, 20년 가까운 기자 생활 중 대부분을 문화재 담당기자로 일하면서 갖게 된 자괴감에서 벗어나고 싶기 때문이기도 했다.

사람은 대부분 시대의 한계를 뛰어넘기 어렵다. 천재 중의 천재였던 아이작 뉴턴이 철학자 베르나르 샤르트르(Bernard of Chartres, 11세기 후반~12세기 초반의 프랑스 철학자)의 말을 인용하면서 "우리는 거인들(과학적 발견이나 업적을 이룬 위대한 인물들)의 어깨 위에 서 있는 난쟁이이기 때문에 거인들보다 더 멀리 볼 수 있는 것이다"라고 이야기한 것도 우리 모두가 '시대의 한계'에 갇혀 있다는 이야기로도 해석할 수 있다. 우리 모두는 과거라는 어깨 위에 서 있는 난쟁이인 셈이다. 사람은 또한 관성적으로 사고하고 행동한다. 지구의 모든 생명체는 빅뱅 이후 생성된 우주의 물질로 구성됐기에, 우리의 사고 역시 물리학적 법칙의 지배를 받는 것일 터이다. 물리학의 주요 운동 법칙 중 하나가 '관성의 법칙'이 아니던가!

19세기 후반 이후 외세의 강점을 거치면서 '우리 것'에 대한 비하의 감정이 생겼던 듯하다. '엽전은 안 된다'는 식의 논리가 그것이다. 휘황한 서구의 근대를 처음으로 경험한 이들에게 조선은 낙후와 후진으로 범벅이 된 나라이고 역사였을 것이다. 우리의 근대는 일제 강점기에는 일본으로부터, 광복 뒤에는 미국으로부터 건너왔기에 더욱 그러했다. 문학평론가 김윤식 서울대 명예교수가 갈파한 바 있듯, 일제 강점기에 일본에 대해 느꼈던 열등의식, 즉 '현해탄 콤플렉스'도 그런 배경이었을 것이다.[192]

우리 것에 대한 비하나 경멸의 반작용으로 나온 '우리 것은 소중하다'는 논리가 정확히 언제부터 생성됐는지 필자가 검증할 능력은 없다. 하지만 광복 이후 그런 움직임이 생성 혹은 강화될 수밖에 없었으며, 이제는 그것이 역사 연구에서 주류가 됐다는 것은 누구나 이해할 수 있을 것이다. 내가 나를 부정하고 폄하해서는 내가 존재할 수 없기 때문이다. 실패한 근대화와, 그로 인해 비롯된 외세에 강점된

---

192 김윤식의 『이광수와 그의 시대』 전3권(한길사, 1986년).

역사를 되돌아보며 '우리는 안 된다'라고만 이야기해서는 미래의 발전이 있을 수 없기 때문이다. 자괴감이나 자기 비하만으로는 미래가 열릴 수 없다. 그래서 우리 역사, 특히 외세의 강점을 당하기 직전의 역사를 다시 보는 움직임이 20세기 중반 이후 일어나기(혹은 강화되기) 시작했다. 그 결과가 '조선 후기 자본주의 맹아론'이니, '영·정조 르네상스'니, '조선 중·후기 화단을 빛낸 진경산수' 등이었을 것이다.

'엽전은 안 된다' 식의 냉소가 판칠 때 묵묵히 우리 역사 연구의 밭을 갈아놓은 선배들의 업적을 폄하하자는 게 절대 아니다. 하지만 이제는 냉정해질 때도 되지 않았나 싶다. 역사에 대한 비하도 지양해야 하지만, 역사에 대한 미화 일색의 태도 역시 고쳐야 할 때가 아닌가 생각한다. 거창하게 "학문을 하는 태도에서는……" 운운할 생각도 없다. 학문이든 뭐든 마찬가지다. 객관성을 잃으면 성공하기 어렵다.

예를 들자. 자본주의를 한자어 뜻 그대로 단지 '자본을 가장 중요하게 생각하는 사고나 경제 체제'로 생각하는 것은 오산이다. 상업이 예전보다 발달하고 화폐의 유통이 활발해졌다고 자본주의의 맹아가 자동으로 생기는 것은 아니라는 이야기다. 그런 식이라면 지중해를 내해(內海) 혹은 '호수'로 삼아 국제적 교역을 펼쳤기에, 영국의 '하드리아누스 성벽' 이남에서까지 화폐(동전)가 득시글하게 나오는 고대 로마 제국 역시 자본주의의 맹아가 있었을 것이다. 하지만 그렇게 이야기하는 서구 학자는 없다. 자본주의는 근대 서구의 자연과학의 발달과 궤를 같이한 것이기 때문이다. 그랬기에 증기기관으로 인한 대량 생산이나 이를 상품화시킬 교통망의 확보 역시 가능해졌던 것이다. 단지 교역이나 화폐의 유통량이 예전보다 많아졌다고 자본주의의 싹이 트는 것은 아니다.

그런데도 한국사 교과서는 조선 후기에 자본주의의 맹아가 생겼는데 일제가 자생적 자본주의로 향하던 걸음을 막았다는 식으로 이야기한다. 일제를 비판하는 것과 사실을 왜곡하는 것은 다르다. 우리가 그리도 숭상하는 조선 후기의 실학자나 '성군'으로까지 칭송하는 영조나 정조의 그 어느 글을 다시 꼼꼼히 읽어보시라. 아니 19세기 중엽 이전까지 그 어느 조선 지식인의 글을 살펴보시라! 그들에게 '서구 과학을 하루 빨리 받아들여야 한다'는 대목이 어디 한 줄이라도 나오는지! 우리의 지식 체계를 빨리 바꾸어야 한다는 자성론이 어디 한 대목이라도 적혀 있는지 말이다. 피가 심장에서 동맥과 정맥을 통해 몸 전체를 정교하게 순환한다는 것이나, 지구가 태양을 돈다는 것, 지구가 둥글다는 사실 등 서구의 지식 체계를 뒤흔든 빛나는 근대의 사고는 18세기에 이미 청나라로 유입된 시점이었다. 전통적인 사고를 뒤흔드는 이런 사고 체계를 접했다면, '왜 우리는 이런 생각을 하지 못했는가'부터 반성한 뒤, 하루빨리 모방을 통해서라도 사고 체계를 바로잡아야 한다. 후발 주자는 모방을 통해 1등을 따라가는 법이니까. 모방이 수명을 다할 무렵 창조가 나오는 것이니까. 동양에서 대표적 예가 일본이었다.

한데, 19세기 중엽까지 그 어느 조선 지식인의 글에도 우리의 지성에 대한 통렬한 반성은 없었다. 서구의 자연과학적 지식이나 사고에 대해 근본적인 성찰을 한 지식인은 단 한 명도 없었다.[193] "비록 청나

---

193 홍대용 등 18세기의 몇몇 실학자들이 지동설 등 서구 자연과학을 일부 수용한

라가 만주 오랑캐들이 건국한 나라이기는 하지만 그래도 청나라를 본받고 배우자"라고 주장한 북학파(北學派) 정도가 그나마 앞서 나아간 사람들이었다. 그러나 19세기 중엽 벌어진 '중영전쟁'(중국과 영국이 1840~1842년에 벌인 전쟁. 서구에서는 '아편전쟁'이라고 부른다)에서도 드러나듯, 청나라는 서구에 비해 한참 뒤처진 나라였다. 그런데 그런 청나라를 본받자고? 서구가 아니고?

그나마 앞서 나아간 조선 지식인들의 생각이 이랬는데 어떻게 근대의 싹이 자생적으로 싹틀 수 있을까? 힘과 힘이 부딪치던 제국주의 시대에 이런 식의 사고로는 외세의 강점을 당할 수밖에 없었을 것이다. 조선 후기 실학자나 영·정조는 그런 점에서 '애민정신'을 바탕으로 한 지식인이나 왕이었는지는 모르지만, '근대정신'은 없었던 사람들이다. 과연 이런 상태에서 자본주의의 맹아가 싹트고, 영·정조 시대에 르네상스가 탄생하고, 실학이 근대의 전령으로서 기능할 수 있었을까? 자기 비하에서 벗어나 우리 역사에 애정과 관심을 갖는 것은 환영할 일이다. 그러나 미화가 바람직한 것은 아니다.

아쉬운 것은 조선 후기에 대한 '복권'에서 한 걸음 더 나아가 고대사를 미화하는 움직임도 동반했다는 것이다. 대표적인 예가 '고구려가 동북아시아의 패권자였다'라는 주장일 것이다.

동북아시아라는 개념은 원래 구(舊)소련이 태평양 연안으로 진출

것은 사실이다. 그러나 이는 당시 청나라에 유입된 서구 자연과학을 지극히 일부분 수용한 것이었을 뿐이었다. 홍대용 등 당시 '앞서간' 실학자들의 저서에서 서구의 자연과학을 시급히 받아들여 우리의 사고체계를 바꾸어야 한다는 통절한 자기반성은 없었다. 여전히 이들은 '유학자로서의 실학자'였을 뿐이다.

하는 것과 그로 인해 중국과 일본, 소련이 각축을 벌이는 상황 등을 설명하기 위해 UC 버클리대학 교수로 슬라브사 연구자였던 로버트 커너(Robert Kerner, 1887~1956년)가 1930년대 초반에 만든 말이다. 동아시아(East Asia)가 주로 문화적 개념으로 쓰이는 데 반해, 동북아시아(Northeast Asia)는 연해주를 영토로 하는 소련까지도 포함할 수 있다는 장점이 있었다. 동북아시아라는 말은 생성될 때부터 중국과 일본은 물론 러시아와 몽골까지 포함하는 말이었다.[194]

그렇다면 고구려는 최전성기였던 시절에도 동북아시아의 패권자였던 적이 없다. 고구려의 최전성기라면 광개토대왕~장수왕~문자명왕으로 이어지는 4세기 후반~6세기 초반(391~519년)일 것인데, 그 시절에도 고구려는 중국 북반부, 그러니까 동북아시아의 한 곳을 장악했던 중국의 북조(北朝) 정권에게 조공을 바쳤으니 말이다. 패권 국가가 왜 조공을 바치겠는가?

앞서도 이야기했듯 사람은 과거라는 어깨 위에 선 난쟁이이고, 관성적으로 사고할 수밖에 없는 물질적 존재이다. 하지만 그것에만 매몰돼서는 발전이 없다. 광복 이후 우리 것에 대한 가치를 찾으려던 선배 세대의 노력에 경의를 표하는 것과, 그 속에 매몰돼 관성적으로만 사고하는 것은 맥락이 다른 것이다. 필요하다면 과거라는 어깨 위에서 과감하게 뛰어내려야 할 때도 있고, 관성적 사고가 잘못됐음이 분명하다면 관성을 깨뜨려야 할 때도 있는 것이다.

언제까지 "우리 것은 소중한 것이여!"만을 이야기해야 하나? 문화

---

194 신형준, 『한국 고대사에 대한 반역』(조선일보사, 2004년) 26~28쪽.

재 기자를 하면 할수록 '우리의 찬란한 문화유산'이니 '선현들의 빛나는 실용정신과 과학정신' 운운하는 문장을 쓰는 게 고통스러웠다. 근 20년 동안 했던 기자 생활을 정리하는 게 그리 아쉽지 않았던 것도 그런 까닭이었다.

한국사 연구에서의 '천동설' 혹은 '보호주의'에서 이제 깨어나야 할 시점이라고 본다. 모든 역사가 한반도를 중심으로 돌고 있는 듯한 서술 태도는 지양해야 한다. 소중한 것도 있고, 고쳐야 할 것도 있는 게 역사다. 조선 후기에 자생적 근대화가 싹트고 있었다고 주장하기에 앞서, 근대가 무엇인지, 그리고 그 같은 근대적 사고를 보여준 이가 누구였는지, 어느 저작에 어떻게 적혀 있는지 등부터 밝혀야 한다. 백성의 고통에 귀를 기울여 세금을 줄이고, 거중기 같은 기계장치 한두 개 만든 것으로 근대가 어느 날 다가오는 것은 아니다. 그런 식이라면 서기전 2세기 무렵, 평민을 위해 싸우다 죽은 로마의 호민관(護民官) 그라쿠스 형제도 '근대인'이었을 것이다. 고구려가 동북아시아의 패자였다고 주장하려면, 우선 동북아시아의 지리적 범위부터 명백하게 밝혀야 한다.

요즘 많은 이들이 "역사를 잊은 민족에게는 미래가 없다"는 말을 자주 한다.[195] 그리고 이에 따라 역사에 대한 관심도 높아지고 있다. 대학 입학을 위한 수학능력시험에도 한국사는 필수가 됐다. 하지만 이런 분위기에 편승해서 냉정함이나 객관성을 잃은 '한국사 읽기'가

---

195 윈스턴 처칠이 이 말을 처음으로 했다고 항간에는 떠돌지만, 그가 언제 어디서 이 말을 했는지는 명확하게 알려져 있지 않다.

강화되는 것은 바람직하지 않다. 역사를 잊어서도 안 되고, 역사를 폄하하거나 비하해서도 안 되지만, 역사를 과장하고 미화해서도 안 된다. 이런 행위 모두 미래를 열고 발전시키는 데 아무런 도움도 되지 못한다. "우리 것은 소중하고 아름답고 찬란하다"고만 이야기해서는 진정으로 나를, 우리를 객관화시킬 수 없기 때문이다.

냉정하게 나와 내 주변을 살펴야 미래도 보이는 법이다. '신라인들은 삼국을 통일했다고 생각했다'라고 주장하겠다면, 『삼국사기』 '문무왕'이라도 한 번 정독해보기를 권한다. 한국사에서 명군(名君)으로 꼽히는 문무왕이 '평양 이남의 백제 땅' 그러니까 대동강~원산만 라인 이남을 지키기 위해 당나라에 어떤 태도를 취했는가부터 살펴보시라. 사정을 알게 되면, 그를 '삼국 통일을 이룬 왕'이라고 부르지도 않겠지만, 또한 외세를 끌어들여 통일을 이룬 한국사의 대표적인 '매판 왕'이라는 식으로 무지막지하게 비난하지도 않을 것이다. 문무왕 이후 왜 '중국 통일 왕조'의 한반도 침입이 더 이상 벌어지지 않았는지[196], 후대의 한반도 지배자들에게 문무왕이 어떤 영향을 끼쳤는지에 대해 생각하게 될 것이다.

당에 대한 문무왕의 태도를 면밀히 살피노라면, 오랜 분열을 끝내고 6세기 후반 이후 통일 왕국을 이룬 수와 당에 대해 고구려가 현실적으로 어떤 태도를 취해야 했는가에 대해서도 자연스레 고민하게 될 것이다.

---

196 앞서도 밝혔지만, 몽골의 고려 침입은 중국 통일 왕조의 한반도 침입이 아니라 13세기에 세계 제국을 이룬 몽골인들의 침입으로 봐야 한다.

고구려로서는 중국이 분열된 상태로 있는 게 나았을지도 모른다. 남쪽 왕조와 북쪽 왕조로 분열된 중국은 주변 국가에 신경을 쓸 겨를이 없었다. 하지만 중국이 통일 제국이 되는 순간, 주변 국가의 운명은 그 영향을 직접적으로 받게 된다. 춘추전국시대의 오랜 분열을 끝내고 중국이 서기전 3세기 후반기 이후 진(秦), 한(漢) 제국으로 통합됐을 때 조선이 망한 것도 마찬가지 맥락이다. 중국을 통일한 제국은 주변의 눈엣가시 같은 국가를 그냥 둔 적이 없다.

고구려나 백제가 망한 것도 신라의 역량이 강화된 덕분이기도 하겠지만, 근본적으로는 중국 대륙이 오랜 분열에서 벗어나 수와 당으로 통일됐기에 벌어진 일이었다. 고구려는 수의 침입을 막을 수는 있었지만, 전쟁이 지속될수록 침략의 고통을 감당할 길이 없었던 것이다. 강한 사람이 약한 사람을 오래 괴롭히면 결국 피곤해지는 것은 약한 사람이다. 고구려의 멸망을 연개소문 아들들의 분열로만 생각하는 것은 그런 점에서 단선적인 사고이다.

오늘날이라고 다를까? 사회주의 체제의 속박과 질곡, 낙후에서 벗어나 21세기 들어 미국에게도 큰소리를 치려는 중국 앞에서 우리는 어떤 입장을 취해야 할까? 예를 들어 훗날 청나라가 된 후금의 힘을 느끼며 임진왜란 때 피를 흘리며 조선을 도왔던 명나라에 중립적인 태도를 취함으로써 결국 명나라를 배신한 광해군과, 명나라에 대한 충성을 지키려다가 두 번의 병란을 맞은 인조는 나름의 이유와 논리가 다 있었을 것이다. 광해군이나 인조 때와 지금의 현실이 다른 것은 명나라는 후금 혹은 청과 비교했을 때 명백히 '저무는 나라'였지

만[197], 지금의 미국과 중국을 비교했을 때 어느 나라가 '저무는 나라'
가 될지, 아니 두 나라가 예전의 미·소처럼 세계를 양분하게 될지,
1980년대 한때는 미국을 위협할 수 있는 국가로 인식됐지만 결국은
그에 미치지 못하는 것으로 결론이 난 일본처럼 중국의 운명이 흘러
갈지 속단할 수 없다는 점이다. 초강대국 사이에 낀 상대적 약소국
이 '자세를 잘 잡는 것'은 무척이나 중요하다. 하지만 지나친 자신감
으로 '우리는 누구와도 맞상대할 수 있다'는 식으로 이야기하는 것은
참으로 곤란한 일이다.

한국사가 아니라 세계사를 배울 때이다!

역사로부터 교훈을 얻는다는 것은 역사를 냉정하고 객관적으로 봄
으로써 가능한 일이다. 역사를 잊는 것은 위험하지만, 역사를 안닶시
고 공부하면서 우리를 비하하거나 미화해서도 안 된다. 그 어떤 교훈
도 얻을 수 없기 때문이다. 광복이 된 지도 70년이 넘었다. 근대화에
실패해 강점의 역사를 겪었다는 '근대성 콤플렉스'에 대한 반작용으
로 "우리 것은 소중한 것이여!"를 무조건 외치던 시대는 이제 졸업할
때가 됐다. 내가 나를 객관적으로 바라보지 못한다면, 미래는 없다.
세계적인 미술사학자로 꼽히는 에른스트 H. 곰브리치(1909~2001년)
가 『서양미술사』에서 "우리(서양 미술)는 모두 그리스인의 제자"라고

---

197 기실 이 역시 결과론적인 것인지도 모른다. 17세기 초반에 명나라와 후금 중
어느 나라가 '저무는 세력'이 될지 어떻게 확신할 수 있었을까?

선언했을 때[198] 그가 자신의 조국 오스트리아나 자신이 주로 활동했던 영국에 자부심이 없었기에 이런 말을 한 것은 아니었을 터이다. 그 같은 객관성과 개방성이 1950년에 첫 출간된 『서양미술사』를 지금도 세계적인 베스트셀러로 만든 원동력이었을 것이다.

그런 점에서 '우리 역사에 대한 자부심을 고취하기 위해' 한국사 교육을 강화해야 한다는 논리는 위험천만한 일이다. 자칫 우물 안 개구리를 길러내는 결과를 초래할 수 있기 때문이다. 우리를 냉정히 바라보려는 시도를 '식민사관'이라는 한마디로 깎아내려서는 우리에 대한 정확한 인식도 성립할 수 없다. 우리 역사를 우리 자체의 흐름으로만 파악할 수 있다는 논리는, 한국 경제를 세계 경제의 흐름과 뚝 떼어놓고 이해하겠다는 것만큼이나 무지막지한 논리이다. 미국의 다우존스나 중국의 상하이지수를 빼놓고 한국의 주가지수를 이해하겠다는 경제인은 없다. 그럼에도 한국사에는 '우리의 시각으로'라는 주장이 강하다.

한국사를 배우는 것은 우리 역사를 본질적으로 이해하고, 이를 통해 현재와 미래를 파악하기 위해서이다. 모든 것이 한국 중심으로 흐른다는 식의 '역사 인식의 천동설'로는 한국사 자체를 파악할 수 없다. 그런 점에서 최근의 한국사 교육 강화론에 대해 필자는 비판적이다. 한국사가 아니라 역사, 더 정확히는 세계사를 배워야 한다. 그것이 21세기 미래를 이끌 어린 세대에게 기성세대가 해줄 수 있는 최선의 교육이 아닐까 싶다. 지금처럼 우물 안 개구리를 길러낼 위험성을

---

198 곰브리치, 백승길 이종숭 옮김, 『서양미술사』, 예경 출간. 55쪽.

내포한 한국사 교육이라면, 차라리 한국사 교육을 폐지하는 것이 나을지도 모른다. 잡스러운 구도와 색으로 가득한 화폭보다는 차라리 아무것도 그리지 않은 도화지에서 명화가 탄생할 수 있기 때문이다.

이 책을 쓴 근본적인 이유는 여기에 있다.

감사의 글

못난 사람, 빚만 지고 산다. 이 책은 필자의 '부채 장부'다.

고고학자 이한상 대전대 교수의 도움이 없었으면 이 책 출간은 불가능했다. 자료 조사가 막힐 때마다 필자에게 밤길의 북신처럼 도움을 주었다. 그가 자신의 역량에 맞게 '큰 무대'에서 활약하기를 두 손 모아 빈다.

이건무 선생(국립중앙박물관장과 문화재청장 역임)은 농사를 지으며 소일하는 나에게 "글을 쓰라"고 여러 차례 권하셨다. 사실을 찾기 위한 치열함, 진실은 그 무엇과도 바꿀 수 없는 절대라는 것을 그를 통해 배웠다.

대학 시절 은사셨던 고 민두기 선생을 통해 열정을 알게 됐다. 그는 '민 총통(總統)'으로 불렸다. 학문하는 치열함을 강조하며 엄하게 후학들을 대했던 모습을 그리 부른 것이다. 설날에 제자들이 세배를 가면, 세배만 받고 공부를 하셨다던 분이다. 1989년 6월 4일 중국 천안문 사태가 터지자 수업을 대신해서 사태의 본질을 세 시간 동안 열강하시면서 "역사 발전은 제도 발전으로 봐야 한다" "모택동의 성공은 사회주의의 성공이라기보다는, 토지 소유에 대한 농민들의 열망에 불을 지폈기 때문"이라는 설명은 이후 내 사고의 지남(指南)으로 남았다. 사회주의는 개인주의를 제대로 경험해본 사회에서만 성공할 수 있다는 생각을 그 이후 굳혔다. 선생께 못난 제자로 남지 않기 위해 나름 노력했다고 자부한다. 그가 어느 책에서 "제자 신형준 군이 찾아와 인터뷰를 하다"라고 쓰신 것을 보았을 때 정말로 감격했다. '아, 선생님이 나를 제자로 생각하고 계셨구나.'

필자의 글을 꼼꼼히 읽은 뒤 여러 문제점을 지적해주셨던 최영창 국립진주박물관장과 박현숙 고려대 교수께도 큰 빚을 졌다. 특히 박선생은 "일반 독자를 대상으로 쓴 책이라면 대중성과 가독성을 더 높여야 한다"고 조언했다. 필자의 능력 부족으로 그에 부응하지 못해 아쉽다.

사진 자료를 찾을 때 흔쾌히 자기 일처럼 도와주셨던 국립경주박물관의 김유식 학예연구실장과 한영미 주무관, 그리고 조영미 선생께 정화수처럼 맑은 소주 한 잔 올리지 않는다면 나는 평생 채무 불이행자로 남을 것이다.

공들여 촬영한 고구려나 백제 관련 자료 사진을 흔쾌히 제공해주신 사진작가 오세윤 선생과 충북대 김영관 교수, 정우택 동국대 박물관장, 출판사를 찾지 못해 이리저리 헤맬 때 책으로 출판될 수 있도록 길을 터주신 유홍준 선생(전 문화재청장)과 언론계 선배이신 손철주 선생께 감사드린다.

힘들 때마다 나에게 위로와 격려가 돼주었던 아들 중휘에게 사무치는 고마움을 전한다. 성장하면서 녀석은 동료이자 동반자로 변했다. 능력도 없으면서 주변과 타협하지 못하는 아비를 위로하기 위함인지, 녀석은 잠이 들 때면 "등을 긁어달라"곤 했다. 등을 긁노라면 까무룩 새근새근 잠드는 녀석을 보는 것이 최고의 낙이었다. 아들이 대학 기숙사로 가면서 그 즐거움이 사라졌다. 그것이 무엇보다 힘들다. 할아버지의 생전 바람처럼, 그가 아해들과 같은 눈높이에서 호흡하는 초등교사가 되기를 빌고 또 빈다.

돌아가시는 날까지 못난 아들을 믿으셨던 아버지에게 이 책을 올린다.

"아부지! 책 나왔어요."

2017년 7월
신형준

'신라인들이 삼국을 통일했다고 생각했다'에 대한 증거와 반증례

• 5건의 증거

삼한=삼국으로 본 기록(2건)	
김입지가 비문을 지은 성주사비	한이 솥발처럼 셋으로 나뉘어 대립했을 때, 백제에서 신라의 왕태자에게 (무언가를) 바쳐서 (……) 韓鼎足之代 百濟國獻王太子 (……)
최치원이 태사시중에게 올린 글 上太師侍中狀	마한은 고구려이고, 변한은 백제이며, 진한은 신라이다 馬韓則高麗 卞韓則百濟 辰韓則新羅也
'삼국 통일'이라는 표현이 등장하는 기록(3건)	
봉암사 지증대사탑비	예전에 조그맣던 삼국이 이제 크게 한집이 됐다 昔之蕞爾三國 今也壯哉一家
『삼국유사』 '태종 춘추공'	삼국을 통일했다 一統三國
『삼국유사』 '문무왕 법민'	삼국을 통일했다 一統三國

• 45건의 반증례

신라인들이 삼한을 '통일 전쟁 이후 신라가 실제로 차지한 영역'으로 생각했음을 드러내는 기록(18건)	
청주 운천동 사적비	삼한을 통합하여 땅을 넓혔으며, 창해에서 위세를 떨치시니 合三韓而廣地居滄海而振威
이차돈 순교비	가히 삼한에 통할 수 있고 또한 사해를 넓힐 수 있다 可通三韓 亦廣四海
대안사 적인선사탑비	삼한에서 아주 빼어난 곳이었다 三韓勝地
황룡사 9층목탑 찰주본기	해동의 여러 나라가 그대의 나라에 항복하고 (……) 삼한을 통합하고 海東諸國渾降汝國 (……) 果合三韓
보림사 보조선사탑비	실로 또한 삼한에서 불교의 전파를 도운 것이다 實亦裨聖化於三韓
월광사 원랑선사탑비	1. 태종대왕께서 (……) 삼한에서 전쟁을 그치게 하고 통일을 달성하신 때에 太宗大王 (……) 止戈三韓之年垂衣一統之日被 2. (대사가 입적하실 때에) 이름이 온 삼한에 펴졌으며 名播三韓
최치원이 예부에서 상서를 맡고 있는 배찬에게 올린 글 與禮部裵尙書瓚狀	이 영광이 삼한에 널리 퍼지게 됐다 光榮遠播於三韓
『삼국사기』 '김유신 전'	당나라와 한반도 중북부에서 한창 싸우고 있는 시점에서 김유신이 문무왕에게 "삼한이 한 집안이 됐다"고 이야기 三韓爲一家
『삼국사기』 신문왕 12년 기록	신문왕이 당나라 사신에게 "무열왕은 삼한을 통일한 공적이 크기에 태종이라는 묘호를 올렸다"고 답변 先王春秋 一統三韓
『삼국사기』 성덕왕 30년 기록	당 현종이 신라에 내린 조서에서 "삼한이 사이좋게 지낸다"고 언급 三韓善隣

『삼국사기』 '견훤 전'	고려 태조가 928년 정월, 견훤에게 보낸 편지에서 "지난번에 삼한에 액운이 닥치고"라고 언급 三韓厄會
『삼국사기』 '견훤 전'	신검이 935년 10월에 내린 교서에서 "(아버지 견훤은) 삼한을 다니며 백제를 회복하셨다"고 언급 徇地三韓 復邦百濟
『삼국사기』 '견훤 전'	견훤의 사위 왕규가 "(왕건이) 반드시 삼한의 주인이 될 것이다"라고 언급 徇地三韓 復邦百濟
『삼국유사』 '만파식적'	천문관이 왕에게 "문무왕이 바다의 용이 돼서 삼한을 지키고 있기에"라고 답함 鎭護三韓
『삼국유사』 '후백제 견훤'	왕건이 927년 정월 견훤에게 보낸 편지에서 "지난번 삼한에 액운이 들어"라고 씀 三韓厄會
『삼국유사』 '후백제 견훤'	견훤의 사위인 왕규가 "(왕건이) 반드시 삼한의 주인이 될 것이다"라고 이야기 必爲三韓之主
『삼국유사』 '보양 스님과 배나무'	삼한이 난리 중인 때에 三韓亂亡間

통일 군주로 태종 무열왕을 꼽은 기록(7건)	
월광사 원랑선사탑비	태종대왕께서 (……) 삼한에서 전쟁을 그치게 하고 통일을 달성하신 때에 太宗大王 (……) 止戈三韓之年垂衣一統之日被
성주사 낭혜화상탑비	선조(김춘추)께서는 고구려와 백제라는 두 적국을 평정하여 先祖平二敵國
최치원이 태사시중에게 올린 글	오늘날에 이르기까지 3백여 년 동안 한 지방이 무사하고 창해가 편안한 것은 바로 우리 무열왕의 공이라고 할 것이다 至今三百餘年 一方無事 滄海晏然 此乃我武烈大王之功也

『삼국사기』 신문왕 12년 기록	태종 무열왕이 삼한을 통일 先王春秋 一統三韓
『삼국유사』 '태종 춘추공'	태종 무열왕이 김유신과 함께 삼한을 통일 一統三韓
『삼국유사』 '태종 춘추공'	(태종 무열왕의 묘호를 고치라고 명령한 당나라 명령에 답하며) 태종 무열왕이 삼국을 통일했다 一統三國
『삼국유사』 '무장사 미타전'	태종 무열왕이 세 지역을 통일한 후 太宗統三

'삼한 통일'이라는 표현이 등장하는 기록(11건)

청주 운천동 사적비	삼한을 통합하여 合三韓
이차돈 순교비(백율사 석당비)	가히 삼한에 통할 수 있고 可通三韓
황룡사 9층목탑 찰주본기	(그리하여) 삼한을 통합하고 果合三韓
월광사 원랑선사탑비	태종대왕께서 (……) 삼한에서 전쟁을 그치게 하고 통일을 달성하신 때에 太宗大王 (……) 止戈三韓之年垂衣一統之日被
쌍계사 진감선사탑비	성스러운 당나라가 네 개의 군(고구려를 지칭)을 차지했다 聖唐囊括四郡
『삼국사기』 '김유신 전'	삼한이 한 집안이 됐다 三韓爲一家
『삼국사기』 신문왕 12년 기록	삼한을 통일했다 一統三韓
『삼국유사』 '태종 춘추공'	삼한을 통일했다 一統三韓

『삼국유사』 '효소왕 시대 죽지랑'	김유신과 함께 죽지랑이 삼한을 통일했다 與庾信公爲副帥 統三韓
『삼국유사』 '원종(법흥왕)이 불법을 일으키고 염촉(이차돈)이 순교하다'	삼한이 합쳐져 한 나라가 됐다 倂三韓而爲邦
『삼국유사』 '황룡사 9층탑'	삼한 통일 三韓爲一

고구려가 발해가 됐다는 기록(4건)

최치원이 예부에서 상서를 맡고 있는 배찬에게 올린 글 與禮部裵尙書瓚狀	옛날의 고구려가 지금의 발해로 바뀌었다 則知昔之句麗 則是今之渤海
헌강왕이 당나라 강서에 사는 대부 직함을 가진 고상에게 보낸 글 新羅王與唐江西高大夫湘狀	예전의 고구려는 오늘날 발해가 됐다 惟彼句麗 今爲渤海
최치원이 태사시중에게 올린 글 上太師侍中狀	고구려의 잔당이 북쪽에 있는 태백산 아래에 모여서 국호를 발해라고 했다 高句麗殘孽類聚 北依太白山下 國號渤海
발해가 (당나라가 마련한 외교석상에서) 신라보다 상석에 앉지 못하도록 당 황제가 조치한 것에 감사하여 효공왕이 올린 표문	신이 삼가 발해의 원류를 살펴보건대, 고구려가 멸망하기 이전에는 (……) 선천 2년(713년)에 발해군왕(渤海郡王)에 봉해지게 되었습니다 臣謹按渤海之源流也 句驪未滅之時 (……) 先天二年 封爲渤澥郡王

북국(발해)에 사신을 보냈다는 기록(2건)

『삼국사기』 원성왕 6년 기록	북국에 사신을 보냈다 使北國
『삼국사기』 헌덕왕 4년 기록	북국에 사신을 보냈다 使北國

신라의 국경을 지명과 함께 거론한 기록(3건)	
『삼국사기』 문무왕 11년 기록(문무왕이 당나라 장수 설인귀에게 보낸 편지)	(당 태종이) 평양 이남의 백제 토지는 신라에게 주겠다고 약속했다 平壤已南百濟土地 竝乞你新羅
『삼국사기』 문무왕 15년 기록	신라는 백제 땅을 많이 빼앗아 드디어 고구려 남쪽 경계 지역까지를 주와 군으로 삼게 되었다 然多取百濟地 遂抵高句麗南境爲州郡
『삼국사기』 성덕왕 34년 기록	당나라 황제가 신라에게 대동강 이남 땅을 신라에게 준다고 선언 勅賜浿江以南地

신라인은 삼국 통일을 말하지 않았다
ⓒ 신형준

2017년 7월 12일 초판 1쇄 인쇄
2017년 7월 17일 초판 1쇄 발행

지은이 신형준
펴낸이 우찬규 · 박해진
펴낸곳 도서출판 학고재(주)
등록 2013년 6월 18일 제2013-000186호
주소 서울시 마포구 양화로 85 동현빌딩 4층
전화 02-745-1722(편집) 070-7404-2810(마케팅)
팩스 02-3210-2775
전자우편 hakgojae@gmail.com
블로그 blog.naver.com/hakgobooks
페이스북 www.facebook.com/hakgojae

ISBN 978-89-5625-355-8 03910